大学的生命

第二卷

主　编　崔延强
本卷主编　吴叶林　杨少琳

大学理念与思想

今日大学需要怎样的"博雅"和"通识"

崔延强

今天,试图通过以"读经"、"注经"为主体的"博雅"来改造据说已经被技术主义搞得支离破碎、洪荒不毛的心灵,注定像一场柏拉图式的千年旧梦划过孤寂的夜空。古典理想的现实复活本是一个荆棘丛生的难题。我们今天搞"博雅"、"通识",除了不可避免地会遇到当年西方大学同样遇到的一般性质以外,最主要的疑问是,在本土的大学移植这种古典梦想的可行性有多大?这场缺乏现实依据的浪漫主义的伟大进军究竟能走多远、产生多少共鸣?我们不敢展望。

同时,今天我们也不可放任大学成为职业培训场所和中介机构,大学应该而且必须有"诗和远方"。正如纽曼所说,大学是一个群贤毕至、老少咸聚,不分肤色、不分语言、不分国度,如切如磋、如琢如磨,令人诗心荡漾的地方。然而,今天的大学已不是纽曼时代的牛津小镇,而是一个卡拉克·科尔笔下的复合型社会,一个"综集大学"(multiversity);已不可能让全部学生不分专业,或只分一个大文大理,统统"博雅",而是要慎思如何把诗心荡漾与职业趋向有机结合、自然生长。诗心跟着专业才有远方,远方必须自专业的脚下迈出第一步方可达致。离开专业基础的通识是永远不会有远方的!

一、西方世界的"博雅"和"通识"传统

我们简单回眸一下西方世界所经历的这一传统。所谓"博雅教育"（liberal arts education），又译"自由教育"，源于希腊罗马时代的"自由七艺"，指以"自由人"为对象的教育活动。有闲阶层"心外无物"，置身于繁重体力劳动之外，可以在阳光下自由研习科目，讨论哲学问题。久之，人们把几何、算术、天文、音乐、逻辑、修辞、语法等科目，制度化为一种培育心灵、提升修养的基础性训练手段。一旦完成这些科目的教育，便可进入自然哲学（pusike）和辩证法（dialektike）等高等科目的学习。到13世纪，巴黎、博洛尼亚以及稍晚一些的牛津、剑桥、海德堡等大学一直保留着"自由七艺"相关课程。修读完这些基础科目后，可进入法、医、神等学院学习，"自由教育"扮演着大学专业学习的预科或类似于今天公共课的角色。自中世纪以降，"博雅教育"在西方历史上基本是指以古典七艺为核心的教育。这些科目与其他专业技艺不同，一直被视为贯通知识、羽化心性、养成博雅、造就高贵精神气质的必要手段。哈佛大学第一任校长邓斯特（Dunster）于1642年一个人给全校四个年级讲授了12门课程。一年级研读逻辑、希腊文、希伯来文、修辞、教义问答、历史和植物学；二年级研读伦理与政治、希腊文、修辞、阿拉伯文和教义问答；三四年级研读数学、天文、希腊文、修辞、叙利亚文和教义问答。[①] 这份课表典型地反映了17—18世纪的知识和课程体系。一个教授面对全校四个年级的学生讲完12门课程的"全人教育"，这只属于前工业时代。

工业革命以来，科学主义，高等教育大众化、职业化浪潮，不断冲击着古老的博雅教育传统。实用技术这些过去被置于大学红墙之外的科目纷纷涌入课堂，确立了不可撼动的学术地位。面对世俗社会的

---

① 黄坤锦：《美国大学的通识教育》，北京大学出版社2006年版，第4页。

挑战，一些古典学者或有古典癖好的学人积极回应，竭力倡导回归传统。"博雅教育"成了他们召唤柏拉图旧梦的绝好平台。美国历史上的第一次召唤便是耶鲁大学的教授们发布的《1828年耶鲁报告》，其重申大学的目的在于"提供心灵的训练和教养"，认为古典博雅科目是这种灵魂训练的最佳选择，排斥现代语文、职业导向的实用科目，至轻视社会科学和自然科学。1829年，派加德（A. S. Packard）在《北美评论》发文支持《1828年耶鲁报告》，在美国历史上首次使用"通识教育"（General Education）一词，强调共同科目学习的必要性，拉开了美国第一次通识教育运动的序幕。[①] 所以，"通识"与"博雅"没有本质区别，只是前者出现较晚，内容上包括了"博雅"七艺以及七艺所未曾涉及或极力排斥的自然科学和社会科学"新知识"的一些科目。今天的"通识"体系一般涉及人文、社会和自然三大知识领域。

按列奥·施特劳斯（Leo Strauss）的理解，"自由教育"是一种与"大众文化"相颉颃的价值指向，是大众文化的一支"解毒剂"。他说："作为对完美的高贵气质和对人的优异的培育，自由教育在于唤醒一个人自身的优异和卓越。"又说："自由教育是在文化之中或朝向文化的教育，它的成品是一个有文化的人（acultured human being）。"[②] 但问题是：通过何种途径才能造就真正的"文化人"，如何凿通知识与文化的壁垒，培养有知识的文化人和有文化的知识人，使知识与文化不再分离，减少制造工具理性主义猖獗时代的"没有精神或远见的专家和没有心肝的纵欲者"（马克斯·韦伯）的产量。20世纪以来，大学教授和校长们对这个话题的探讨屡见不鲜。有古典癖好的学者开出的药方是阅读"经典"，回归"根基"（back to basics），像施特劳斯那样不断重复"自由教育在于倾听最伟大的心灵之间的交谈"。把伟大心

[①] 黄坤锦：《美国大学的通识教育》，北京大学出版社2006年版，第6—7页。
[②] 列奥·施特劳斯：《什么是自由教育？》，载刘小枫主编：《古典传统与自由教育》，华夏出版社2005年版，第2—8页。

灵的独白转换成对话，使他们肩并肩地进入"聚会"，而我们就是促使这一思想盛宴举行的发起人。1930—1951 年担任美国芝加哥大学校长的赫钦斯（R. M. Hutchins）则倡导"名著阅读运动"，引进名著学习课程。单看他开出的西方名著书单——从公元前 800 年到公元后 1945 年，150 余种，横跨文史哲和自然科学，琳琅满目，气势恢宏——就足以让学生背过气去。1937 年，赫钦斯的信徒们给圣约翰学院开出的"读经"课表更是令人眼晕：大一读希腊名著 47 部，大二读罗马、中世纪、文艺复兴名著 32 部，大三读 17—18 世纪名著 38 部，大四读 19—20 世纪名著 28 部，共计 145 部，涉及人文社会科学和自然科学主要领域。[①]1944 年盛夏，85 岁高龄的杜威就这种读经运动，在《财富》杂志上不无讽刺地写道："我们从孩提时代就对赫钦斯的观点非常熟悉，它是我们在家庭和星期日学校接受的传统训练的一部分。不过，它表达了一种狭隘的传统，体现了一种前科学的文化，因为有了科学，才有今天的一切。"[②] 回归传统博雅的尝试，似乎没有因为杜威及大众的批评而放慢脚步。从 1945 年哈佛委员会抛出的《自由社会中的通识教育》(General Education in a Free Society) 红皮书，到哈佛文理学院院长罗索夫斯基（H. Rosovsky）1978 年起草、1983 年实行的长达 36 页的《核心课程报告》(Report on the Core Curriculum)，把"博雅教育"、"通识教育"的理念一步步制度化为显性课程体系。这份报告涉及文学、艺术、历史、社会分析、道德哲学、自然科学、数学、外国语言、外国文化等 9 个领域，每个领域又由 8 到 10 个科目构成。一个学生要取得学位，除了主修 16 门自己所学的专业课程外，还得修 7 门"核心课程"，9 门选修课程，总共 32 门课程。哈佛报告自实施之日起，就疑问不断、批评不断。有人说，这个"核心课程"既不新，也无核心，

[①] 黄坤锦：《美国大学的通识教育》，北京大学出版社 2006 年版，第 14 页。
[②] 罗伯特·M. 赫钦斯：《美国高等教育》，汪利兵译，浙江教育出版社 2001 年版，第 149 页。

同时也不能为其他大学提供一个大学教育的彻底改革的范例。①

我们看到,西方世界的"博雅"传统理念,试图通过今日通识教育得以体系化、制度化,从而实现少数精英用古典理想改造大众文化的目标。我们不敢过高估计通识教育的"核心课程"是否能担负起这一历史使命,也无从判断哈佛的方案究竟是否成功,但有个常识性的意见可以提出,那就是:一个真正"文化人"的"高贵气质",绝非可以通过修满几门"核心"通识课程来实现,一个法律系的学生不因读了欧几里得的几何学原本而更有逻辑理性,一个数学系的学生也不因没有读过《亚历山大远征记》而毫无历史意识。更不消说在知识爆炸的时代无论如何都难以厘定"核心"的边界,确立"核心"的标准。所以,文化知识的"拼盘"与素质养成没有必然关联。博学不等于智慧,通识不等于教养,赫拉克利特的教诲,怎么在热衷于"博雅"的后人那里就显得如此暮色苍茫了?

二、绕不过去的困惑

纵观当下我们对"博雅"和"通识"的种种尝试,大概绕不过去的困惑有如下几点:

第一,培养目标过于抽象,课程"核心"难以确定,结构功能无从发挥,教学效果不易量度。什么是"全人教育"、"核心素养"、"反思批判能力"这些形而上的永恒目标所需要的"基本知识"?凡试图对"核心素养"做出科学分类和评价的尝试本身或许已经离开科学一大步了,更何况要寻找"全人教育"的"基本知识"和"核心课程"!面对 21 世纪人类知识的日益增长和分化,从中凝练多少课程才能构

---

① 参见金耀基:《大学之理念》,生活·读书·新知三联书店 2008 年版,《从两个文化谈通识教育》《怎样才算是一个"知识人"》两文。

成所谓通识教育的"核心课程"？在没有核心的知识领域去凝练核心课程最多沦为一个知识拼盘，终难转换成有效营养成分。因为这个拼盘，一则没有中心结构，难以发挥创生功能，二则中间缺乏吸收营养的"专业知识"通道。通识必须溶于专业的血液，才能生成骨骼和肉。

第二，缺乏专业训练背景的"读经"、"注经"，往往流于字面意义的亦步亦趋，不知今夕何夕，终难读出有价值的东西。一部柏拉图的《国家篇》，历史有历史的读法，哲学有哲学的读法，文学有文学的读法，语文有语文的读法，各取所取，各得所得。扔掉文史哲之分，融会贯通地驾驭柏拉图，绝非本科"博雅"课程所能为。我们绝非不赞同"读经"，但提倡有时间阶段要求的"读经"，基于扎实的专业训练背景的"读经"。回归专业之本，从专业基础科目训练做起，遵循心智成长时间表，大概是走出囫囵吞枣、中西通吃的经院模式的正确选择。

第三，"博雅"或"通识"的教学组织难以构架，与涉及的其他专业学院的边界不清。"博雅"或"通识"教学组织不能由学校教务部门承担，因为管理部门不可以办学，也办不好学；成立类似"本科生院"来牵头组织全校通识教育工作或许可行，但也无法替代一个教学组织，只能是一个功能扩大了的大教务部门；看来"博雅"或"通识"的教学组织只能放在专业学院，即只能创建一个学院去承担全校的通识教育。但这样的通识教育学院要不要自己的师资？显然是要的，不然就成为第三个教务部门或"本科生院"了。如果要师资，庞大的通识课程究竟需要多少师资才算达标？另外，这样的学院自己要不要开办不属于任何一个专业，但又涉及其他多个专业的"博雅专业"？看来是要办的，不然又增加了一个多余的公共教学部。要办本科，那就需要考虑学位问题，授予何种学位也似乎是一个难题。菜单上既无"博雅学"也无"通识教育学"，类似国外的"哲经法联合学位"也有待论证。这还不是关键，关键是涉及其他专业就要说明自己究竟是不是一个专业，是一个什么专业。

三、今日应提倡怎样的"博雅"和"通识"

我们知道，知识与课程应当是分层次的、有结构的。不妨把一个专业的课程结构比喻为地球。地心是由某种内部紧密结合、有机关联的专业课程构成，即所谓的专业核心课程。地幔则由本专业相近相关的课程构成，属于本专业拓展性、支撑性的科目群，或可称为专业通识课（专业平台课）。地表部分虽不属于专业课，但对身心发展和专业发展具有重要作用的公共通识科目群。

另外，每个专业之间自然形成交叉科目群，可以作为相关专业间共享的通识课程，比如文史哲之间，乃至人文类之间、社会科学类之间可以开设基于本专业核心课程拓展需要的共享课程群，有条件的可以组织"人文学部"、"社会科学学部"等学术机构组织教学，利于节省资源配置成本，集中优势教学质量。

因此我们可以说，没有离开以专业知识为核心，以相关知识为支撑的，抽象的、无根基的、离散性漫游式的"博雅"知识系统。尽管我们可以反思今日大学公共课体系、教学方法、师资水平、教学效果存在的缺陷，但我们也不应走向另一个极端，试图把人类知识的精华全部包揽下来，打乱知识分层结构，轻视知识接受规律，把与专业有关无关的统统喂给我们的下一代。我们今日应提倡的"博雅"和"通识"，一定是基于专业学习、围绕职业发展、面向社会需求的具体的"博雅"和"通识"。一些远离这些目标的古典学科目应尽量减少比重，或可根据学生自己的兴趣爱好跨学科选读，以及有计划地组织兴趣小组由指导教师领读。如果强行绳墨，统统纳入"核心"必修，对于多数学生无疑是沉重的包袱。在今天这个知识日趋分化的时代，应多方听取意见，特别是自然科学和社会科学知识分子的意见，以求弥补古典人文学者之偏好。同时建议，最好把专业性的"通识教育"交给特定的学科自己来尝试，构建基于本学科知识内涵需要的通识课程平台，在本学科或相关学科间施行。以追求海量课程为己任、以过度增加学生额外负担为代价的全校性的"通识"狂飙运动，应慎而又慎。能把现行公共课的内涵丰富凝练一些，教学方法改进一些，不必要的课程和课时数适度减少一些，再辅助以适量的通选课程，已算是上乘的选择了。

既然"博雅教育"无法"核心"化为一种专门知识，凝练为一门学科专业，那么组成一个打通古今、学贯中西、屏蔽专业的所谓"博雅"教学组织，看来其存在的合理性有待于进一步论证。我们怀疑，一个文史哲通吃的本科教育方案，在短短的四年内会培养出有学术后劲的"通才"来。怀特海说："我确信在教育中，你排除了专精，则你摧毁了生命。"[1] 剑桥的 E. Ashby 爵士也说："走向文化的大路必须通过专精之门槛，由专精始可通达博文，否则浮光掠影，不流于肤浅者几稀？"[2] 先博后专好，还是先专后博好，也许只有亲身体验了才有发言权。不过还是倾向于认为，本科阶段先修好自己的专业，同时适度涉猎一点与本专业有关的方法性、通识性的科目，到了博士阶段再来贯通和"博雅"，这样似乎更符合常识。

（本文选自《社会科学报》第 1576 期第 5 版）

---

[1] 参见金耀基：《大学之理念》，生活·读书·新知三联书店 2008 年版，第 54 页。
[2] 参见金耀基：《大学之理念》，生活·读书·新知三联书店 2008 年版，第 54 页。

试论教育即是立"心"

黄英杰

摘　要：为了满足人们日益增长的内在精神生活的需要和吁求，教育需要继承和发扬它的育心本质和功能。所谓育心，即是引领个体从事内在的精神建设，也即是立心。审视教育实践，新时代之教育亟须立三"心"，即仁心、匠心和公心。仁心对应的是人事，彰显的是人之本真精神；匠心对应的是物事，彰显的是工匠精神；公心则对应人事、物事之秩序，彰显的是公正平等之精神。至于三心之关系，则以仁心为本，匠心和公心皆生于仁心，仁心化于匠心和公心之中。教育之三心相互统一于个体之生命实践过程，经由推及思维和境界思维，三心和合进阶于世界之心，从而达至心育为世界立（安）心的教育之境。

关键词：心育；仁心；匠心；公心；世界之心

一般说来，教育总是与它所归属的社会形态相互同构。在与社会同构的过程中，教育彰显出它的复杂多元之本质和功能的某一个侧面。现代社会，教育在彰显它的物质价值维度及其技术形态的同时，却也遮蔽了人的价值及其人之本质探讨的功能。正所谓"人心惟危，道心惟微"（《尚书·大禹谟》），人心的危机，以及在其基础上造成的社会精神的矛盾和紧张是这一遮蔽的最为直接的后果。教育在与其所归属的社会形态积极同构的同时,也在逐渐积累走出其内部张力的力量,彰显教育的超越本质。随着社会的发展和人们文化生活水平的普遍提高,教育本质和功能之于人的精神属性方面得以凸显,日益显示出其合法性和必要性。

一、心育

(一)心育是现代教育的重要祈向

现代教育需要在实践中传授给学生某种具体的技术,使其拥有服务和改造社会的基本技能,为社会做出有益的贡献。作为劳动报酬,个体又会从社会获得维持其生存和发展的基本物质资料和物质财富。这是现代教育的基本功能和基本常识。但是,这只是现代教育功能的一个方面而已。除了这一面向,现代教育还需要注重学生内在精神世界的建设,教会学生思想表达和精神修养的方法,使其拥有建设内在精神世界的基本能力,进而可以用其人格和精神的感召力影响社会,以积习成俗,提升整个社会的文化素养和精神气候。随着现代世界人们生活需要的社会物质财富相对不再匮乏,已经解决了基本物质生活问题的人们对精神生活的需要和欲求变得日益强烈。教育自觉承担起人们内在精神世界建设的功能,适逢其时。然而正是在这后一面向上,沉迷于物质功利主义世界的现代教育却迷失了方向。

英国哲学家罗素说:"在帮助内心精神世界的成长方面,教育却几乎无所作为。事实上,在精神生活中,那些受教育最多的人往往已经萎缩枯败,毫无进取之心,用刻板机械的态度取代了生机勃勃的思想。"[①] 德国哲学家雅斯贝斯在谈到现代教育境况时也指出:"教师队伍是东拼西凑而成的,彼此之间不能理解,而且受制于机械、呆板的教

---

① 伯特兰·罗素:《罗素自选文集》,戴玉庆译,商务印书馆2006年版,第81页。

学课程；至于学校本身，则没有占主导地位的真正的共同体精神……一切事情都杂乱无章，朝令暮改，没能给孩子们真挚、伟大、高尚的教育。"[1]正如罗素和雅斯贝斯所注意到的，追求物质功利主义的实利教育是现代工业社会教育的重要特征，具有培养缺乏普遍心性修养的"精致的利己主义者"的危险倾向。"反者，道之动。"（《道德经》）面对教育这一物质功利主义的现代发展趋势，蔡元培主张，在着眼于现实世界的建设与改造的前提下，教育尚需要超越于现实世界之上，用美育涵养学生之心灵，养成其活泼自由之精神和博爱人类之心情，从而达到服务社会和改造世界的目的。[2]因此，在教育中注重个体内在精神世界的建设成为现代教育的重要祈向，这也是现代教育回应社会精神文明建设需要和引领时代精神发展的历史使命所在。引领个体进行内在精神建设的教育便是心育，简言之，教育即是立"心"、养"心"，丰富、安顿、呵护个体之"心"。从实践教育哲学的角度，心育便是心的实践。

（二）心育是中国教育的优良传统

育心是中国古典教育的重要特征。[3]子曰："食夫稻，衣夫锦，于汝安乎？"曰："安。""汝安则为之！君子居丧，食旨不甘，闻乐不乐，故弗为也。"（《论语·阳货》）汝安，即是心之安，伦理道德的实践或教育无非是引导个体在做事的时候考虑心的安放。心安才会理得，挺立践行大善的人格，遇事不怨不迁，奉道直行，敬业乐群，与人为善。心安，也才会行事稳重不逾矩，坚定不移，有序推进。孟子说："学问之道无他，求其放心而已矣。"（《孟子·告子上》）放之心，即是丢失、迷失了的心，被一己之私利和个人之欲望侵占了的心。为学从

---

[1] 卡尔·雅斯贝斯：《时代的精神状况》，王德峰译，上海译文出版社1997年版，第98页。
[2] 蔡元培：《蔡孑民先生言行录》，岳麓书社2009年版，第91—102页。
[3] 黄英杰：《我们时代的大学转型》，人民出版社2018年版，第113页。

而也是教育之道,即是经由合理的修养方法使迷失了的心回归正位。宋儒说:"须是大其心,使开阔。"(《二程集·二先生语录上》)"大其心则能体天下之物。"(《张载集·大心篇》)学问之道,教育之实践,如切如磋,如琢如磨,皆集中于恢复"道心",反复修养,去芜存菁,使其纯净无私,晶莹剔透,具有无限的包容性和勃勃生机,可以容纳万物,创生世界,这是教育的基本之义。

(三)新时代之教育亟须立三"心"

那么,教育要立什么样的"心"?世界万物复杂多变,人间世事纷杂繁芜,粗略析分,无非人事、物事及其相互之间的秩序而已。人事对应的是仁心,彰显的是人之本真精神;物事对应的是匠心,彰显的是工匠精神;人事、物事之秩序对应的是公心,彰显的是公正平等之精神。综上,当今时代,教育亟须立三"心",即仁心、匠心和公心。人事物事秩序井然,各得其所,方得天地之大道。天地之大道,在天为理,在人为性,性为天理之所赋,心为性之所内蕴。《中庸》有言:"喜怒哀乐之未发谓之中,发而皆中节谓之和。中也者,天下之大本也;和也者,天下之达道也。致中和,天地位焉,万物育焉。"可见,天地之大道,即中和位育之道。教育之实践,即是顺人之"喜怒哀乐"之心性,导之于人事物事之发生处使其皆可"中节"。由是,天地得其正位,万物生于其间。四时有序,人事井然,理性为一,天人相合,方可成就宇宙之大情。顺此逻辑,真正的教育必定是天地万物生成之源,它涵养人之心性,既不失其规矩之驯化,又饱含无限之深情。

二、立仁心

(一)仁心对应人事

从发生学上讲,仁心是前工业时代古典教育所确立。甲骨文把仁字写作"﹖",汉朝许慎《说文解字》解为:"仁,亲也。从人,从二。"大篆(籀文)把仁字写作"㊣",出土的《郭店楚简》里把仁字写作上身下心。如果说,《说文解字》是从发生学和构词学的角度讲仁,也即仁发生于人与人之间,包含着丰富的亲情基础。那么大篆和《郭店楚简》则做了进一步的延伸,把仁字上升到对人的尊重和对生命本身的热爱,也即"心上(中)有人"。用心解仁,意谓心即仁心,仁即心仁。大其心,即是经由教育养成一颗博大深厚的仁心。用仁心观人,众人平等,人皆同胞,皆在心上;用仁心观物,物我一体,人与自然相通,天人合一而相应。恻隐、羞恶、恭敬、是非之心之评判,无非看一个人是否把人本身看作目的,把人当作人看。仁心立,方能尊重他人,尊重自然,体天下万物,洞察宇宙变化,形成万物一体之境界。仁心立,方能生兴趣(首先是社会兴趣)、想象和创造,养成仁者之气象和君子之胸怀。进而创生万物,生生不息,仁化天下。

(二)仁心之本真精神的彰显:立"人"的规程

教育无仁心不成,教育如何立仁心?需要彻底清算物质功利主义和计算主义的教育哲学,重建人文艺术类课程体系,重新确立人文艺术类课程在教育中的核心地位。古典人文艺术类课程主要是"仁爱"特质的文化之传承创新,是立"人"的规程。它教人"志于道、据于德、依于仁、游于艺"(《论语·述而》)。博学成仁,聚德践行;它教人"知者乐水,仁者乐山"(《论语·雍也》)。智慧如山厚重,如水清澈;它教人"下学而上达"(《论语·宪问》)。立己立人,行忠恕之道。不唯如此,人文艺术类课程主要还会塑造个体从仁从善的"愿力"。"我欲仁,斯仁至矣。"(《论语·述而》)"为仁由己,而由人乎哉。"(《论语·颜渊》)如何为人、为学、为事?先贤千教万教,千学万学全在"我欲"和"由己"上,这才是教育的大道。

在教学方法上,它可以如孔孟之采取讲授加(社会)游学的方法,亦可如苏格拉底与柏拉图之对话法，适合且有效即可。现代教育在批判孔子所表征的中国教育之讲授法为灌输的时候，往往忽略了孔子之讲授原本是建立在因材施教、启发提升和周游天下之实践的基础之上的。它昭示我们，任何教育实践，一旦脱离了个体之内在需要和社会实践，都含有灌输的嫌疑。在教育内容的选择上，人文艺术类课程除了发扬中国古典之诗艺的传统，继承中国文化的乐感精神，培养学生自强不息、厚德载物的大情怀，同时还需要发掘中国古典悲剧教育之社会批判精神，融合西方古典悲剧教育的生命内在之冲突精神，形塑个体对人生的忧患意识、对宇宙的敬畏意识，以及对生命有限的感喟意识。悲喜平衡，个体对人在宇宙中的位置方会有一个正确的认识，从而成就一个刚健有为、张弛有度、富有悲悯情怀的人生。

三、立匠心

（一）匠心对应物事

匠心凸显的是（后）工业时代教育的境况。匠心，即是工匠之心，是掌握了科学技术又能够熟练地把其转化为工艺制作，进而处理物事，精益求精的心。匠心之外在表达即是工匠精神。在当今技术决定实力、掌握核心技术即掌握了发展制动权的民族国家竞技时代，技术已是关系民族发展之生死存亡的教育问题。不培养匠心的教育，不在匠心的培养中彰显工匠精神的教育，注定会培养出一批高学历的无能（技）者和旁观的审美主义者，误人误国，把民族未来置于危险之境地。

（二）匠心之工匠精神的彰显：树立健全的生态科技观

教育如何立匠心？需要破除轻视科学技术的社会心理，把科学技术教育类课程置于学生学习的重要位置。古典教育，不论是中国古典儒家还是古代希腊，皆存在一定的反技术教育的倾向和意识。中国古典儒家有对奇技淫巧的排斥和樊迟问稼的轻视。"樊迟请学稼,子曰:'吾不如老农。'请学为圃,曰:'吾不如老圃。'樊迟出。子曰:'小人哉,樊须也!……焉用稼?'"(《论语·子路》)柏拉图也有教育是灵魂转向和唯有灵魂之善的教育是最高贵教育的判断:"那些已达到这一高度的人不愿意做那些琐碎俗事,他们的心灵永远渴望逗留在高处的真实之境。"① 与反技术主义的教育倾向相对,中国古典儒家亦有"善假于物"(荀子)的赞美,古典希腊也存在实验科学(亚里士多德)的肯定。经过工业时代的洗礼,如今的教育已经不再排斥技术,甚至科学和技术已然成了我们时代的教育标志和人们生存的显性状态。海德格尔说:"科学已然成了我们的激情。"②"(科学)已经发展出一种在地球其他任何地方都找不到的强力,并且正在把这种强力最终覆盖于整个地球上。"③ "技术是我们时代的命运。"海德格尔又说:"技术是一种解蔽方式。""技术之本质现身,就在自身中蕴含着救渡的可能升起。"按照海德格尔的说法,科学技术遮蔽了人之本真的存在状态,同时它也是人们借以走出存在之遮蔽,走向自我救赎的重要途径。因此,一切技术教育的问题皆在于经由教育实践对受教育者进行关于技术本质和科学本质的教育。尤其是它要超越对技术只是一种合乎目的的工具(手段)的认识,使其上升到关乎人类终极命运存在的价值高度。虽然科学技术的观念及其教育早在100年前的近代教育中进入了中国教育实践,不计功利、为科学而科学的精神,超越实用的物质功利主义价值观、为技术而技术的价值追求等,依然是我们社会相当匮乏的文化教育资源,也缺乏对其应有的必要社会意识和信仰支撑的气候。这就要求在现实的技术教育中不断融合西方科技教育的成功经验,着眼于

---

① 柏拉图:《理想国》,郭斌和、张竹明译,商务印书馆1986年版,第276页。
② 马丁·海德格尔:《海德格尔文选:路标》,孙周兴译,商务印书馆2000年版,第120页。
③ 马丁·海德格尔:《海德格尔文选:演讲与论文集》,孙周兴译,生活·读书·新知三联书店2005年版,第221页。

对学习者进行科学精神的陶冶和科学方法的训练。从而引导学习者在科学的求索上不畏艰险，在技术的制造上精益求精。

在教育教学方法上，科学采用的是实验法或演算法，可以是单独的实验，亦可以是团队的合作；技术则是制作法或操作法，可以是单独的制作，亦可以是深度产教融合背景下的师徒合作的现代学徒制，等等。在教育内容的选择上，科学技术类课程要着眼于基础科学原理的授受与探讨，着眼于技术创造的实践与训练，并且把两者围绕实践中的问题结合起来，互相支撑，相互验证。无法技术验证的或原理解释的，遵循实验的或制作的逻辑，疑而存之。值得注意的是，面对当今时代全球生态的恶化和危机，科学技术教育有必要从西方文化主导的技术改造自然的观念转变为中国文化主导的技术顺应自然的观念。不论是原理的发现还是技术的创造，现代科技教育要多遵循自然规律，顺势而为，也即从生态的角度出发考虑问题和设计课程，给予学习者一个健全的生态科技观，当是未来人类社会的福祉。

四、立公心

（一）公心对应人事与物事之秩序

公心凸显的也是（后）工业时代教育的境况。公心即是公正平等之心，是民主之心，是尽职尽责服务社会、维护社会正当之秩序、为社会做贡献之心。我们时代是民主的时代，尽管民主形态各异，有社会主义民主，亦有资本主义民主，但是民主的价值、思想、文化和精神已然是现代社会的主流，社会主义民主的实践和勃勃生机也愈来愈展示出其作为未来世界民主之发展方向的光明前景。民主的文化和行动不会自动持续存在，除非民主的意识经由教育在每一代新生个体的心里唤醒，以使其成为个体内在的心理素质，外化为个体稳定的行为习惯。人类社会的发展史昭示我们，教育中缺乏公心的养成，社会必将失去凝聚力和向心力，最终涣散了民族精神。

（二）公心之公正平等精神的外化：以教育服务社会和改造社会

教育如何立公心？需要每一家庭、每一组织、每一部门、每一行业等在内的整个社会，都参与到社会学类课程的建设与实践中，以民主的价值为依归全面重建社会学类课程。杜威在论述民主的哲学和教育实践时说："民主政治是有许多意义的，但如果它有一个道德的意义，那么这个意义在于'一切政治制度和实业组织的最高标准，应当对社会每个成员的完满生长有贡献'。"① 梁漱溟在《社会本位的教育系统草案》一文中极力倡导："以社会教育为本而建树一系统，今之学校转在此系统中，求得其地位也。"② 杜威和梁漱溟这两位具有不同文化教育背景的教育家敏锐地洞察到，唯有融合社会力量引导其全面、充分地进入教育，才会成就富有成效的真正民主的教育。因为公心既然是共同价值取向的，就不应该只是学校的事情，就需要融合社会各方面的力量设计合理的课程，并且使得社会力量能够自觉主动地进入课程实践中。

当代的教育实践在融合社会力量方面仍有很大的空间。在教育内容的选择上，立公心的教育需要至少强化如下三个方面的课程。其一是要挖掘和整理中国古典文化推己及人的思想资源。孟子说："老吾老，以及人之老；幼吾幼，以及人之幼。"（《孟子·梁惠王上》）中国古典文教中这一推己及人、及物、及天下的思想和思维方式，是个体乃至社会公心养成之最为重要的道德基础和方法。当然，仅仅是道德基础对于法治为主要特征的现代社会之治理并不充分，道德基础只是现代社会治理的必要条件，加上法治的基础，才构成其治理的充要条

---

① 杜威：《哲学的改造》，许崇清译，商务印书馆1985年版，第100页。
② 梁漱溟：《梁漱溟选集》第5卷，山东人民出版社2005年版，第393页。

件。近代法国启蒙思想家孟德斯鸠说:"由此可见,是有一个根本理性存在着的。法就是这个根本理性和各种存在物之间的关系,同时也是存在物彼此之间的关系。"① 西方国家有着较为久远的法的传统和法治的实践经验,因此,立公心的课程里还要融合西方社会之法治经验的合理内容,使个体之公心的实践建基于法治的基础之上。

另外,公心的养成还需要有另外的一个课程内容维度,即对弱者的关爱内容。缺少了这样一个重要的维度,公心即是不全面的。更为重要的是,在某种程度上,对弱者的关爱恰是公心的试金石,也是一个正义的社会的重要标准。约翰·罗尔斯(John B. Rawls)说:"社会和经济的不平等应这样安排,使它们在与正义的储存原则一致的情况下,适合于最少受惠者的最大利益。"② 唯有出于对弱者的真正关爱,出于一种民吾同胞的情感,公心才会促使个体对社会做出切实的奉献,公正地对待每一个他者。"他们对人类怀有一种很深的认同、同情和爱的感情。正因为如此,他们具有帮助人类的真诚愿望,就好像他们都是一个大家庭的成员。"③ 尽管心理学家马斯洛在谈到这一问题时是从其自我实现者的角度立论的,我们似乎也可以换作一个具有公心的受教育者的视角来理解。为此,需要发掘人类文明史上能够体现对弱者关爱的文化材料,编成课程供学习者学习,滋养其公心,使个体之公心益加充满人性的光辉。

在教育教学方法上,社会学类课程强调合法的边缘性参与,提倡一种参与的实践法。学习者是社会行动课程的直接参与者,只有采用事中实践和事后反省的形式提高对社会行动的理解、认识和内化,体知社会普通大众的心理,感受社会底层民众的吁求和表达,才会形成

---

① 孟德斯鸠:《论法的精神》,张雁深译,商务印书馆1961年版,第1页。
② 约翰·罗尔斯:《正义论》,何怀宏、何包钢、廖申白译,中国社会科学出版社1988年版,第302页。
③ 马斯洛:《动机与人格》,许金声、程朝翔译,华夏出版社1987年版,第194页。

理性地应对社会之境的责任、公正和担当意识。扩而广之，参与的实践既是一种社会学课程的学习方法，亦是社会学课程本身。以社会学领域的教师教育为例，现代教师教育的实践环节越来越窄，师范生的教育基本上遵循从课堂学习到学校实践这样一个单一的规程，结果造成师资水平不能达到理想的教育和社会效果。参与实践法则要求师范生进行广泛的社会实践和社会调查，把教育学知识和背景与社会实践深度融合，学生要深入社区、工厂、机关等各级各类社会组织以全面了解社会，在此基础上达到教育服务社会和改造社会的目的。

五、统三"心"以进于世界之心

（一）教育之三"心"统一于个体生命实践

那么，仁心、匠心和公心三者之间是怎样的关系？前工业时代、工业时代和后工业时代，以及与之相对应的古典教育、近现代教育和后现代教育，皆是从时间发生学上讲的，是教育之功能观在某一社会发展阶段或一定历史时段的集中呈现或典型特征，它们中的任何一种特征都不是孤立、静止、唯一的存在。比如，立仁心是古典教育的典型特征，但它仍然存在于教育发展的任何阶段，成为教育真理的核心特质。匠心、公心也作如是观。在价值的层面上，三心所表征的仁爱精神、工匠（科学）精神和民主平等之精神也已然是社会主义核心价值观的有益组成部分，是其合理内核的重要构成。中国社会主义核心价值观之富强、民主、文明、和谐的国家目标价值，自由、平等、公正、法治的社会目标价值，以及爱国、敬业、诚信、友善的个体目标价值，是从更高的价值层面上以中国社会主义伟大教育实践为基础，自觉继承和创新中国优秀古典文化教育价值，批判吸收了古往今来人类文化教育之合理价值，加以提炼创造的结果。教育之立心，即是从教育价值实践的层面上把中国社会主义的核心价值观内化为个体的心理素质要素,从而促使个体更好地践行它们。

(二)教育之三"心"和合进阶于世界之心

总括起来讲,在三者的关系中,仁心为本,匠心和公心皆生于仁心,仁心化于匠心和公心之中,如"月映万川"。海德格尔说:"现代技术对古典文化来说完全是疏异的,但其本质来源却在古典文化中。"德国近代哲学史家威廉·文德尔班(Wilhelm Windelband)说:"近代自然科学是人文主义的女儿。"① 因之,现代世界或(后)工业时代的精神之源仍根植于古典文化世界之中,科学精神也生于人文精神之中。不唯如此,未来社会的精神大发展也需要从古典文化精神中再次汲取必要的灵感。雅斯贝斯说:"直至今日,人类一直靠轴心期所产生、思考和创造的一切而生存。每一次新的飞跃都回顾这一时期,并被它重燃火焰。自那以后,情况就是这样。轴心期潜力的苏醒和对轴心期潜力的回忆,或曰复兴,总是提供了精神动力。"② 从另外的角度,古典人文文化不仅在时间逻辑上最为先出,实在是在人类文教发生史上,人文学对人之为人之本性确立具有源始义,匠心、公心皆生(出)于仁心。仁心生万物,宇宙万物之生长演变所体现的正是仁心之不断扩展。有子说:"本立而道生。"(《论语·学而》)汉朝扬雄《太玄·玄数》有:"长养万物曰仁。"未来人类精神的大和解,民族国家文化冲突的消泯,也要从人之仁心的挺立开始。这是教育之人类关怀的大责任,也是未来人类教育的必然归宿。

(三)心育为世界立

当今时代仍然是民族国家林立的时代,不同民族国家之间仍然存

---

① 威廉·文德尔班:《哲学史教程》,罗达仁译,商务印书馆1993年版,第473页。
② 卡尔·雅斯贝斯:《历史的起源与目标》,魏楚雄、俞新天译,华夏出版社1989年版,第14页。

有不少的分歧，有着各自的利益。这些冲突和分歧，有时甚至还会达至相当激烈的程度。在这种境况下，现代教育仍然是属于民族国家的教育，囿于民族国家的文化视界范围之内。它既要传承创新其所归属的民族国家的文化和历史，在它所归属的文化和历史中存在和发生教化作用，也要从现实世界的境况出发服务当前的民族国家安全战略和利益争夺的需要。民族国家时代教育的局囿是外在的政治经济因素和内在的教育自身发展阶段的原因等综合力量所致，非单方面因素所决定。这种局囿也是当今时代教育无可逃避的命运。然而教育之根本命运并非只由其时代所赋予或所局囿，它在时代局囿的命运之中尚内含超越时代之因素，这便是教育的大命运，或曰教育命运之"全体"。康德说："也许，教育将越来越好，每一个后来世代都将向着人性的完善更趋近一步；因为在教育背后，隐藏着人类本性的完善性的重大秘密……设想人的本性将通过教育而发展得越来越好……这为我们展示了未来更加幸福的人类的前景。"[1] 马克思说："人是类存在物，不仅因为人在实践上和理论上都把类——他自身的类以及其他物的类——当作自己的对象；而且因为——这只是同一种事物的另一种说法——人把自身当作现有的、有生命的类来对待，因为人把自身当作普遍的因而也是自由的存在物来对待。"[2] 教育之大命运，即是经由教育关注人类命运，从中生长出人类走出当下局囿的现实条件，以及走向未来之幸福愿景和选择性可欲之目标框架。宋儒张载说："为天地立心，为生民立命，为往圣继绝学，为万世开太平。"[3] 当今时代的技术发展日新月异，人文精神也在技术的"逼迫"下渐进于繁荣昌盛。未来的教育必将会借助于它所创造的技术和文化知识，经由仁心的演进，充分发挥

---

[1] 康德：《康德著作全集》，李秋零译，中国人民大学出版社 2010 年版，第 444 页。
[2] 马克思、恩格斯：《马克思恩格斯文集：第一卷》，中共中央马克思恩格斯列宁斯大林著作编译局译，人民出版社 2009 年版，第 161 页。
[3] 黄宗羲：《宋元学案》，中华书局 1986 年版，第 664 页。

推及思维和境界思维两种人类之优良思维方式，突破时空和民族国家的限制，也突破"地方知识"的限制，联合各种可资利用之教育力量，在课程和教学实践中增加国际交流与合作的内容，在文化之间架起相互交流、理解和认同的友谊之桥，为世界立心，培养有世界担当意识、有世界视野和胸怀，勇于参与人类世界共同实践的新人，进而开辟出一条人们共生共存、健康和谐发展、走向大同世界的美丽路径。

（本文选自《中国教育学刊》2018年11期）

中世纪大学学位制度形成的历史渊源

杨少琳

现代大学起源于中世纪，中世纪大学是现代大学之母。大学自诞生近1000年，没有因兵荒马乱而毁于一旦，也没有因政权更迭而湮灭在历史尘埃里，尽管一路风雨飘摇，最终带着中世纪完整的印记一直走到了今天，这应是在历史上寿命最长的社会组织机构。生命如此强大的机构一定有着坚实的制度与亘古不变的精神：大学自治，学术自由，学位制度与答辩制度等。学位的诞生与学位制度的形成，成为中世纪大学的重要制度，为当时教师的选拔提供了一套标准，也为建立起近现代高等教育质量及学术水平的评价体系奠定了基础。

一、中世纪的教育

历史的连续性否定在前后相继的时期之间存在如此明显而强烈的反差，现代研究表明，中世纪没有我们以前认为的那么黑暗和停滞不前，文艺复兴也没有我们以前认为的那么光明和突然。[1] 如果说前三四

---

① 查尔斯·霍默·哈斯金斯：《十二世纪文艺复兴》，张澜、刘疆译，上海三联书店2008年版，序言，第1页。

个世纪是黑暗时期,那是因为璀璨的古希腊罗马文化因战乱动荡、瘟疫肆虐而封存在了历史土壤里,基督教成了精神和生活中唯一的统领,专断禁锢着文化的繁衍,形成文化的沙漠地带。但因教会的传经布道,必须借助世俗文化为中介,于是教会又为文化的传承起到了间接的作用,直到公元9世纪查理曼称帝。无论如何,中世纪都不是一个沉睡的、可怕的时代,而是一个充满变化的时代。中世纪中期,欧洲人口逐渐增长,财富得以汇集,城市得到发展,疆域也在扩张,教育得到振兴,学术有了进步。①

(一)加洛林文艺复兴

意大利文艺复兴不是突然出现,中世纪也不能说是断裂而沉沦的世纪,没有教育文化的传承,教育的复苏,文艺复兴也不可能勃勃兴起。其中查理曼大帝掀起的加洛林文艺复兴就是此前的一次教育与文化的推广运动。

为了培养称职的、受到良好教育的、能够正确举行祭礼仪式、管理圣事和教育民众的教士,同时也为了消除统治者的愚昧无知,以及培养为封建帝国服务的人才,公元787年,查理曼大帝颁布法令,要求所有神职人员都要认真学习语言文字,以便能读懂圣经。公元789年,查理曼大帝颁布通令,"要求在每个修道院中以及主教管区都要设立学校,使儿童学习识字、阅读。这个文告,被后人当作中世纪教育的第一个总纲"②。他不遗余力发展教育,使学校的数量增加了许多。因此,加洛林王朝时期,在主教座堂、大小修道院、隐修院附近,都办起了许多新学校。查理曼数次征战罗马,引进了意大利、罗马著名的语法家、历史学家、主教等,引进人文学者阿尔昆,执教宫廷学校,

---

① 朱迪斯·M.本内特、C.沃伦·霍利斯特:《欧洲中世纪史》,杨宁、李韵译,上海社会科学院出版社2007年版,第2页。

② 戴本博主编:《外国教育史》,人民教育出版社2003年版,第187页。

对加洛林王朝的文艺复兴起到了决定性作用，教会学校与世俗学校得以发展，因此，查理曼大帝不论在文化方面还是在宗教方面，很快就融入了罗马文化传统之中。

（二）十二世纪文艺复兴

12世纪文艺复兴也被称为中世纪文艺复兴，其重要性也可见一斑。正是有了加洛林文艺复兴的文化基础，十字军东征打开了商道，带来了文化碰撞，12世纪文艺复兴伴随着第一批大学的出现与结束而产生与发展。此次复兴与加洛林文艺复兴不同在于不是由一个帝王在一个宫廷里发起，也不是意大利文艺复兴那样在一个国家的发生，而是遍及欧洲大部分地区与国家。其中法国在这场运动中起着核心与引领作用，其国王、僧侣、哲学家、巴黎大学、中世纪知识分子、歌利亚特诗歌流派和方言诗人，以及它在新的哥特式建筑艺术上的中心地位等都让法国独领风骚，发挥了重要的作用。这是一场知识复兴运动，一个文化历史进程，从查理曼大帝的教会学校与宫廷学校，到12世纪文艺复兴的主教座堂学校和大学的诞生，印证了中世纪教育的繁荣与生机勃勃。

二、大学的兴起

大学滥觞于12世纪的欧洲，意大利的博洛尼亚大学和法国的巴黎大学是欧洲大学之母，其诞生标志着大学的兴起。中世纪大学诞生于大教堂里，巴黎大学就诞生在巴黎圣母院的主教布道的回廊里。

（一）宗教文化

谁了解了中世纪大学生活，那他就朝着了解中世纪教会和中世纪社会迈进了一大步。中世纪大学就植根于中世纪社会，诞生于教堂里。① 自西罗马灭亡（476）至神圣罗马日耳曼帝国成立（962），是欧洲历史转型时代。所谓"转型"，即是由地中海的欧洲，转入大陆的欧洲；由希腊、罗马的文化，转为基督教的文化。基督教以它的节制、自我约束、颂扬贫困和俭朴生活的教义，蔑视物质上的奢侈之风和心理上的欢乐的道德特征，对受罗马帝国过度沉迷于欢娱的衰败颓朽社会的修复，以及对日耳曼各民族的桀骜难驯的性情的归顺，它都自然而然地两面兼顾了，调和了当时的社会矛盾，挽救了古希腊、古罗马废墟上的社会文化。当时的欧洲，从一个国家到另一个国家，从这个民族到那个民族，轮番上台演义，没有相当的稳定性和持续性，无法产生、维系和传承自身的文明。但随着基督教的发展，它在教义上的稳定性和道德上的一体性把欧洲各民族统一起来，所有这些缺乏自身文明的国家和民族都到基督社会来互换有无，基督教文明渐渐成为中世纪独一无二的文明。事实上，当时的欧洲在道德上也越来越统一，这是因为基督教没有国界，僧侣没有国家。正是由于僧侣对教义的执着与狂热，他们四处游学，精通多种语言，当军事与文化不断碰撞带回了古希腊罗马的经典书籍，是他们翻译并保存了祖先的文明，"在加洛林王朝时期，特别是在莱茵河流域的大修道院，在复制与校对《圣经》、罗马教皇及古典作者手稿方面投入了最初的、卓越的功夫。但部分拉丁语文学，尤其是希腊文学在西方仍无人知晓"②。直到"12世纪的文艺复兴"时期翻译工作开展，遗失的古典文献才终于重见天日。对欧洲古代典籍的大规模翻译，让基督教世界的欧洲人大量接触了古典文化，促成了11世纪后欧洲的学术繁荣，也为大学的产生奠定了坚实的学术基础。

中世纪哲学里的经院哲学对其教育有着很大的影响。神学与哲学、信仰与理性的关系是经院哲学的核心，也是中世纪大学的灵魂。经院

---

① Léo Moulin, *La vie des étudiants au Moyen Âge*, Editions Albin Michel S. A., 1991, p. 0.
② 雅克·韦尔热：《中世纪大学》，王晓辉译，上海人民出版社2007年版，第12页。

哲学直接促进了中世纪大学的兴起和发展，客观上促进了古典学术、文化的传播，确立了理性的合法地位，提出了理性训练的教育目标。经院哲学的思维方法（形式逻辑的三段论推理），不仅是一种学术研究的方法，同时也是一种训练思维的方法和教学方法，不同派别的论争，促进了学术的自由讨论，从而有助于大学教育的发展。

（二）世俗文化

基督教挽救社会文化是间接的，是手段，不是目的。基督徒不仅要寻求自身的救赎，还要追求整个人类的救赎。他们要为真理复归统治、基督复归统治做好准备。他们不是独自冥思，而是积极地宣讲，僧侣们四处云游，诵经传道。这一切活动就需要借文化来植入宗教，如果全盘抛弃古典文化，教会就没有土壤来培养宗教思想，也无法运用语言和修辞来宣讲教义。因此，教会也就这样保留了它始终反对的异质文化——世俗文化。同时，宣讲教义需要场所，学校就应运而生，即便经过乱世的激荡，主教座堂学校和修道院学校也一直维持下来。"它们是公共教育的唯一机构，是为思想活动提供庇护的唯一场所；亏得有了它们，持续不断的人类进步才不至于彻底终止，不至于产生无法弥合的断裂。"[①] 因此，这些学校从一开始就与教会紧密地联系在一起，学校成为宗教机构的一部分，同时也不可避免地生活在世俗世界里。

"自很长时间以来，随着社会的转型，城市经济的发展，在当时基督教发达的国家——意大利，法国和英国，大学已在逐渐形成，就如同托钵修会的出现一样。"[②] 在这些国家，由于人口的增长，掠夺的土地增多，农业得以发展，到了 10 世纪和 11 世纪，农业生产力显著提高，农具和耕作技术日益发展，收获量增加，农业产品的剩余日渐增多。

---

① 爱弥尔·涂尔干：《教育思想的演进》，李康译，上海人民出版社 2006 年版，第 38 页。
② Jacques Verger, *L'essor des universités au XIIIe siècle*, les Editions du Cerf, 1997, p. 45.

多余农产品开始进入流通领域,手工业从农业中分离出来,交换也随之发展,商业贸易得以出现。于是,在交通要道,封建主的城堡和教堂附近区域逐渐成为手工业和贸易的集中地,在这个基础上发展成市集、乡镇,最后发展为城市。

12世纪以后,城市与商业和手工业共同走向繁荣,随着商业、手工业的发达,城市里的商人和来城市里寻找工作的人越来越多,于是出现了市民阶层。市民阶层大都是从外地来城市定居,并不被城里当地人(教会、贵族)接纳,常常有冲突和纠纷发生。为了自己政治上或职业上共同的利益,市民阶层组成了各种行会组织。"商业的需要早就促使他们组成称为基尔特或汉沙的行会——不依附任何权力的自治团体,在那里只有他们的意志才是法律。"① 这种行会有以宗教为宗旨组织起来的,可称为"善会";也有以经济利益组织起来的,如"基尔特"、"同业行会"等,它们也常常带有政治目的,钳制教区主教,促使其放弃特别专制的勒索而和市民阶级分享他的部分权力,比如抬高税收,应征兵额,审判裁决,从而在城市社会里有效地刺激了经济的复苏,增强了社会各阶层的凝聚力,有利于言论自由和协议活动的开展与实施。

由于中世纪城市经济活动主要是手工业和商业活动,以手工业和商业为主的行会组织便成了管理城市手工业和商业活动的重要经济组织,行会经济成了城市经济的主体,而行会组织成员——市民阶层——成了中世纪城市社会的主体。这种以商品经济为基础的市民社会,形成了相对自由的社会环境,促进了中世纪具有世俗色彩的城市文化的产生。城市文化从一开始就表现出专门的世俗文化的特性,而且这种世俗精神与最强烈的宗教热忱结合起来。② 由于教会对市民阶层的敌视,市民们经常会有反教的举动,但是他们对宗教仍然充满了热

---

① 亨利·皮雷纳:《中世纪的城市》,陈国樑译,商务印书馆2006年版,第117页。
② 亨利·皮雷纳:《中世纪的城市》,陈国樑译,商务印书馆2006年版,第146页。

忧的信仰。宗教信仰与世俗精神交织着的中世纪城市为大学的产生提供了社会文化土壤，让大学教育成了中世纪城市文化发展的重要标志之一。

三、学位制度的形成

中世纪的社会结构建立在森严分明的等级之上，这种意识深入到政治、经济和社会组织中，有教会的等级、王国的等级、商业的等级、婚姻的等级、行会组织里的等级、骑士制度的等级。而大学诞生后，也有了学位的等级。在中世纪大学里，主导着学生整个学习生活的，是一套学位制度：bachelier — licentiadocendi（licence） — inceptio（doctorat），即业士—执教许可（学士）—就职礼（博士），而这一套学位制度是效仿当时流行于社会中的行会制度（apprenti — compagnon — maître：学徒—帮工—师傅）和骑士制度（écuyer — bachelier — chevalier：扈从—下级骑士—骑士）而建立起来。在中世纪第一批大学里，有着"欧洲大学之母"称号的巴黎大学曾引领了欧洲大学的一方风范，并以教师型大学成为英国牛津、剑桥大学，德国海德堡大学等仿效的模板。在这个诞生了世界上第一个学士学位的地方，孕育出中世纪完整的学位制度。

（一）骑士文化

教会教育与骑士教育是中世纪教育的两大支柱。如果说中世纪大学让人们可以追寻知识的获取、心智的充实，那么骑士教育则让人们崇尚英雄、遵循礼仪、憧憬情感。骑士制度使荒芜、冷漠的世界里有一种温良的社会习惯。骑士制度最早在法国形成，法语是 chevalerie，另有骑士身份的含义，是从单词 cheval（马）衍生出来的，生动地勾勒出骑士英武的形象。骑士制度含有战争、宗教、侠义三种因素，骑士品德包含军人、宗教、社会交际的品德，骑士精神应为勇敢、忠心、慷慨、服从、谦逊和仁慈。①

骑士制度历经两个时期，12世纪中叶以前为"英雄时代"，以后为"礼文时代"，具体反映在骑士文学中。骑士文学在法国最为繁荣，如《拉乌尔·德·康布雷》(Raoul de Cambrai)、《罗兰之歌》(Chanson de Roland)等作品，歌颂骑士忠君爱国、强壮勇敢的品格。第二时代以普罗旺斯骑士抒情诗为主，法语中的Troubadours Provençaux，意为普罗旺斯的行吟诗人，以歌颂骑士们对贵妇人的"典雅爱情"。

在"礼文时代"中，兴起了骑士教育。骑士品行的养成成为骑士教育的目的。要培养具有锄强扶弱、尊敬长者和女性品行的骑士，在客观上促进了中世纪欧洲社会文明的发展，骑士制度成了封建社会的道德准则。建立在骑士制度和骑士精神基础上的骑士教育，有着较为固定的形式，与学校教育相似，分为三个阶段，即侍童阶段、护卫阶段和骑士阶段。学生年龄从七八岁开始，直至21岁。骑士教育是在封建领主的官邸里实施进行，在侍奉男主人的过程中，学习骑马、角斗、赛跑以锻炼体格、战斗能力；在服侍女主人过程中，操练琴棋书画以表现得温文尔雅，知书识礼，并把女主人作为情爱对象而忠贞不渝。护卫阶段结束后，经过举行仪式，即可授予骑士称号。仪式以宗教内容为主，非常隆重，护卫从牧师手里接过战刀，正式成为一名光荣的骑士。

骑士精神提倡尊重女性，反对禁欲主义，突破教会禁区，为以后的人文主义奠定了基础。骑士教育注意礼仪，对后来的欧洲绅士教育有一定的影响。骑士制度影响了整个时代的文化与精神，直至"15世纪，骑士制度在宗教之后，仍是支配人们思想和心灵的强大伦理观念，人们将其看作是整个社会体系中的王冠"。荷兰文化史家赫伊津

---

① 戴本博主编：《外国教育史》，人民教育出版社2003年版，第194页。

哈在其著《中世纪的衰落》中就引用《马歇尔·布西科著作集》中名句说："'上帝在世上奠定了两样事物，如同支撑上帝与人间法则的两根柱子——失去他们，这个世界将混乱不堪，了无秩序——这两根完美无瑕的柱子就是骑士制度和学术，二者完美地结合起来'。'学术、信仰、骑士精神'就是菲力普·德·维特里德在《百合花铁盔》（*Chapel des fleurs de lis*）中所说的三朵鲜花，骑士的职责就是保护另外二者。"① 由此可以看出骑士制度与大学的渊源。教会教育与骑士教育互为支撑，互为补充，奠定了中世纪知识运动的基础。"骑士的理想和追求影响到欧洲文化和教育的广泛领域。12 世纪以后，除了一些骑士亲身从事文化活动之外，骑士的勇敢和冒险精神鼓舞了一代又一代的知识分子，使他们在学术探讨中做出了开拓性的贡献。"② 中世纪巴黎大学的领军人物阿贝拉尔当时被称为"辩证法的骑士"，印证了骑士精神对知识分子的激励，也证明了知识分子中的先锋与真正的骑士一样受到人们的敬仰。

在法文里，对骑士教育的三个阶段表述为四个阶段：page（学习骑士）—écuyer（扈从）—bachelier（见习骑士）—chevalier（骑士）。其中"见习骑士"是指正式成为骑士前可以先晋升为"见习骑士"，再晋升为骑士。在中世纪其他行会中，bachelier 都指那些还没宣誓成为本行业师傅前，但已在从事行业实践的初级见习者。第一个学士学位在巴黎大学诞生后，在学士学位前产生了另一学位——业士学位，就用 bachelier 来表示。业士学位的取得代表完成学术生涯的第一阶段，之后可以继续攻读学士，续而攻读博士学位。年轻的见习骑士要由其前辈接纳，才能正式晋升为骑士，与中世纪的巴黎大学的学位体系［业士—执教许可（学士）—就职礼（博士）］相比较，可得知这种成为

---

① 约翰·赫伊津哈：《中世纪的衰落》，刘军等译，中国美术学院出版社 2007 年版，第 50 页。
② 倪世光：《中世纪骑士制度探究》，商务印书馆 2007 年版，第 305 页。

骑士的仪式与成为博士的就职礼很相似。用剑或指环来授予新骑士，也如法炮制来授予新教师，通过庄严而隆重的仪式，让教师被视为某种精神上的骑士而值得众人的仰慕。"以后很久，骑士头衔和博士学位被广泛地认为是等值的。这种平行性表明骑士制度被赋予了高度的伦理价值。高贵的骑士和庄严的博士均被看作是尊贵的高等职责的承担者。"① 同时也体现出骑士制度对大学学位制度的形成的深刻影响。

（二）行会制度

11、12世纪的欧洲人已开始了市民生活。十字军东征，重新打开了地中海的经商门户；封建制度渐渐解体，有助于城市的兴起；手工业与农业的分工，促进了手工业的技术进步，造就了当时的工匠。为了贸易的安全与利益，手工业者结合起来以使其工业上的目的容易实现的努力，这才是行会的起源。② 中世纪行会通常有两个类型：商人行会和手工业行会。行会几乎是与城市一起出现的，一方面是商品经济发展的需要，另一方面是商人和手工业者要联合起来与教会周旋，与封建领主斗争以保卫共同的经济利益、社会地位和政治地位的需要。

较之商人行会，手工业行会的管理体系更为完善，是一个等级森严的组织，所有进入行会者必须经过技术考核，分为师傅（maître）、帮工（compagnon）和学徒（apprenti）三个等级。行会的上层和主体是师傅，有自己的作坊和生产工具，雇用帮工，并负责训练学徒。从学徒升上来的帮工，拥有一定的技术，但其经济地位低于师傅，没有生产资料，通常都住在师傅家中。帮工与师傅签订合同（一般为一年），期满之后通过考试，就可以离开师傅独立组织作坊，成为行会中新的师傅。学徒是行会中的最低等级，但其经历却是他以后经济生涯

---

① 约翰·赫伊津哈：《中世纪的衰落》，刘军等译，中国美术学院出版社2007年版，第61页。
② 马克斯·韦伯：《韦伯作品集Ⅱ》，康乐、吴乃德等译，广西师范大学出版社2004年版，第107页。

重要的开始，只有经过此阶段，才能进入中世纪的手工行业。城市里的商人和手工业者的行会，各自都有自己的法令。法令的内容依行会的种类而千差万别。为培养艺徒手艺，提高产品质量，行会创办各类学校，兴办各种艺徒教育活动，这种行会艺徒教育制度促进了大学学位制度的形成。在七年训练学习中，师傅负责一些基础技艺的教育以及学徒的品性的培养；帮工也要与师傅签订合同，合同期满前，不得自行开业。合同期满，由师傅发给帮工合格证书，后者便可以自由寻找工作，优异者也可成为师傅，允许带有学徒，有权开设作坊。这种学徒—帮工—师傅的晋升体制，教育—考试—颁发证书的形式，形成并维护着封建行会等级制。从法语单词 maître 字面理解，它既有师傅的意思，也有户主、主人以及教师、导师的含义；英语表示师傅含义的单词 master 被直接移植到学位制度里，表示硕士学位。在中世纪，师傅、教师和硕士是同一个单词，所以，可以说学徒—帮工—师傅体制，就是大学学位制度仿效的模板。

（三）学位的诞生

教育从一开始就受到探索真理的基本冲动与众人获得实际训练的需要之间张力的支配。相应的，尽管非其所愿，学校却形成了新的学术等级，改变了整个社会结构，使社会更为充实、更加复杂。[①] 追求权力和名望也成了人们去大学学习的动力。在效仿行会组织而形成的大学机构里，骑士制度等级划分的影响会让学生去追求一份荣耀，行会制度的晋升方式的沿袭会让学生努力去谋求一个好的职位。于是，学位制度便效仿骑士制度和行会制度出现了，并随着大学机构保留至今，成为高等教育区别其他教育的重要标志之一。

---

① 里德·西蒙斯主编：《欧洲大学史》（第1卷），张斌贤等译，河北大学出版社2008年版，第11页。

1. 就职礼（inceptio）与执教许可（licentia docendi）

在教会的庇护下，巴黎的学校一直在巴黎圣母院主教座堂的回廊里和圣热内维埃夫修道院组织着教学，来自欧洲各个角落的学生在这里聆听名师的教诲。教师都由主教指定，并把学校委托给从其门下教士里挑选出来的一名管理者，称其为"掌校教士"（écolâtre）。随着学生人数的增多，主教就把挑选教师的权力也交给了掌校教士，授予合格的人"执教许可"。后来又由教堂主管档案的主事（chancelier）执掌该权，任何人想开办学校和担任教职，都必须从主事那里得到执教许可。获得了执教许可，并不等于就可以走上讲台了，如同见习骑士必须在主人面前宣誓后才能成为骑士，帮工必须面对自己的师傅和成员们宣誓服从行规一样，任教候选人必须举行"就职礼"才能正式成为新教师。行就职礼时，要由候选人的教师来为其佩带新教职的徽章，然后行亲吻礼并给予祝福。由此可见，执教许可和就职礼应是最早的两个学位模式。后来博士授予仪式继承了就职礼的场面，就职礼即是取得博士学位仪式的前身。

要想成为一名教师，首先必须获得执教许可，这就是学位的最初含义，一种教师的资格认证。因此，执教许可成为人们第一个想获得的学位，也是最早出现的学位。经过与教会进行了艰苦卓绝的斗争后，执教权最终从教会主事那里移植到了巴黎大学教师手中，执教许可成为巴黎大学的一种学位。如果大学有六位教师都认可一位学生具备了任教能力，主事就无权拒绝给他颁发执教许可。为了充分证明这位学生能胜任执教权资格，就有了执教许可考试。"随着时间的推移，艺学院在这种考试中发挥的作用也越来越重要。发展到最后，必须先由四位教师所组成的一个委员会主持一项考试，然后主事才能授予执教权，而委员会的判定对主事是具有约束力的。"[①] 在大学的发展过程中，学位

---

① 爱弥尔·涂尔干：《教育思想的演进》，李康译，上海人民出版社2006年版，第138页。

逐渐成为一种区别知识层次的标志和一种荣誉头衔。学生在每个学习阶段都会努力去获得某种资格证书，是因为他想获得的那个学位规定了他学习的内容。牧师、医生、律师以及王室里的职位所具有的经济收入和社会地位，对那些没有社会背景和生活贫寒的学生来说，还是非常有吸引力的。除了少数学生终身愿意从事学术研究，大部分学生打算通过大学学习得到一种职业训练。

从11世纪末开始，由于城市的出现、献身修会的世俗社会的人减少、越来越多的人对知识的不断追求等原因，使得在法国的昂热（Anger）、沙特尔（Chatres）、拉昂（Laon）、巴黎（Paris）、兰斯（Reins）等地，城市学校逐渐取代了僧侣学校。针对这种情况，1179年，在罗马拉特兰（Latran）教堂召开了第三次宗教评议会，宣布了法令，要求每个主教教堂必须开办一所学校，教士会议（chapitre）必须保留掌校教士的特权。通过教皇格里高利的这些法令，主教学校得到了大力扶持，也使得教会加大了对学校的控制。

而在巴黎，为了摆脱主教的控制，争取更大的自治，一些学校在圣热内维埃夫山丘上建立起来了。从1208年到1209年，为了抵制教士议会的干涉，教师自行组织起来，仿照手工业行会建立起大学的行会组织。1215年将其行会组织取名为"巴黎教师和学生行会"（universitas magistrorum et scolarium）。同样，当学校自治受到王权的侵扰时，它也可起到同样抵制和保护作用。可以说，"巴黎教师和学生行会"就是巴黎大学建立的基础。从1200年起，国王菲力二世和教皇达成一致，承认巴黎大学的学生具有教士的地位和权利，从此巴黎大学拥有了在教皇的庇护下的自治权，也正因为是教皇的庇护，巴黎大学从一开始就以教授神学而著称。

纵观巴黎大学的历史，它一直游走在王权和主座教堂之间，利用罗马教廷的支持以争取最大的自治权。1212年新颁布了一批教皇诏书，此后，任何候选人只要被一定数量的教师评定为有资格获得学位，主事便有义务向他颁发执教许可。[①]这样一来，执教许可，这一来自大学外部的学位，有了大学教师参与授予。1215年，教皇直接责令巴黎圣母院的主事为巴黎大学符合教师资格的人授予学位（执教许可）。同年，由教廷使节罗贝尔·库尔森（Robert de Courson，1160—1219）为巴黎大学制定了第一个正式章程，其中承认巴黎大学无须主座教堂参与可颁发学位。1231年，巴黎大学作为一个自治社团得到教皇格里高利九世的承认，从此学位制度成为巴黎大学，也是中世纪大学的重要制度，是大学自治的一个重要标志。因此，执教许可与就职礼作为最初的两个学位，是由不同的两个机构授予，即教会与大学。教会有权颁发执教许可，但学生一定要在教师面前宣誓后才能正式转为教师身份。这样的平分秋色，使学位制度一诞生就附着了大学独立之精神。在法国，执教许可（licentia docendi）后来演变成了学士学位（licence），就职礼成了博士学位，由此可以认定，第一个学士学位和博士学位诞生在巴黎大学。

2. 业士学位（baccalauréat）

当时的巴黎大学有四个学院，即艺学院、医学院、法学院和神学院。艺学院是预备阶段，所学内容为"七艺"。学生的年龄一般为14—20岁，学习期限为6年。教学语言为拉丁语，教学方法一种是教师对经典文献的评注，学生记笔记，课后背诵；另一种则是讨论与自由辩论。修业结束时，由教师评议会对学生进行考核，合格者将获得业士或学士文凭。取得学士文凭后便可进入后三个高级学院，进行专门的职业训练，学业结束后可获得硕士或博士学位。

学位制度是随着这四个学院的成长而慢慢形成的。在巴黎大学的学位链条上，学位出现的先后不是按从低到高的顺序排列，而是按历史的进程和大学生长的需要而排列。先有执教权和就职礼，后才有业

[①] 爱弥尔·涂尔干：《教育思想的演进》，李康译，上海人民出版社2006年版，第96页。

士学位、硕士学位、博士学位。而硕士学位和博士学位开始并没有高低之分，前者颁发给法学院的学生，后者颁发给神学院的学生，硕士、博士、师傅、教授在中世纪大学都是同一个意思，很显然，这与大学仿照商业行会运行的模式有着密切的关系。

业士学位的出现与艺学院的发展有关。艺学院是医学院、法学院和神学院的初级院校，主要培养学生的读写能力和学习拉丁文，让学生做好心智的准备，为进入后三个职业性的学院打好基础。因此，艺学院被认为是法国中等教育的前身，也被认为是现代大学的基础阶段。艺学院的教学内容主要为"三科"（trivium）：文法、逻辑学、辩证法；以及"四艺"（quadrivium）：算术、几何、天文和音乐。它们统称"七艺"或"自由七艺"（septem artes liberales）。艺学院虽是初级院校，但由于它的学生人数最多，后三所学院的教师和学生又都是从艺学院晋升上去的，因此，艺学院在巴黎大学成为很重要的学习阶段。

艺学院的学习分两个阶段，第一个阶段是最初级阶段，第二个阶段，是执教许可候选人阶段。要进入第二阶段的学习，必须参加一场公开的辩论，称为辩定（déterninance），中世纪拉丁文中意为"议题"或"辩论"。而在参加辩定前还要进行一场挑选考试，一旦通过考试，候选人要宣誓服从校长、学院、民族团和教士的指教，然后披上（业士）披肩，正式加入业士之列，可以承担对初学者的教学，成为"学生教师"（élève professeur）。通过了辩定的学生，参照行会组织和骑士制度级别分类，取名为业士 bachelier，他可获得业士文凭 baccalauréat，同时表明获得了进入艺学院的第二个阶段学习的资格，与后面的执教许可学位连接起来，成为执教许可学位的前一个学位，辩定前的考试也成为执教许可考试，这也是可以申请执教许可的必备条件之一。这种规定是 1275 年在巴黎大学正式确立的。[①] 以后其他学

---

① 石广盛：《欧洲中世纪大学的学位制度》，《兰州学刊》2007 年第 8 期。

院也有了业士学位,只是内容和形式不同,但都是指每个学院最初级的一个学位。如此一来,在学位链条的排列为:业士—执教许可—硕士与博士。当法国的中等教育从高等教育中分离出来,业士学位即成了中等教育毕业文凭,并沿用至今。

3. 学位与职业

如果说由于中世纪的知识分子和他们的学生对学术与科学的兴趣,对了解世界、探索知识孜孜不倦的追求促使了中世纪大学的出现和成长,那么植根于中世纪社会的大学机构则一定会受到当时社会的深刻影响。从主座教堂脱胎而出的大学,一开始的目标就是要为教会提供神职人员。随着王权的不断增强,大学也开始为王室培养所需人才。在中世纪,教会与王族是社会的最高层,社会的等级也造成了大学学习目标的职业化。

从学位制度入手,可以纵观中世纪大学教师和学生的追求,了解到教会、王室与社会对大学的期望。沿着学位的链条,可观察到中世纪大学最重要的学位是第一个学位,即学士学位。硕士与博士与教师资格开始本是同一概念,并无高低之分,获得学士学位后,只要申请公开考试或辩论,再举行就职礼就可获得博士学位。随着社会的发展,各阶层都需要大学的人才,除大学教师以外,学位不仅逐渐成为谋得职业的保证书,也成为取得社会地位的身份证。在12世纪和13世纪,大学教师到王室机构与主教会所任职的人数不断增加。大学充实了整个城市,从社会阶层看,它的毕业生丰富了社会的各个等级,充分发挥了它在法律与政治方面的作用,学位制度就此成为中世纪大学最重要的体制。

四、结语

考试制度、答辩制度与学位制度的出现,体现了中世纪大学与古典高等教育的最大区别，成为中世纪大学对现代大学的最大的馈赠。学位的最初含义是学者进入教师行会的资格证明，为满足社会对不同层次人才的需求而形成的学位制度为当时的教师选拔提供了一套客观的标准，也为建立起近现代高等教育质量及学术水平的评价体系奠定了基础，从而促使了西欧基督教国家人才培养制度化的萌芽，促进了西欧高等教育体制的形成。发展至今，西方大学已有一套较为完善的学位制度，它衡量着一个国家的实际学术力量，因此，学位制度每一次改革预示着新一轮的教育革新。1998年的"索邦宣言"，1999年的"博洛尼亚进程"，宣布了建立"欧洲高等教育空间"的决策，并从学位制度入手，对接不同国家的"欧分"，欧盟国家的大学生可以在不同国家学习与就业，更加提高大学的普世性与国际化。我国学位制度起步晚，有待进一步完善和改进。在当今高等教育国际化的背景下，我们应向西方高等教育发达国家学习，为建立起具有中国特色的、适应时代发展需要的学位制度寻找可资借鉴的观点和依据。

（本文选自《黑龙江高教研究》2010年第12期）

自由探索抑或国家意志：大学学者学术责任的审思

黄正夫　崔延强

摘　要：以发现真理为志趣、彰显大学理性光芒的自由探索是大学学术之本，而当前大学的学术被赋予了服务国家战略发展的职责，承载着国家意志的时代诉求。厘清自由与责任的边界，超越自由探索和国家意志之间的悖论，既发挥好大学学术研究的社会价值，体现学术对社会的终极关怀，又坚守自由探索的学术精神，与社会保持适度的距离，是当前大学学术研究的责任与使命。

关键词：学术研究；学术责任；学术自由；国家意志；大学学者

作为人类文明和社会进步标志的大学，崇尚学术、追求真理是其得以存在和发展的逻辑基础和价值支柱。而当前中国大学的学术研究，呈现出一种奇怪的现象，论文数量汗牛充栋，但具有国际影响的成果却凤毛麟角。人们在批评学术泡沫的同时，也在追问着大学学者的学术责任，呼唤大学的学术精神。自由探索是大学学者的基本权利，服务国家是大学学者的基本责任。权利赋予责任，自由与责任互为依托，如何厘清自由与责任的边界，怎样在国家意志或国家战略的背景下让学术研究保持对真理的敬畏，已成为当代大学急需破解的难题。

一、自由探索：大学学者的理性旨归

作为体现学术精神的自由探索是西方学者历来追求的学术传统。古希腊的先哲们遵循"自由人进行自由思考"的理念，以一种闲逸的好奇心自由地探索事物的本源，学术探索既无手段目的之虑，也无无用之虞，由此孕育了西方大学为学问而学问、为求真而求知的学术精神。在中世纪教会控制思想文化的背景下，教会一元化的真理体系设置了理性活动的范围，任何对自由的诠释和对反叛的辩护都会被视为异端而遭到镇压，信仰与理性、神学与哲学的冲突使身处其中的学者们很难呼吸自由的学术空气，但学者们孜孜以求的自由探索精神从未淹没，"力图通过严密的逻辑论证体系去解释世界的精神，而正是在这种对世界的不断追问、探究中获得学术自身的内在价值"[1]。随着大学的产生和兴起，作为学者社团的大学具有鲜明的行会色彩，在教权和皇权的双重挤压之下，以批判超越的目光，通过"特许状"（charter）与社会各种政治力量建立各种权责关系为自己赢得自治的权利。尽管这种自治受到神学教义的种种限制，却为大学学者自由探索留下了地盘和空间，保障了在古典大学中自由探讨学术问题的可能性。西方古典大学中很多带有悲剧色彩及殉道精神的学者，为了维护学术尊严和保持学者的操守，遵循学术自身的逻辑，"敢冒风险，静听内心细微的声音，并随着它的引导走自己的路"[2]，始终保持严谨的治学态度和学术研究的独立空间，坚持和捍卫他们的"异端邪说"，"而不用考虑真理是否受欢迎，是否引起争论，是否不合时宜或令人讨厌"[3]，大学由此逐渐

---

[1] 李石勇、马魏华：《学术文化生态的构建探析——基于学术"腐败门"的文化困境》，《西南大学学报（社会科学版）》2011年第3期。

[2] 达雷尔·R.刘易斯、詹姆斯·赫恩：《美国公立研究型大学——为时代公共利益服务》，杨克瑞、王晨译，河北大学出版社2008年版，第67页。

[3] 卡尔·雅斯贝尔斯：《什么是教育》，邹进译，生活·读书·新知三联书店1991年版，第141页。

成为以探求真理和追求学术为生命根基,善用知识与智慧为人类服务的学术城堡,为中世纪的学术复兴奠定了坚实的思想基础。正如费希特坦言:"我的使命就是论证真理;我的生命和我的命运都微不足道;但我的生命的影响却无限伟大。我是真理的献身者;我为它服务;我必须为它承做一切,敢说敢做,忍受痛苦。要是我为真理而受到迫害,遭到仇视,要是我为真理而死于职守,我这样做又有什么特别的呢?我所做的不是我完全应当做的吗?"[1]正是古典大学学者在理性引领下的这种批判求真的浩然之气使欧洲的智慧之火得以熊熊燃烧。随着柏林大学的建立,学术研究成为近代大学的主要职能,当学术自由被写入德国宪法而获得制度性保障后,德国开始在19世纪末执欧洲学术文化之牛耳,德意志大学中已产生出近百名诺贝尔奖获得者,为德国大学的发展写下了灿烂的篇章。由此,蕴含鲜明个人自主性和创造性的自由探索学术精神成为世界各国大学发展的价值基础,成为现代大学和大学学者坚定而虔诚追求的一种最高境界。

虽然中国的儒生士人们在历史上经历了焚书坑儒、文字狱的惨痛磨难,但中国先贤们在封建专制思想的控制下致力于将学术研究的志趣与道德砥砺、道德实践相结合,秉承"务正学以言,无曲学以阿世"[2]的学风,恪守"志于学"、"志于真"、"志于道"、"止于至善"的自由探索学术精神,这种绵延千年严谨治学的崇真理性和精神追求对我国近代大学的学术研究产生了深远的影响。在伴随着中华民族发展进步的中国近现代大学中,学者们同样能在艰难的政治和生活环境中维护自身的治学旨趣和学术人格,清华大学国学院的导师们对此做出过精彩的诠释。梁任公先生曾云:"创造者,人类以自己的自由意志选定一个自己所要到达的地位,便用自己的'心能'创造那地位去。"[3]此

---

[1] 费希特:《论学者的使命》,梁志学译,商务印书馆1980年版,第41页。
[2] 司马迁:《史记·儒林列传》,中华书局1982年版,第3123—3124页。
[3] 梁启超:《人文心语录》,四川文艺出版社1998年版,第376页。

言无不彰显我国近代学者学术精神和学术人格。作为独立之精神、自由之思想的中国近代大学精神倡导者和实践者的陈寅恪教授在《王观堂先生纪念碑铭》中写道:"士之读书治学,盖将以脱心志于俗谛之桎梏,真理因得以发扬。思想而不自由,毋宁死耳。唯此独立之精神、自由之思想,历千万祀与天壤而同久,共三光而永光。"① 胡适在北大"兼容并包、唯学求是"校训的影响下也曾经反复强调,学术研究"只有在自由独立的条件下,才有高价值的创造"②。其敢于坚守信念、挑战权威、善于反思的自由探索精神为当代大学学术研究树立了光辉的榜样。审视中国当代大学的学术研究,总有部分大学学者将真理和理性置于利益之上,维护着学者自由探索的学术风骨。曾任浙江大学校长的竺可桢主张学者应"不盲从,不附和,一切以理智为依归。如遇横逆之境遇,不屈不挠,不畏强暴;只问是非,不计利害"③。其独立不移的治学态度至今熠熠生辉。曾创造性地提出控制人口理论的我国北大著名学者马寅初,面对政治高压郑重声明:"学术问题贵在争辩,愈辩愈明,不宜一遇袭击,就抱明哲保身、退避三舍的念头。"④ 马老的铮铮铁骨是中国当代大学学者自由探索学术精神的真实写照。

无论王朝如何兴衰更替,无论社会如何变迁,大学自诞生以来,总有一种气质历久弥新,大学中总有很多的学者为争取学术的自由和尊严,坚守独立的价值立场,按照学术本身的是非曲直虚静守一,专心致志地追求真理。正是自由探索的学术精神让大学能以独特的方式开启学术之慧命,进行文明绍继、大众启蒙和社会批判,彰显大学大象无形的灵性氛围和自由神圣的理性光芒,使大学成为知识的源泉、真理的福地、道德的高地、文化的酵母和人类的精神家园。

---

① 陈寅恪:《金明馆丛稿二编》,上海古籍出版社1980年版,第236页。
② 胡适:《胡适演讲集(二)》,台湾远流出版事业股份有限公司1986年版,第219—220页。
③ 竺可桢:《竺可桢文集》,科学出版社1979年版,第229页。
④ 马寅初:《我的哲学思想和经济理论》,《北京大学学报(哲学社会科学版)》1959年第5期。

二、国家意志：大学学者责任的时代诉求

追求真理无疑是大学学术研究的最重要的价值目标，但它绝不是唯一的目标。随着近代社会经济的不断发展，大学与世隔绝的象牙塔的形象越来越受到人们的批判与讥讽，人们期望大学不能仅仅是社会的装饰物，而需要大学推倒围墙，走出"高楼深院"，"从社会的边缘走向社会的中心"，竭尽所能实现自己的社会功能，满足社会的需要。同时，大学需要在自身的发展过程中广泛吸纳社会资源，需要得到社会政府各种政策资金的支持，"根据社会发展的要求，进行科研和教学"，"与现实世界保持密切的联系"，引领社会前进方向，做社会的航灯。[①] 时代的诉求促使大学学者不仅仅像苏格拉底将文化批判作为自己的职责，像古典大学的学者那样全然超越民族国家利益而清谈学术，还要不断涌入所谓的"旋转门"，在学术与政治、个人兴趣与国家需要之间不断转换角色，为战略、决策、咨询提供强有力的智力支持。纵观世界近代大学的发展历程，大学职能的每一次扩展，意味着大学与社会及国家利益的联系更加紧密。1809年洪堡爵士出于"更好地为普鲁士帝国服务"的信条，创建了柏林大学，提出大学自治和学术自由以及教学与科研相结合原则的同时，也将学术研究与国家意志紧密相连。1862年美国颁布《莫里尔法案》，将求实的精神注入大学的办学理念和具体的实践中，使美国大学在德国大学专业化的学术研究经验基础之上，更加深入地介入社会经济发展，为社会经济、文化的繁荣和进步提供重要支撑。威斯康星思想进一步确立了大学社会服务的责任和使命，将社会服务引入大学，强化了人们对学术社会功能的认识，促使大学学术研究在美国国家战略中扮演重要角色。二战前后，尤其在冷战期间，经济发展、科学技术、文化传播在某种意义上都被纳入

[①] Abraham Flexner, *Universities: American, English and German*, Oxford University Press, 1973, p. 149.

了显性意识形态,演绎为民族国家在国际政治舞台上的重大方略。美国联邦政府出于国家战略的需要,"联邦立法使得高等教育成为冷战政策的一部分"①,形成了一系列较为成熟的大学科研的资助模式,国家利益成为政府在学术自由与学术研究为国家服务之间做出选择和价值判断的主要依据,政府在决定大学学术研究方向和内容的同时,也为美国大学学术研究提供了重要的发展动力。大学学术研究前所未有地在冷战中走上了为国家利益服务之路,成为东西方两大阵营经济和军事竞争的重要手段。②毋庸置疑,当前世界各国大学的学术研究已经成为国家核心竞争力的重要组成部分,大学的学术研究应该也必须着眼和服务于国家战略,才能赢得国家和社会的大力支持,才能有强大的发展动力,才能实现最大社会价值。

回眸我国大学发展中的晦暗与绚烂,我国近代大学自诞生之日起就与国家民族的命运紧密相连,承载着挽救国家和民族危亡的沉重使命。中国近代大学虽没有西方古典大学的学术自由和大学独立的传统和特权,但却凝结了我国近代学者通过大学这一舞台,实现民族独立和复兴的拳拳之情。因此,随着当前高等学校和社会之间关系的日益密切,国际水平、国家需求、国家任务成为我国大学学术研究的重要职责。大学学者越来越多地被赋予了抑或主动担当国家战略发展需要的神圣职责,以此引导和促进社会发展与变革。审视当下我国大学学术的繁荣与失落,在建设创新型国家战略的引领下,我国高校面临着难得的发展机遇,也肩负着重大的历史使命。大学应当也必须在创新型国家建设中发挥人才和资源优势,在国家创新体系中起着重要甚至决定性作用。学术研究必须在为国服务中走向社会,瞄准国家战略需

---

① Joel H.Spring, "In Service to the State: The Political Context of Higher Education in the United States", in John W. Sommer ed., *Academy in Crisis: The Political Economy of Higher Education*, Transaction Publishers, 1995, p. 45.

② 於荣:《在自由与服务之间徘徊:冷战时期美国大学的学术研究与国家利益关系的历史考察》,《比较教育研究》2008 年第 7 期。

求，通过对国家经济社会发展中的重大紧迫问题进行前瞻性、战略性的研究，根据所服务的对象、所服务的区域准确定位，明确方向，增强自主创新能力，全面提高科技创新、服务社会的能力和水平，让世界聆听中国的声音，让中国的文化引领世界的繁荣和进步。

三、悖论与超越：大学学术研究责任的审思

穿过历史的隔膜触摸当下的存在，大学对社会的介入和社会对大学的影响使现代大学在培养人才和科学研究的基础上附加了社会服务抑或国家战略服务功能，这使大学陷入了一种尴尬的境地。大学学者怎样处理学术独立与民族国家利益之间的关系，以一种尊重各方面利益的方式去履行社会责任，如何在自由探索和国家利益之间进行取舍和抉择似乎成了无解的悖论。我国实行的是国家办学，大学在国家资助的庇佑下生存和发展，服务社会可以说是高校办学的落脚点，也是高校加快发展的原动力。随着高等教育与社会互动性的加强，"科学研究已不再是研究者个人探索的事了。现代科学研究已成为一项集体性的活动，它不仅离不开政府巨大的投资和一贯支持，而且也需要大学本身的支持"[①]。当前国家从中央到地方构建了对学术研究进行配套资助的各类科研计划、科技专项、建设工程，各种研发指南也无时无刻不牵引着学者们的神经。当西方大学对基辛格博士式学者形象提出质疑的时候，中国的大学是否也应该对大学的社会文化批判功能、引领功能进行重新审视和深入反思？当学者们在学术生产力观念的指引下，越来越多地拿着具有强大的控制能力的政府项目或者成为企业和其他机构顾问的时候，知识分子的良知、正义、真诚、理性等这些可贵品格可能不得不无奈地屈服于金钱与权势[②]，在一个学术自由传统本来就

---

① Derek Bok, *Beyond the Ivory Tower*, Harvard University Press, 1982, p. 212.
② 胡乐乐：《大学的社会责任与学术自由》，《书屋》2010 年第 12 期。

是严重缺乏的土壤里广播"旋转门"的种子,自由探索的精神必然会旁落,研究的公正性和客观性必然会受到威胁,学术的虚假繁荣,急功近利、沽名钓誉的短视行为就在所难免,学术研究就会失去价值垂范的意义,大学高雅的文化品位和卓尔不群的独特品质在利益面前常常会黯然失色。尽管我们不能以简单怀旧的心态去追寻古典意义上的大学精神,但当学者自由探索的精神被利益淹没的时候,人们不禁要问:大学还是一个崇真尚美、独立民主、追求卓越的高等学府吗?学者还是责任担当、捍卫知识权威的社会良知守望者吗?

当前,关于大学学者究竟是该致力于自由探索还是服务于国家利益和国家战略,学术界存在两种截然相反的观点:一部分学者认为,在当前的社会中,任何组织和个人学术研究都是时代与社会需求的投射,只有符合人类善的目标,为社会和国家利益负责才会得到社会的支持,科学家才能自由地开展研究工作。他们认为,任何大学都有其存在和发展的社会土壤,现代大学学者都有自己的祖国,现代大学的学者不可能只沉醉于象牙塔内同行之间的学术之乐,面对国家的发展与民族振兴很难置身事外而袖手旁观。大学学术的真正旨趣在于它能够增益人类社会生活,为社会创造功利价值,回报社会。因此,学术研究与国家命运休戚相关,成为一个国家和民族社会经济发展的动力源,科学研究结果必须为社会和公众的利益服务;另一部分学者则认为,大学有自身的学术价值和学术逻辑,科学的价值不在于作为实现某种崇高目的手段和工具,而是通过自由的思考,使自由探索成为实实在在的追求,大学才能最大限度地逼近真理和获得新知。"科学的进步来自于自由的知识分子的自由研究,他们研究自己选择的课题,并受认识未知事物的好奇心驱使。"① 尽管自由探索大多出自大学学者个人的灵感兴趣及好奇心,具有较强的原创性,出现错误的可能性很大,

---

① 詹姆斯·杜德斯达、弗瑞斯·沃马克:《美国公立大学的未来》,刘济良译,北京大学出版社2006年版,第33页。

风险极高，其不同于计划研究，但如果学者只一味强调与社会的"无缝对接"，以国家利益的名义放弃自由学术探索，那无异于因噎废食。因此，他们呼吁无论国家制度和政治生活如何嬗变，无论周遭社会怎样的功利世俗，作为社会之光，大学始终都以超凡脱俗的理性存在。大学必须拥有独立的思想、精神、人格，大学学术依凭的是科学、理性与真理的追求，与社会、与决策机构保持清晰可辨的边界，永远不能沦为纯粹的咨询机构和战略实验的梦工厂。

需要指出的是，在当前社会背景下，自由探索有着更为深刻的内涵，不仅指学者或学者团队根据兴趣和好奇心驱动的研究活动，而且更多彰显为学术研究中超越意识垄断的不被束缚的科学想象力，任何从事体现国家战略的科学任务、科学项目研究的学者同样应需要无惧困难，不信权威的自由探索精神、方法与氛围。然而自由探索是任何国家战略或国家利益的前提条件，发展学术这一学者的根本使命，不会因为学者肩负的社会责任而被弱化或边缘化，只有更好地养护学术自由之精神，学者才能更好、更有效地为民族国家利益服务。正如哈佛大学前校长博克所深刻指出的那样，"当大学履行发展知识的义务时，学术自由是一种基本的价值前提。由于这种义务是大学的基本目标，因而在任何情况下都不能牺牲这种探究和表达的自由。不管是为了照顾捐助者的善良愿望，还是为了平息外界激烈反对某种学术观点的愤怒声音，都不能以牺牲学术自由作出妥协"[1]。学术评价、学术评估、学术管理以及各种科研项目、课题、奖励、基地等都只是学术研究的外在依托，而科学求真、批判创新是学术研究的本质要求和根基所在。[2]

因此，大学学者的自由探索权利和服务国家战略的责任并不矛盾，

---

[1] Derek Bok, *Beyond the Ivory Tower*, Harvard University Press, 1982, p. 35.
[2] 亚里士多德：《形而上学》，吴寿彭译，商务印书馆 1959 年版，第 36 页。

大学学者的学术研究在一定程度上可以实现"万物并育而不相害，道并行而不相悖"。一方面，基于国家战略的政府对学术研究的财政资助，既能极大地推动学术和大学的发展，也能促进大学学者必须反思自己在科学研究中的社会责任。另一方面，对自由探索的学术精神的坚守及对学术研究的敬畏精神和纯洁的价值追求应成为大学艰苦卓绝的勇毅之举，学术的尊严归根到底要由学者自己去维护，大学学者的自由探索也要在保持对真理的严谨、忠诚和对真理的不懈追求的基础之上思考如何进一步发挥学校学科优势和专业特色，更好地服务国家战略，做到"顶天"与"立地"的有机结合。当然，在任何健全的社会，任何国家意志都不能以削弱或牺牲学术自由为代价，各级政府政策的制定不能鼠目寸光地把学术视作现行政治或政策的工具，而要进一步完善各种学术活动的运行机制，在彰显和保障学者自由探索权利的基础上引导学者承担更多的学术责任，为自由的学术探索营造一个敢为人先、敢冒风险、敢于怀疑批判和宽容失败的宽松环境。当国家利益与自由学术探索出现冲突和矛盾时，"追求真理和科学知识应当被任何政府视为神圣不可侵犯，而且尊重那些诚挚地追求真理和科学知识的人的自由应该作为整个社会的最高利益"①。为了尊重学术、尊重学者，坚持知识和真理的主宰，彰显学术的尊严，使大学学者能宣秉铎之声、铸弘人之道，或许我们应该牢记著名学者熊十力先生的话："学术思想，政府可以提倡一种主流，而不可阻遏学术界自由研究，独立创造之风气，否则学术界思想锢蔽，而政治制度，何由发展日新？"②

[本文选自《西南大学学报（社会科学版）》2013年第5期]

---

① 爱因斯坦：《爱因斯坦文集》第三卷，许良英等编译，商务印书馆1979年版，第48—49页。
② 熊十力：《与友人论张江陵》，湖北教育出版社2001年版，第553—554页。

论大学章程的文化个性
——基于欧洲三所大学章程的比较

尹建锋

摘　要：大学章程文化个性可以界定为大学章程在制定与执行中所表征的制度文化特质，狭义上涵盖了民族文化传统、学术文化传统与院校文化传统。以此理论框架分析英、德、法三部大学章程的文本，可发现不同国家的大学章程表现出各自的民族教育特色、学术传统特色与院校历史文化特色诸方面的文化个性，并蕴含自由教育、学术自由和核心竞争力三方面的文化共性。

关键词：大学章程；文化个性；自由教育；学术自由；竞争力

大学章程的制定存在共性与个性的辩证关系，而且章程个性需要诸如情感意义上的文化属性。那么，章程是否存在一定的文化属性及文化个性，何为章程的文化个性，它如何渗透在大学的具体办学活动中，并表现出某一地区的、某所学校的文化特色呢？基于上述问题，本研究拟建立章程文化个性的分析框架，对欧洲的英国牛津大学、法国巴黎-索邦大学、德国柏林洪堡大学的三部大学章程进行文本比较分析，研究其中的文化个性及其表现。

一、何为大学章程的文化个性

（一）大学文化与章程的关系

"文化"概念在研究领域本身是一个不够精确和使用困难的分析工具，尤其在高等教育制度研究领域包括诸多复杂元素（大学和学院的生态特征、历史事件、制度传统和使命等人文因素），但它能够为研究者在宏观与微观两个层次的分析提供概念桥梁。[①]如果"大学文化"概念在此作为分析框架能够操作，则有必要根据研究需要对其进行特别的界定。最初，文化概念的使用源于心理学家对不同民族或种族中个体的比较，或者说源于跨文化或文化比较研究。就此意义而言，对大学文化的理解应建立在组织比较的视角上。大学文化可以界定为大学有别于其他社会组织而自主存在的现象，涵盖特定的大学意义体系、大学组织成员行为系统与高等教育的人类学结构，其主观上体现大学的内在精神，客观上体现大学的制度、设施与器物。可见，大学文化的内涵主要是由精神文化、制度文化与物质文化三部分构成。其中，大学制度文化的内涵，由大学的组织架构、运行规则以及组织成员的行为规范所构成，对大学成员有直接的和潜移默化的影响，具体内容应包括价值取向、理想信念、思维方式、行为规范、规章制度、风俗惯例等。大学章程作为大学的"总纲领"成为根本制度，同时据此衍生出基本制度和具体制度。这种多层次的制度体系涵盖了从大学性质和宗旨、机构设置与治理结构到教学制度、校纪校规等办学活动内容和活动方式，逐层将大学制度文化深植于大学成员的信念价值、行为风范、组织性习得和人际氛围等内容中。形而上而言可以影响大学精神文化的塑造深度，形而下而言可以影响大学环境文化（或物质文化）

[①] Jussi Va Limaa, "Culture and Identity in Higher Education Research", *Higher edueation*, 1998, vol. 36, pp. 119-138.

的呈现程度。因此,大学章程在大学制度文化中居于核心地位,具有深刻的文化内涵;同时,从大学文化的角度认识大学章程具有特殊的意义。

(二)对大学章程文化个性的界定

特定的社会群体由于各自的存在形式不同使得它们创造的文化各具特色,形成千差万别的文化个性,文化个性表征着一定文化的文化特质。[①]据此理解,大学是担任独特文化机构的社会群体,是表现"崇尚学术"的文化特质而以此区别于其他性质的社会群体,所以,大学具有了体现自身特质的最基本的文化个性。"现代大学的存在有两种哲学基础,崇尚学术与适应社会之间的矛盾是现代大学办学过程中的基本矛盾。"[②]大学一方面坚守学术自由和自治的价值,另一方面,大学主要功能深受外部环境条件变化的影响;大学文化面对这些变化具有一定的适应能力。[③]这种适应能力在特定社会条件下积淀成某种文化特质,形成大学的文化个性。然而,文化个性存在整体性和层次性有机统一的二维结构。[④]大学文化个性除整体性外,还有因具体地域、具体某所大学而形成的文化个性的层次性。综合来看,有四个层面:大学的文化传统、一个地区或国家的大学文化特性、特定类型的大学文化特性和院校个体的文化特性。[⑤]

大学章程作为大学制度文化的核心内容,具有相应的文化个性层次。虽然世界各个国家或地域的大学在整体上继承了中世纪西欧的大学制度文化遗产,但是,作为大学制度文化重要形式的章程却表现出

---

① 杜新山:《文化个性研究》,《广州师范学报(社会科学版)》1994年第1期。
② 王翼生:《文化个性与大学评估》,《高教发展与评估》2005年第5期。
③ Barbara Sporn, "Managing University Culture: An Analysis of the Relationship between Institutional Culture and Management Approaches", *Higher Education*, 1996, vol.32, pp. 41-61.
④ 杜新山:《文化个性研究》,《广州师范学报(社会科学版)》1994年第1期。
⑤ 谢作栩:《大学文化个性的形成与张扬》,《中国人民大学学报》2007年第5期。

不同的文化特征，形成本土化的文化个性。因此，大学章程的文化个性不但理论上归属于大学文化个性，同时在实践上对应了三个层面的、具体化了的大学文化个性。比如，英国的古典自由主义文化传统，德国的理性主义文化传统，法国的契约自由主义文化传统等，这些文化传统各自决定当地大学的不同理念、精神及其教育制度，从而对大学章程的制定造成很大影响，最终导致大学的学术（或教育）观念类型及其组织的个性化塑造，形成具有鲜明文化个性的个别著名大学，以及具有核心竞争力的优势学科和育人模式；反过来，这些大学在某种程度上也会塑造该民族或国家的某种精神特质。

综上分析，大学章程文化个性可以界定为特定的大学组织群体在大学章程的制定与执行中所表征的制度文化特质，涵盖了大学文化传统、民族文化传统、学术文化传统与院校文化传统四个层面及其要素。其中大学文化传统是广义而言的，其余三个层面是狭义而言，它们分别以民族文化传统为内核，学术文化传统为中核，院校文化为外核。根据研究目的的需要和研究条件的限制，本研究基于狭义的大学章程文化个性开展进行。

二、对三所大学及其章程的分析：文化个性三个层面的视角

由于现代大学起源于中世纪的西欧大学，以及出于对文化个性的民族国家地域性与历史文化传统统一性的考虑，研究选取英、德、法三国的牛津大学章程、柏林洪堡大学章程、巴黎-索邦大学章程文本作为分析样本。通过借鉴民族志的研究方法，分析章程文本资料，从中提炼文化个性。

（一）民族文化传统层面的视角

牛津大学章程的序言，从1209年大学建立到1636年劳狄安法

典，再到大学委员会、阿斯奎斯委员会、1923年条例、佛兰克斯委员会、1988年教育改革条例、诺斯委员会，对历史传统进行了完整的陈述，反映了英国大学非常重视教育传统的文化观念，这与兴起于17、18世纪的英国古典自由主义思潮有关。这种崇尚自然权利、个人自由的民族文化传统，在教育领域表现为：国家对教育应当有限干涉，重视教育的传统性、自发性，尤其是"英国的绅士文化传统，以及'学术金本位'思想和折中调和的思维方式"对大学的发展产生了强烈的影响[①]，使国家在教育制度安排上的作用趋于次要地位。反映在牛津大学章程序言中："这里所提到的任何一个大学所拥有的自治权和免税权等古老特权，过去是由女王殿下和她的祖先授予、批准和确认的，应该得到更进一步的尊重和具有更强的力量。"这种大学特权理念保障了大学拥有一定的自治权。章程第四章规定，教职工代表大会拥有章程立法权：（1）对理事会就章程或规则修改、撤销或补充所提交的提议做出决议；（2）对自身20人或20人以上的成员共同提交的，要求理事会提议修改、撤销或补充章程或规定的决议做出决定；（3）对理事会或自身20人或20人以上的成员所提交的决议做出决定。同时，章程还规定教职工大会关于章程的决议要经过枢密院同意方能生效，理事会规定评议会的选举程序。上述枢密院、评议会与教职工大会互相制衡的大学权力结构，实际上是对英国中世纪大学传统的一种继承，是行之有效的惯例沿袭与文化传承。可见，英国牛津大学章程，重视教职工的个人自由权利和教育制度的古典传统，并表现在现实的教育文化中。比如牛津大学的博雅教育、本科生导师制与学院制，都是对古老教育传统的有效继承。类似的民族文化传统或者宗教文化传统的其他细节，散见于章程文本的其他章节中，比如章程第九章对大学校长、副校长的头衔和权力的规定，体现了主教与大学之间的古老权力

---

① 张烨：《英国文化传统对其高等教育大众化进程的影响》，《理工高教研究》2003年第6期。

关系。校长的地位往往只表现在荣誉和仪式上，虽然主持委员会，但很少涉及日常事务的执行；校长一般仅仅参与学位的授予，偶尔发表演讲，以及担任大学发言人。① 章程第五章对学院、社团和永久私人学院名称和管理规则的规定，体现了私人捐建具有独立法人地位学院的传统（英国其他大学）也有此传统，如伦敦大学②，等等。

德国是一个民族主义与理性主义相互交织的民族国家，康德第一个"把教育这种复杂的社会文化现象，置于'科学'的认识氛围中加以理性考察"③，因此德国大学往往带有追求科学理性的民族教育理念。从柏林洪堡大学的建立来看，大学作为德意志民族为实现国家富强的国家理性主义思想产物，一开始便带有此教育观念特征。因此，柏林洪堡大学具有国家机构和自治法人社团的双重身份。在章程的序言中可以发现："在我们的时代，国家和社会对大学的要求在提高，而大学的资源却在减少。大学的业绩要服从经济标准，大学的结构要服从更高效率的逻辑。洪堡大学坚持研究与教学的统一、学生与学者的共同体、学术自我负责与自主管理等原则，因为学术离不开自由，自由离不开责任。柏林洪堡大学本此精神修订其章程。"可见，一方面大学要满足国家需求，大学的发展要体现国家意志；另一方面，国家出于理性主义观念，又要确保大学的自治与学术自由。柏林洪堡大学章程在第 A 章总则的第一节中规定："大学的人事、经济、预算和财政管理，学费征收以及健康医疗属于国家事务，但由大学统一的管理机构与学术事务一起实施。柏林州对此拥有业务监督权；在下达指令前，校董会可发表意见。若无其他规定，校董会可在国家所委托的领域内向其

---

① Graeme C. Moodie, Rowland Eustace, *Power and Authority in British Universities*, Allen & Unwin, 1974, vol. 90, pp. 124-125.
② 袁传明：《英国大学章程的世纪演变——〈1900 年伦敦大学章程〉与〈2008 年伦敦大学章程〉之比较》，《比较教育研究》2014 年第 7 期。
③ 朱晓斌：《德国文化与教育科学化进程》，《华东师范大学学报（教育科学版）》1997 年第 4 期。

他机构发出具有约束力的指令。"第 B 章明确规定了大学最高权力机构的双重身份："柏林洪堡大学校董会是大学的机构，同时根据《柏林高等学校法》第 2 条第 4 款第 2 句的规定，也是柏林州的机构。"这种大学权力制度安排，体现了德国大学及其科学研究的一种体制，是由当代德国的单纯政治利益所规定的。"德国力量就一个民族而言并不是依赖其本就贫乏的自然资源，而是依靠能充分利用现有资源的智力，这种观念深入每个有思想的德国人心中"[1]。由此形成章程所规定的大学权力框架，在国家权力的有力干预与支持下实现大学教育权，同时包含了德国近代以来所遗留下来的国家主义教育传统。

法国近代启蒙运动和大革命的发生与法国契约自由主义的民族文化传统相辅相成，对法国教育制度与文化的影响深远。契约自由主义文化传统包括两个方面的内容，一是政权代议制的契约自由，二是民法上的契约自由。由此，契约自由主义对法国教育制度的影响相应地包括两个方面，一是教育制度的形成是代议制政权的契约成果，使法国教育制度具有国家职权主义色彩，如法国巴黎-索邦大学章程对入学条件、大学三个阶段、国家学位的规定，对大学校长必须产生于由本校成员选举本校在职教授的规定，都体现了这种特征；二是根据教育法典规定，大学可以与国家建立合同关系，确立国家财政支持与大学发展目标任务之间的契约关系，大学也可以与地方政府或企业签订培训合同。章程还规定，巴黎-索邦大学是公立机构，同时享有自治权，这是根据教育法典条文制定的。此外，在章程的全文中引用教育法典的情况，出现了多达 25 处，这体现了契约自由主义的国家职权观念在大学制度中的渗透。章程专列第五章，对"选举安排"进行详细的规定，说明所有大学组织机构的产生具有代议制性质，从而体现了

---

[1] E. Y. Hartshorne, "The German Universities and the Government", *The Annals of the American Academy of Political and Social Science*, 1938, pp. 210-234, 232.

契约自由的浓厚观念。章程各章节规定,"大学可以与其他机构建立合作关系,缔结相关协议";"校长在遵守现行法规条款的条件下缔结协议(契约、公共合同等)和协定";"校务委员会决定大学政策,特别是决定大学合同的内容";"学术委员会全体会议向校务委员会提出研究政策方向,特别是关于大学合同等内容"。以上章程内容均说明大学主要机构在处理权利关系时,以合同形式来遵循契约自由的民族文化传统。

(二)学术文化传统层面的视角

牛津大学章程第二章规定,大学成员分为:学生成员、普通成员、大学评议会成员、教职员大会成员;由评议会选举校长,教职员大会有决议章程的修订、撤销或补充等权利;理事会和枢密院会议对评议会和教职员大会的权利进行制衡。这种制衡特性在章程第三章、第四章中有所规定:"校长(副校长)由各学院轮流产生,大学评议会负责选出校长"、"教职员大会负责行政监督和工作建议"以及"教职员大会决定大学的重大发展问题"。牛津大学的这种延续古老传统的学术权力制度在众多英国大学中颇有典型性,关于教职员大会权责的规定体现了学术民主的自由平等精神,允许大学公开性讨论学术事务,容易形成非正式(没有章程规定)的学术行为自由。同时,由于学者在理事会席位中占少数,使会议决定不会由某些学者因其个人学术(或学科)观点而提出,某种程度上反而保障了学术自由不受侵犯。[①] 上述关于学术文化的制度规定,一方面源于牛津大学古老习俗带来的思想文化底蕴,而非单纯的规则体系;另一方面,这种制度安排本身具有丰富的人文精神,比如公开讨论与民主平等(选举与轮流等规定)的议

---

① Graeme C. Moodie, Rowland Eustace, *Power and Authority in British Universities*, Allen & Unwin, 1974, vol. 90, pp. 124-125.

事风格及其中的学术风尚。

在德国大学发展历史中,路德新教运动时期出现过大学内各教派相互包容的现代"学术自由"思想的萌芽①,以及洪堡作为新自由主义先驱所创建的洪堡模式,使"自由"成为大学理念的必要构成部分,均为德国大学的崛起奠定了思想基础。② 对柏林洪堡大学而言,对学术自由的重视主要靠合理周全的制度设计来实现。在柏林洪堡大学章程中,不仅序言明示学术自由原则,而且在学术组织规定上亦有体现。B章规定:"学术评议会享有提名权。校董会可将提案与修正或指导意见一同返还学术评议会。如果学术评议会已经全票通过提案或者全票驳回校董会的要求和指示,校董会必须与之保持一致。"除了学术评议会对校董会决策权的有力制衡,章程 C 章还规定,学术评议会在一般性学术、教学事务上具有决定权,对学校财政草案及与柏林州签订合同的草案拥有决议权。由此可见,学术权力在该大学具有显著的主导地位。为保障学术权力的有效实现,在组织规则上章程分别予以详细的规定:"成员身份与共决原则"(F 章)、"平等原则"(G 章)与"审议会成员的权利,管理条例及决议形成"(H 章)。在以上关于组织原则的规定中,充分强调对个人权利和妇女平等权利的保障,这可被视为学术自由的文化传统在柏林洪堡大学的具体表现。此外,章程 C 章规定教职工代表大会拥有章程修订与选举条例修订的决定权,同样体现了保障学术自由的制度安排。

法国自近代早期以来,兴起了职业技术教育。这深深影响了现代法国大学的学术文化传统,比如重视科学、文化的研究及其对职业教育的作用。除了教育法典规定了高等教育机构具有科学、文化和职业

---

① Walter Ruegg, *A History of the University in Europe,* Vol. II: *Universities in Earely Modern Europe,* Great Britain at the University Press, 1990, p. 227.

② Rosalind Pritchard, "Humboldtian Values in a Changing Word: Staff and Students in German Universities", *Oxford Review of Education*, 2004, vol. 30, p. 509.

的特点之外，巴黎-索邦大学章程在大学使命一项中规定：学校努力促进其学生的就业，承担国民教师的培训，承担社会各领域的干部培训；章程规定校务委员会成员的外部人士，有 5 名是全国受雇工会组织代表，另 5 名是雇主工会组织代表，还有 6 名来自工程、管理、技术和服务等工作领域的代表。这些制度规定，很明显对学生的就业和职业发展比较重视。

（三）院校文化传统层面的视角

一定程度上，某院校的文化传统是某民族的历史文化传统与学术文化传承在某所大学中的文化遗传，因此，颇具古典风格的牛津大学，其章程的院校文化传统带有显著的历史人文性。如章程对学院制、博物馆、图书馆、科学收藏、出版社、公开演讲者、教堂司事、大学社团、永久私人会堂等具有人文传统的事项进行详细规定，独具特色。以上各种机构的运行模式是对牛津大学院校文化传统的具体诠释，从而形成包括学生社团活动、宗教活动、基于学院制的导师制（牛津大学导师制源于学院制，是学院额外学术经费的产物[①]）等校园教育文化风格，及其背后由校园景观与古老建筑等构成的校园人文环境。牛津大学章程对上述各种教育文化机构的细致规定，不论从形式上还是从内容上，均塑造了独特的古典人文教育风格，传承了英国学术文化的一种古典传统：重视人文陶冶的学术理念。

柏林洪堡大学章程 E 章对系、院等学术部门的组织运行规则进行了详细的规定，不论是教学、科学研究的具体事务的决策，还是对专业学科、学术资源、教育资金等事项的规定，都体现了德国柏林洪堡大学重视保障学术自由的制度设计，使制度安排具有很强的操作性和

[①] David Palfreyman, *The Oxford Tutorial: Thanks You Taught Me How to Think*, OxCHEPS, 2008, Preface.

实效性，保证学术秩序能够良好运转。柏林洪堡大学章程尤其重视科学研究机构的建设，设立"共同事务委员会"和"跨学科中心"。章程第 E 章对二者分别作出规定，比如，"当多个学院需要面对共同任务时，可设立共同委员会。这也同样适用于不同高校的学院间的合作"。"除学院、系所、研究中心和中心机构之外，还可以建立跨学科中心。这些中心致力于教学、研究、青年学术队伍的培养以及学术性继续教育等方面的跨学科项目。各院或共同委员会在教学与学位授予上的权限不受影响。"而且，章程对这两个机构的运行机制各有明确的制度安排，充分尊重科学研究的内在规律。以上章程关于学术组织机构的规定，充分体现了德国政府坚持大学科技创新的政治价值取向。相应地，在现实的大学管理中，"将大量资金投入到某个类型的科学研究，并建立特殊的、协调的组织，而政府的领导由于真正理解科研管理的微妙问题而退居到幕后，使科学研究人员因人事调整出现的缺口，可以得到合理的填补"[①]。以上大学章程的规定与现实的大学治理，均说明了柏林洪堡大学重视科学研究，以及跨学科研究的院校文化传统。

法国巴黎-索邦大学章程规定了大学使命，在文学、语言和人文社会科学领域进行研究和教育。在校务委员会的人员构成上，章程详细规定了各学科人员的比例，实现了学科之间的平衡性，一定程度上抑制了自然科学对人文社会学科的排挤，确保了学校保持一定学科特色的目的，从而体现该院校的文化传统个性：重视人文与社会学科。

三、文化个性比较：三部大学章程的文化共性

通过比较分析，英、法、德三国的三部大学章程都有不同的文化

[①] E. Y. Hartshorne, "The German Universities and the Government", *The Annals of the American Academy of Political and Social Science*, 1938, pp. 210-234, 232.

个性。可以发现各大学殊途同归，存在共同的价值取向。这说明大学文化个性与共性之间存在哲学辩证性（如表1所示）。在文化共性上，各大学的不同文化个性分别诠释了真实的大学本性，分别以本民族的教育观念及其制度模式，保障自由教育、学术自由等现代大学理念的实现。

表1　大学章程的文化个性与共性

	大学章程文本	民族文化传统	学术文化传统	院校文化传统
大学章程的文化个性	牛津大学章程	英国的古典自由主义文化	人文教育	古典传统、学院制
	柏林洪堡大学章程	德国的国家理性主义文化	教学与研究的自由统一	科学研究自由、跨学科研究
	巴黎-索邦大学章程	法国的契约自由主义文化	科学、文化与职业教育	人文科学、社会科学
大学章程的文化共性	三部大学章程	自由教育取向	学术自由取向	核心竞争力取向

（一）民族文化传统层面的共性：自由教育取向

三所大学章程分别在不同的政治体制及法律体制内制定和运行，呈现不同的教育传统。比如，英国很尊重自由教育传统和惯例，牛津大学章程的最终审核权与起草权分别由国家政治权威与大学自治权威所分享，保证了大学自治权；法国契约自由主义的政治理念体现在大学权利的分配与实现中，大学与政府通过签订契约自由的合同实现大学的自治性；德国的国家理性主义文化传统通过对个人自由权利与科学研究自由权利的充分尊重，及其理性的制度设计，给予学术组织机构比较强势的大学权力。不论三国采取什么形式的教育理念与制度，都尊重大学自治的价值与原则：只能由专家判断专业知识，由此形成专业行会。而且由于现代社会的复杂性，必然要给予他们发挥学术功能所需要的自由空间，从而避免不必要的干扰；专业知识要服务于社会，并由于从中获得报酬而被有所控制；社会或政府对专业知识及专家的这种控制权要有所节制,这是政府需要铭记的道德价值。[①]

(二)学术文化传统层面的共性:学术自由取向

英国牛津大学的学术权力,由评议会与教职工代表大会所分享,以权力制衡保障学术自由;德国的柏林洪堡大学赋予学术评议会与教职工代表大会比较强势的权力,获得了学术自由的根本保障;法国巴黎-索邦大学的学术理念倾向于积极发展科学与文化及其职业教育,其学术组织并不像牛津大学与柏林洪堡大学那样强势,但是通过合同与协议同样获得了学术自由。三所大学虽然在学术组织机构设置上形式各异,并通常都倾向于以实用的学术成果作为研究的重点,但都尊重"学问以自身为存在理由"的学术纯粹性(尤其在德国)。[②] 在此,学术纯粹性因人类好奇与探索的自由本性而具有创新性质,这是实现其社会实用性的前提。然而,个人自由探索的好奇本性,需要在学术自由的文化环境中,才能得以真正发展。因此,大学制度文化应表现学术自由的本性,而学术自由本性应规定大学制度文化的样式。

(三)院校文化层面的共性:核心竞争力取向

三部大学章程在院校文化个性上都带有本民族文化传统和学术文化传统的烙印,但是它们仍在传承本民族文化精神与积累发展经验的基础上,逐渐形成能够在国际高等教育激烈竞争中生存并壮大起来的适应能力。因此,独具魅力的院校文化个性对大学的发展竞争力尤为重要。比如,英国牛津大学沿袭了古典人文教育传统,显著体现在学院制与导师制,以及各种带有历史文化感的校园设施与习俗上,以此

[①] John S. Brubacher, "The Autonomy of the University: How Independent Is the Republic of Scholars?", *The Journal of Higher Education*, 1967, vol. 38, pp. 248-249.

[②] Lenore O'Boyle, "Learning for Its Own Sake: The German University as Nineteenth-Century Model", *Comparative Studies in Society and History*, 1983, vol. 25, p. 22.

闻名世界。德国柏林洪堡大学章程通过系统而细致的制度安排，促进跨学科的科学研究，激发院系的自由活力，事实证明，这种院校在制度上的文化个性大大提升该校在世界著名高校中的排名。法国巴黎-索邦大学通过大学章程在学科建设方面从宏观到具体层面进行规定，重视人文、社会科学发展与重视职业教育的观念共同形成独特的办学特色与学科优势。三所大学正是通过章程文本表达并付诸实施了院校层面的大学文化，最终体现在学科优势与科研机制创新，以及育人模式特色上，从而形成学术组织办学活动的凝聚力、教育力、创造力和影响力。即使在高等教育全球化竞争的背景下，市场化倾向对牛津大学的导师制造成冲击（导师更加倾向于追求学术成就而减少教学投入），对德国大学的洪堡模式造成潜在影响（有德国学者提出向外行董事会治理模式学习的建议），但是，牛津大学仍然坚持了导师制，德国的大学仍然抵制市场化的潜在影响，坚持洪堡模式的一部分优势（教授追求善意、奉献与尊重的学术自治习俗，反对行政管理强制干涉的意识），从而保持了古典大学的某些历史文化传统。[1]

（本文选自《比较教育研究》2016 年第 12 期）

---

[1] Rosalind Pritchard, "Humboldtian Values in a Changing Word: Staff and Students in German Universities", *Oxford Review of Education*, 2004, vol. 30, p. 509.

大学制度与范式

章程实施与大学组织文化生成机制

尹建锋　黄瑧伟

摘　要：大学章程的实施是基于文本逻辑的执行，从而指向行为人的观念意识及行为的过程。因此，为防止大学章程实施的形式化和虚化倾向，引用非正式制度理论的解释框架，研究作为非正式制度重要形式之一的大学组织文化在此过程中是如何生成的，具有重要意义。从正式制度与非正式制度，以及逻辑与意义的视角建构出大学组织文化生成机制：学术信念的习得，制定规则与有效监督，以及落实责任与行为习惯。从所建构的理论模型中获得两条政策建议：处理好正式制度与非正式制度之间的关系、政策推动力与文化生成力之间的关系。

关键词：大学章程实施；大学组织文化生成；非正式制度；文化生成力

大学章程建设工作实施以来，部分高校已经制定并颁布实施了本校章程。然而，如何让章程取得实效，规避章程治理失效的风险，对此，我们要重视大学组织文化的养成，以组织文化推进章程实施，增强章程治理的实效性。令人担忧的是，大学章程作为成文的正式制度，很容易被忽视其本身的文化内涵，走向表象上的形式主义，继而导致章程实施无法落地，成为一纸空文。凡此种种，均是值得深入探讨的课题。

而大学组织文化作为非正式制度的重要表现形式,能够有效阻止大学章程实施的虚化或失效风险的出现,这是本研究的基本理论假设。为此,在大学章程实施背景下,本文对大学组织文化生成机制进行深入研究。

一、作为一种非正式制度的大学组织文化

非正式制度,又谓之非正式约束、非正式规则,具体表现为约定俗成的价值观念、风俗习惯、道德伦理、文化传统、意识形态等。相对于正式制度而言,非正式制度是一种"先验"模式,为正式制度安排提供文化观念基础。也有学者认为,非正式制度相对于正式制度而言,是一种"元制度",而元制度"即本来规则与人类心灵共同元素相联系的规则,它是正式制度的原初元素,是正式制度产生的源泉因素",因而,非正式制度具有制度本体论的意义。[1]非正式制度可以从三个特征加以理解:第一是根本性特征,即成文的制度必然根植于非正式制度而无法横空出世,其制定与执行的过程建立在行为群体的共同观念基础上。第二是文化性特征,即非正式制度是在一定历史条件下形成的、以行为群体的风土人情、风俗习惯、行为方式和审美观念等文化元素为内容的不成文约定。第三是传承性特征,即非正式制度一定是在特定的地域,经过特定的历程,由人们代代相传而积淀下来。这种制度现象一定是在特定组织中发生的,那么大学组织同样会发生非正式制度现象,其中所表现出的制度文化形态,便是大学组织文化。据此可以理解,由于大学组织文化本身具有约定俗成的行为方式、价值观念、道德规范等共同体文化内涵,可以视其为一种非正式制度。

---

[1] 伍装:《非正式制度论》,上海财经大学出版社2011年版,第11—30页。

而大学章程是作为正式制度而存在的。在研究或实施大学章程的时候,往往比较重视成文的、硬性的正式制度体系建构,容易忽视现实条件的约束和文化传统的惯性,甚至出现生搬硬套其他学校章程的现象;另一方面,即使制定了规范的大学章程,由于忽视本土文化或本校文化等非正式制度因素,缺少基层组织的广泛支持,容易导致大学章程实施动力的不足。而且,非正式制度成为正式制度不可或缺的前奏或者前身,两者在时间上有承接关系,在空间上有并存的协同关系,因而大学章程的实施本身要包含非正式制度元素。综上所述,基于大学组织文化作为非正式制度的研究角度,为解决章程实施的实效问题提供了一个适切的视角和有力的解释框架,能够有效解决大学章程建设工作的实效问题。

二、大学章程与大学组织文化的关系

(一)大学章程作为正式制度的逻辑性

逻辑学家 J. 皮亚杰、R. 加西亚从发生认识论的角度,研究逻辑关系的心理发生根源。他们的基本观点是:"在最基本的水平上,推理只是意义之间的蕴涵",而"任何逻辑的基础都是推理性的,就意义逻辑而言,它就是自然的推理"。[①] 因此,逻辑在主体认识发生的自组织机制(意义蕴涵的关系)中产生,从而成为"走向一种意义的逻辑"。在此,对于大学章程而言,文本语言是指向大学意义的逻辑体系。这套逻辑体系的发生,必然是在大学组织成员对大学意义发生认识的基础上才能实现。综合以上分析,我们可以认识到:大学章程实施的本质,是大学成员在对大学逻辑和大学意义的认识之发生、意识之发生、动

---

① J. 皮亚杰、R. 加西亚:《走向一种意义的逻辑》,李其维译,华东师范大学出版社 2005 年版,第 135—136 页。

机之发生、行为之发生等一系列的心理与行动的发生。从中世纪大学章程的起源来看,以大学校长为首的大学组织成员,都要通过集会仪式对大学章程宣誓,以忠于大学宗旨,即大学意义之发生,并且,忠于职守,严格执行章程的规则,即大学逻辑之发生。

制度现象的发生总归是人的意识与行为的发生。大学章程由此从文本逻辑向组织逻辑进行演进,直到形成广泛组织成员的意义追求,并形成共同的价值观念和道德规范。这是大学章程作用于大学组织文化的逻辑演化过程,从而形成正式制度在文化观念(意义蕴涵)层面的影响力;另一方面,大学组织文化总是"先验"性地从大学精神的心理层面影响着对大学意义的追求(比如学术自由精神),伴之而出现习俗、行为方式、价值观念、伦理道德等,以这种"社会化"过程对大学章程的制订和修订形成决定性的影响。

(二)大学组织文化作为非正式制度的自我生成性

有学者如此定义组织文化:组织成员对共同的期许、价值、认同和信念的接受并理解的一个体系。[1]也有学者认为高等教育领域的组织文化,在学术背景中具有一个核心的价值观或使命,并以此产生组织成员的社会化过程;领导者的意义管理和社会化整合是重要的组织文化形成过程,从而形成了有效的文化动力和制度执行力。[2]文化理论学家埃德加·沙因对组织文化的理解是:组织成员在组织文化中有习得的文化特征,认为组织文化的本质是成员潜意识里存在的,而非规则、价值观念、习惯、风气等文化表象所能真正表达的。[3]综合上述认识,

---

[1] Doris Gomezelj Omerzel, Roberto Biloslavo, Anita Trnavevi, "Knowledge Management and Organizational Culture in Higher Education Institutions", *JEEMS*, 2011, pp. 111-139.

[2] William G. Tierney, "Organizational Culture in Higher Education: Defining the Essentials", *The Journal of Higher Education*, vol. 59, No. 1, 1988, pp. 2-21.

[3] 埃德加·沙因:《组织文化与领导》,马红宇、王斌译,中国人民大学出版社2011年版,第7页。

可以认为组织文化是可以自我生成的,相对于大学而言它扮演着"根系角色"。[①] 组织自身可以发明和创造诸如行为规范、方式等能够使组织进一步发展的文化形式,尤其领导者在坚持核心价值或信念的基础上,发挥组织文化的创造作用,成为组织文化生成的关键。这种对组织文化的认识是侧重于文化软实力的强大精神力量的,这正符合大学组织的悠久历史所积淀而成的文化特性(近乎千年不变的大学精神风貌)一定程度上决定了当代世界著名大学的组织文化的结构与秉性,尤其在学术自由、追求真理的价值诉求上,经久不衰,响彻寰宇。西方大学制度的形成乃至大学章程的制定,往往以大学的这种特有的组织文化为取向,从而建立成文的正式制度作为保障。因此,建立成功的大学章程必然要考虑到大学组织文化中所特有的价值诉求,另一方面,大学组织千年演变而来的教育文化特质,在大学的学术组织、管理组织、决策组织等不同领域自然表现出相较于其他社会组织更加特殊的组织文化特性,最终需要落实到大学章程的制度安排之中。综上所述,大学章程与大学组织文化之间的互动关系,可以对应地体现为大学的正式制度与非正式制度之间、逻辑与意义之间的链接关系(如图1所示)。

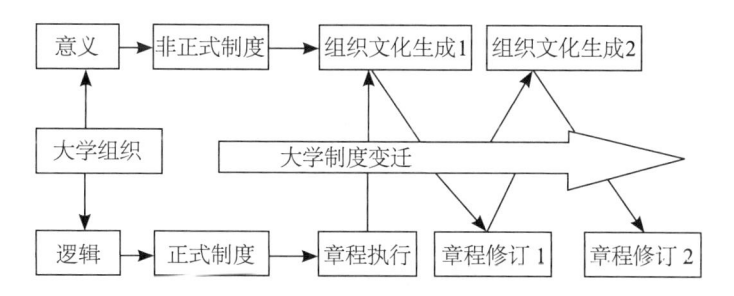

图1 大学的正式制度与非正式制度之间、逻辑与意义之间的链接关系示意图

[①] 王延明等:《大学章程的价值——从法律、文化、制度价值视角进行研究》,《天津大学学报(社会科学版)》2015年第2期。

三、大学组织文化生成的机制：章程实施的视角

　　上述分析的大学组织文化生成与大学章程之间的关系，大学组织文化潜在地存在于大学章程的实施过程之中。然而，大学组织文化生成的机制必然存在一定的构造与功能，因此要首先明确大学组织文化自身的结构或层次是怎样的。虽然有的研究将大学组织文化分为物质、精神、制度、行为四个层面，或价值观念、行为规范和物质风貌等层次结构，也有人将大学组织的文化架构分为核心层、中介层、显现层，并分别对应于价值观与哲学、制度与道德规范以及行为与活动三个方面[①]，但是，普适价值陈述多、共性多、宏观多，而真正有价值的观念少、个性少、微观层面少等成为此类研究比较明显的短处。为避免这种大学组织文化研究得不够深入的弊端，本文将从精神、制度、行为三个层面的核心价值观念入手，来建构章程实施下的大学组织文化生成机制的构造及其结构关系，对应地分别为：学术求真是大学章程的价值核心，民主公平是大学章程的制度本质，行为规范是大学章程的实施结果。因此，为有效落实大学章程的实施效果，必然要建立起大学组织文化生成的机制，激活各要素的文化观念功能，以组织文化观念的精神力量，增进章程实施的力度，以章程实施的过程促进组织文化观念的生成或重塑。因而，在大学组织文化的生成中，与大学章程的实施形成一种相辅相成的互动机制。

（一）学术信念的习得：章程的价值核心

　　大学章程实施的前提是要形成一个组织共同体的共识：制定一部价值核心为何的章程。根据大学史的研究成果可以知晓，西方大学诞

[①] 韩秀娟：《大学组织文化建构中存在的问题及其解决策略》，东北师范大学硕士学位论文，2009年。

生之初，即意味着章程的制订与实施。大学组织价值观念的共识从一开始便体现在大学章程里，章程的逻辑与价值理应得到大学组织共同体的认同，而且，这种认同必然是建立在对大学理想的信念之上的，该信念即追求学问，培养有德性的人才。对当前我国大学章程建设工作而言，消解当前的大学理想缺失、学术活动"行政化"等不良趋势，从而形成或重塑这种对大学理想的认同及信念上的坚守，是比较迫切的。因为教师追求高深学问，培养德才兼备的学生，始终是大学存在的终极价值。当然，现存的大学组织文化中，仍然有一些不良的文化观念存在着，比如消极教学、学术功利化、学术投机等。在制度设计层面，需要祛除这些观念的生存环境，给予舆论和道德上的压力，甚至需要建立淘汰机制，比如章程对学术委员会运行机制的规定，要满足在学术评价上实现"优胜劣汰"的价值目标。总之，章程的制定与实施，要与大学组织文化在大学核心价值认同上和对学术信念的坚守上取得一致，才能形成两者的良性互动和持续进步。

（二）制定规则与有效监督：章程的制度本质

大学是以大学组织为载体的系统形态，那么，大学组织的运行必然涉及制度的规则，否则，大学将杂乱无章，失去组织性和系统性。因此，规则成为组织文化在制度层面的显著特征，而章程恰好提供了发挥规则功能的平台。一方面，章程的制定要重视规则性或程序性，以此促进组织运行的规范性；另一方面，文化根植于不成文的规定之中[①]，章程的制定要将基层组织长期行之有效的、有利于大学目标实现的不成文规则吸收进来，以推而广之，扩大章程的制度效益。缘于"道德风险"等人性的弱点，总有人面对规则有作弊的投机取巧心理，

---

① Kent D. Peterson, Terrence E. Deal, *The Shaping School Culture Fieldbook*, Second edition, The Jossey-Bass Press, 2009, p. 8.

规则的真实有效必然需要相应的监督机制来保障，比如民主公平便是一种较为根本性的、带有透明化的监督途径，可以防止暗箱操作等不良行为；而且，大学组织的主体权力有必要实行分权管理，以实现权力主体的多元化、权力行使的公开化，实现相互制衡的监督目的，从而防止某个人或某些人的"一言堂"、"投机倒把"。

（三）落实责任与行为习惯：章程的执行效果

延续大学章程的价值核心、制度本质的逻辑顺序，最后一步的事实结果便是章程的执行和每个大学组织成员的行为。因此，落实责任与行动，成为大学组织文化生成机制的最后一个步骤，其实现程度如何，将是检验大学章程的制度设计与执行以及大学组织文化塑造是否成功的最终标准。就此意义而言，严格落实制度、严格执行规则，依法依规追究违法违规者的责任，将是大学组织文化生成的最关键一步。因为从制度变迁的视角看，这涉及利益的重新分配，涉及教育改革的攻坚克难。因此，落实责任、承担责任、有责必究将直接影响人们的行为方式，有利于形成规范行为，凝聚组织行为的集体力量。否则，一切都是空谈，一切都停留在"无章运行"的状态之中。同时，这与大学章程的制定与实施互为表里，需要塑造新的组织环境，加强责任意识的宣传教育，依章执行章程的规则。这将有力促进大学组织文化和现代大学制度的良性互动、动态生成。

四、政策建议

上述的分析表明，大学章程与大学组织文化之间存在相辅相成的共生关系，并涉及大学制度与大学文化两个层面的有机结合。其中存在的诸多要素及其发生机制，对大学制度而言具有关键作用。这对我们的现代大学制度的建设工作提供了有益的启示。

（一）处理好正式制度与非正式制度之间的关系

1. 正式制度与非正式制度的有机融合：刚性与柔性

作为正式制度的大学章程具有一定的刚性和确定性，对原则性的、基础性的规则有明确的、清晰化的规定，并形成制度设计上的逻辑体系，使之严密化、程序化、可操作化，以此确保大学章程的刚性对大学理念的有效保障，比如，关于大学人事制度的设计要避免任人唯亲、"小团伙"化的倾向出现。另一方面，"作为价值观念，社会习俗和意识形态的非正式制度对人的约束主要是通过人们内心的信念、追求和希望获得认同等来实现的……它是一种软约束"。[1] 因此，非正式制度的柔性是舆论性的、习俗性的、精神性的，特别是涉及学术评价和教学评价等这些无法量化或标准化强制约束的领域，更需要主观性评价，甚而口口相传式的口碑评价。而且，大学为了适应不断变化的外部社会环境，应当通过正式制度的理性管理对大学文化形成的习俗施加影响或进行两者的整合，这成为大学领导将战略选择与具体管理行为相结合的新方向。[2]

2. 发挥非正式制度的灵活性和创新性

"从惯例、习惯、风俗、道德等非正式制度到各类组织规章、法律、法规等正式制度，是一个约束力越来越强，但灵活性越来越低的过程……要达到社会运行的最优化，留给行为人必要的自主空间是合理的也是必要的"[3]，即非正式制度存在的合理性源于其灵活性，一定程度上可以成为创新性的"源头活水"。因此，对大学章程而言，它的制定也并不是一劳永逸的一次性行为，需要随着大学发展的环境与条件的变化而不断进行修订。况且，章程不可能经过一次制定或修订就能

---

[1] 伍装：《非正式制度论》，上海财经大学出版社2011年版，第22页。

[2] Barbara Sporn, *"Managing University Culture: An Analysis of the Relationship between Institutional Culture and Management Approaches"*, *Higher Education*, 1996, vol. 32, pp. 41-61.

[3] 唐绍秋：《非正式制度经济学》，山东大学出版社2010年版，第61页。

够臻于完善。

（二）处理好政策推动力与文化生成力之间的关系

1. 政府公共治理权是大学章程的"立法"渊源

政府行政管理机关在有力支持和推动大学发展的同时，要确保大学的自主管理权。因此，政府管理机关应当在推动教育政策时坚持"底线"原则，监督大学的办学方向、定位、宗旨等是否符合政府或国家的发展目标，可以采取"第三方评估"等方式对大学办学的质量进行评价和监控，针对方向性、原则性问题出台相应的配套政策，并推动实施，如当前的大学章程建设工作便是政府强力推动的教育政策，使大学办学法治化、规范化，防止行政权力对学术权力的无限挤压。

2. 政府及大学决策层授权于院系：发挥组织文化生成的内生作用

大学的院系部门，是构成大学的基本单位和基本组织细胞，它们的发展生命力是构成大学发展竞争力的中坚力量。因此，院系的教职工人员的精神面貌、工作热情、事业进取心及单位里良好的教育氛围，将是院系真正生命力的具体体现。因此，大学组织文化如何在无直接外部力量的推动下，内生出积极向上的组织文化氛围，是大学章程在院系层面制度设计的关键。在这样的内部氛围下，既要制定出规范公正的、可操作性强的规则，又要为组织文化的内生性提供制度保障，比如对学术委员会的权力及对教师的权利和地位的充分尊重。获得尊重和感到公正的制度环境，将对教师的工作热情、事业情怀产生积极的促进作用。

3. 重视大学卓越人物在组织文化重塑上的引领作用

由于大学章程偏向于刚性，有大量制度空间需要组织文化的柔性和灵活性来加以补充。由于事物发展的不断变化规律，大学组织文化也处于不断变化、不断完善的进程之中，其中的创新性和修正性特征也比较明显。由于制度变迁的惯性和惰性的存在，新的突破往往需要真正有大格局变革勇气和拥有卓越才能的大学人物来开拓道路。因此，不论是优秀的校长，还是卓有学术成就或教学成就的教师，都需要主动发挥其个人魅力的引领作用，以对组织文化的重塑形成方向性的引导。因此，在政策制定和实施的过程中，要注意给予卓越人物发挥影响力的制度空间。

（本文选自《湖北社会科学》2016年第4期）

现代性语境下高校学术量化评价的隐忧及超越论析

崔延强　吴叶林

摘　要：自启蒙运动以来，现代性逐渐深入到社会发展的组织与制度中，对人类的生产与生活样态产生了极其深刻的影响。现代性以理性与自由为主旨，激活了人类的潜在力量，推动了社会文明的发展，但与此同时也存在诸多隐忧与悖论。就当前而言，受现代性的观照，量化评价存在三大隐忧：其一，对工具理性和形式合理性的崇拜，遮蔽了学术的本意义与价值；其二，学术评价的技术理性束缚了学者主体性；其三，个人主义与工具理性结合让学术道德陷入危机。基于这种现代性困境，有必要复归学术意义世界，平衡工具理性与价值理性；张扬主体意志，维护学术自由；培育学术德性，完善学术伦理规范。

关键词：现代性；理性主义；学术评价

现代性是一个纷争的理论领域，其内涵复杂，并无确切的界定，从纯粹的社会学意义上来看，现代性指文艺复兴和工业社会以来社会整体结构的性质与特征，它不仅给社会发展带来效能与机会，同时也裹挟一定的风险与危机，如"全球化的自由主义、生活方式的准普遍商业化、工具理性的极度利用以及泛滥的个人主义"[1]，以至于吉登斯和贝克等均将现代性视为"风险社会"。审视当前，现代性作为基本图式与机理，无孔不入地渗透高校的各个领域和层面，内在形塑着当代大学的生存状态以及组织系统运行。通过剖析量化评价的现代性根源及隐忧，我们可以管窥现代性对高校的深层影响。

一、高校学术量化评价内涵概述

学术评价有利于保证学术质量，引领学术方向，规范学术行为，是学术发展的重要环节。自20世纪80年代以来，我国众多高校为了方便对学术研究进行管理和激励，引入了源自于西方的量化评价办法，"对于研究成果或研究过程的几乎所有形式——论文、著作、课题、奖励等，均依级别、数量（文字数量、资助金额）、排名位次，被赋予分值"[2]。当前，我国高校学术计量评价根据对象差异可以分为三个层次。

宏观上是学术组织（包括学科与专业组织）量化评价。学术组织量化评价以组织整体作为对象，通过数据采集和建模，对不同院校、学科、专业的总体学术水平进行量化分析，从而为政府决策和社会公共选择服务。其考察对象主要是学术组织的成果级别与数量、承担课题级别与经费数额等，按照精确计算、聚类统计的原则进行数据分析，从而整体把握学术组织的水平和科研绩效。中观上是学者个体量化评价。学者量化评价一般发生在职称职务晋升、绩效考核等情况下，具有周期性和严格的量化要求，关涉学者的直接利益。如考察学者各级各类课题项目、学术著作、学术奖励等的数量和排名，论文引用次数，

---

[1] 吉尔·利波维茨基：《现代性·后现代性·超现代性》，丁兆国译，《国外理论动态》2011年第9期。
[2] 王卫宁、石文华：《中美学术管理中教师评价之比较》，《首都师范大学学报（社会科学版）》2012年第4期。

成果采用和推广等情况，对不同指标赋予相应的权重与分值。微观上是学术成果量化评价。这类评价主要采用文献计量和引文分析等技术。前者通过数学、统计等方法来分析和研究文献信息的分布、结构等，从而发现数量关系和规律，并依此评价成果价值；后者主要对文献间的相互引用，如尾注、脚注、间注等信息进行量化分析，文献的被引用次数和级别即被认为是学术水平和价值的测度。

二、高校学术评价"计算思维"的现代性根源

作为时代的焦点问题，我们面对的许多重大理论与实践问题，或直接或间接地都与现代性存在深层关联，高校学术的上述计量评价模式并非无本之木，它具有深刻的现代性根源。现代性以理性、主体性、科层化等为主要标志，而这一切最为核心的是人的理性的觉醒，可以说理性是现代性的安身立命之所，理性化的知性思维成为衡量万物的唯一尺度，它的最大特征在于相信世界是确定的、可以预测的，因此，世界图景的运行是可以计算的，换言之，理性计算是世界祛魅后人类思维模式的重要特征，无论是经济、政治还是社会领域，计算的力量无孔不入，几乎主导了人类生存与生活的样态。

在社会经济领域，现代性的计算特征表现得尤为显著。马克斯·韦伯认为理性的经济运行首先表现为一种簿记方式，即一种严格的核算制度，通过精确计算功利的方法达到目的的理性。在他看来，任何一项合理的制度设计都是以计算为基础的，计算越是精确，理性化程度就越高。与此同时，借由经济理性的强大影响力，"计算"也逐步渗入到人类活动的其他方面，齐美尔在《货币哲学》中提出"算计功能的认知理念把世界设想成一个巨大的算术问题，把发生的事件和事物质的规定性当成一个数字系统"[①]。在这种经济理性的影响下，社会

---

① 齐美尔：《货币哲学》，陈戎女译，华夏文化出版社2002年版，第3页。

行动以计算关系的形式被表达,体现了强烈的数字化计算特征。

在社会文化领域,现代性的计算力量同样得到彰显。现代性发轫于文化启蒙,随着宗教世界观的瓦解,人的主体性与自由得到解放,文化理性化带来了世俗文化的发展与科学的普及,人们不再乞求神灵的庇护,与此同时另外一种信念与意识出现了,那就是只要人们想知道,他任何时候都能够知道;从原则上说,再也没有什么神秘莫测、无法计量的力量在起作用,人们可以通过计算掌握一切。① 换言之,在宗教世界观瓦解后,通过计算而达成认识的理性文化主宰了现代文化的前进方向。

在社会治理领域,现代性表现为鲜明的"技术理性"和"可预测性"。其一,以科层制为特征。科层制以思维着的知性作为事物的唯一衡量尺度,它将整个社会视为庞大的、非人格化的机器,并建立了严密的基于理性计算的技术系统和分工清晰、层级和职责分明的技术化管理体制。其二,以契约化为特征。传统社会运行以宗法与血缘关系为基础,熟人社会给现代社会治理带来了一定的困境,因此不少学者呼吁建立陌生人社会,建立以法律与契约为根基的法治社会。这种转型从根本上标志着现代国家治理的理性化转向,社会运行遵循规范的、统一的法律和制度,具有鲜明的技术性和可预测性。

总而言之,现代性已经全面融入人们生产与生活领域,成为社会转型的内在机理与根据。现代性尤其是其理性主义主张及计算思维深刻影响了现代大学制度设计,主导了高校的发展与变革,正是在这种背景下,学术评价制度也被深深地打上了现代性计算功能的烙印,学术量化评价的实质就是对学者学术成果的计算,通过规定等级、计算数量赋予教学科研人员劳动以不同的分值,进而加以计酬和奖励。

---

① 马克斯·韦伯:《学术与政治》,冯克利译,生活·读书·新知三联书店 2013 年版,第 29 页。

三、高校学术量化评价的现代性隐忧

现代性带来的计算思维正在全面融入社会运行体系，从很大程度上说这代表着理性力量的崛起，理性主体地位的确认有利于引导人们关注对自然与社会发展规律的探讨。然而，现代性并非尽善尽美，在宗教世界观瓦解后，理性继而走上神坛，无限理性与理性万能导致了对理性的盲目乐观与理性的僭越。理性的量化评价崇尚确定性与可计量性，虽然能够在一定程度上反映学者学术积累的厚度，但在多个方面却束缚了学术发展，裹挟了"人为的风险"。

（一）意义被遮蔽

量化评价通过精确计算从而达到目的理性，具有工具崇拜和技术主义特征，价值理性在这种技术主义的主导下被漠视和消解，学术的信念、信仰与价值判断不再作为研究者学术行为的精神要求，换言之，量化评价易将学者引入以形式合理性作为终极目标的歧途，而忽视学术实质上的价值合理，学术成果本身的意义被形式合理性所遮蔽。正如齐美尔所认为的，"我们的时代正在接近这种状态，而与此相关的现象是：一种纯粹数量的价值，对纯粹计算多少的兴趣正在压倒品质的价值，尽管最终只有后者才能满足我们的需要"①。为了迎合这种学术场域的数量要求及其背后的经济利益，部分学者正在批量生产学术论文和著作，如河南大学某教授一个月就生产19篇学术论文，学术泡沫大量出现的根本原因就在于量化的评价机制，量化管理注重的主要是数字，对是否提出新观点、发现新问题、挖掘新材料、构建新理论重视不够。这也证明了原美国物理学会期刊总编马丁·布鲁姆曾的观点，"10多年来中国论文数量大幅增加，但质量却在降低"。量化评价不仅

---

① 齐美尔：《金钱、性别、现代生活风格》，顾仁明译，学林出版社2000年版，第1页。

对学术的"量"进行统计，与此同时，人们认为的所谓"质"也是测度出来的。"质"的量化以引用率、影响因子等为依据，通过文献计量和引文分析，了解成果的价值与意义。但是，这种价值与意义仍然是形式上的，尤其是对于人文社会科学评价，不同的语境和视角有不同的解读，甚至有些价值不能立即体现，具有很长的延迟性。学术水平考察对量的重视忽略了成果内容所包含的学术信息与意义，对成果数据特征如引用次数的片面强调，不利于全面衡量成果的学术价值，尤其是对不能量化的信息，计量评价无从考察。

（二）主体性被束缚

学术研究的主体性不仅是人之本性的内在需要，而且还是学者人格健全与自我实现的重要保证，意味着学者能够对未知世界自由探索。在大学场域，即是学者能够自由从事教学和追求真理，不受任何外在压力，如教会、国家或市场利益的影响。然而，在学术量化评价的制度背景下，学者学术研究的主体性却受到了严重的束缚，确切地说，这种束缚来源于技术理性的统治和官僚科层的管理。一方面，学术量化评价对技术和数据的强调，让学者不得不投身于数据制造和适应技术规范。华勒斯坦指出，学者的训练还不是最强有力的操纵机制。另外还有一个更强大的机制，学科控制了学者结束训练以后的职业样式。[1]学者的个性与自由探索的精神在诸多职业范式与数量要求的重压下被抑制，知识探究原本是内在好奇心驱使追求真理的活动，却转变成外在技术理性规训下的逐利行为，是一种"不情愿的主动"，现代大学"不发表就出局"的外在压力扭曲了学术自由的精神。另一方面，现代官僚科层制加剧了学者的自我迷失。官僚科层制具有精确、迅速、

---

[1] 华勒斯坦等：《开放社会科学——重建社会科学报告书》，刘锋译，生活·读书·新知三联书店1997年版，第77页。

持久稳定、可预计性、严格服从和专业化等长处，能够有效提高社会管理效率，官僚科层的管理思维深刻影响了高校学术评价制度设计，学术计量就是要在"专家系统"的支持下由不确定的、主观的知识评价转向确定与可计算，转向专业化与标准化。也正因此，学术的生产、管理与运行越来越强调数据和标准，强调表格的重要性。官僚制虽然是理性化的管理制度，但其同样存在一些弊病，正如韦伯认为的，完全理性化了的世界成为一个组织化了的世界，一个非人格力量统治的世界，人在这个世界中既然受到官僚机器的统治，受非人格化力量的支配，自然也就没什么自由可言。[1]

（三）道德陷入危机

在许多现代性问题的研究者看来，道德与现代性是"势不两立"的。英国社会学家安东尼·吉登斯曾直言："现代性的一个特色就是道德的沦丧"。麦金太尔在《德性之后》中也论证了现代性与道德的分离：现代性是伴随着道德的变迁与破碎而兴起的；恰恰是在进入现代性之后，道德才无法立足。扎根于现代性背景的量化评价同样裹挟了道德风险。首先，现代性将个人主义视为本质规定性，以自我为道德本体，这是量化评价道德危机的根源。"现代性意味着对自我的理解由群体主义向个人主义的重大转变，它不是把社会或共同体看成首要的东西，而是把社会理解为为达到某种目的而自愿结合在一起的独立的个人的聚合体"[2]，现代性的这种特征亚伦称之为"从集体走向个人的运动"。个人主义的本体论立场虽然一定程度上促进了人的主体性解放，但同时它将自我作为道德轴心，对个人主义乃至利己主义道德合理性进行辩护和确证，颠倒了个人与社会的关系。在学术场域，其风险在

---

[1] 胡颖峰：《吉登斯现代性思想研究》，中央编译出版社2011年版，第132页。
[2] 赵庆杰：《现代性社会的伦理命运与道德困境》，《道德与文明》2008年第4期。

于学者以自我为中心，过度关注自我的学术利益，忽视了对学术精神和学术道德的观照。其次，现代性工具理性加剧了量化评价的道德风险。计算性思维是韦伯工具理性的重要彰显，它精打细算，权衡利弊，以利益最大化为指向。当利己的个人主义与工具理性相结合时，计算性思维就会唆使人们通过技术不断地进行投机，追求功利性的目的。例如：量化考评以指标体系为载体，学者或学术机构一定程度上存在对指标的迎合，出现指标悖论，考评什么就做什么，"上有政策，下有对策"，滋生假学术。这一点，阎光才教授也有论述，他认为，"当前学术评价中'重量轻质'，过度推崇量化评价的取向，导致学者或学术机构急功近利追求数量而忽视质量，制造虚假的学术繁荣，实则学术作品质量低下，甚至通过剽窃等违反学术道德的方式追求数量上的优势"[①]。

四、学术量化评价现代性困境的超越

（一）复归学术意义，平衡工具理性与价值理性

对意义的遗忘让学术评价的量化技术流于形式，不仅会造成学术资源配置失当，学术生产追求短期效益，而且从深层次上损害学术创造力和创新精神。因此，复归价值与意义，是学术评价技术及其制度设计的核心要义。那么，如何才能回归意义，彰显学术本身价值？对此，我们认为关键环节是要平衡工具理性与价值理性，推进学术评价中价值理性与工具理性有机融合。

1. 采取差异化的评价策略

学科间在知识属性、研究范式、学科文化和成果形式等方面存在明显差异，基于学科差异的分学科评价是保证学术评价客观公正的前

---

① 阎光才、张银霞：《高校学术失范问题的探索性实证研究》，《北京大学教育评论》2010年第2期。

提。当前，量化评价最大的不足就在于用同一性、标准化裁剪异质性、多样性，忽略或消解了学科之间的属性与范式差异，计量思维下，管理专家将概念与意义绝对化进而演绎成指标体系和表格系统，并以此引导学者从事学术探究。伽达默尔认为，"用一个评判标准裁决异质性、多样性的学术成果是同一性哲学的实践体现，这种同一性其后果就是将从经验中抽象出来的概念实体化、本体化，作为整个世界存在的根据"，这正是量化评价的最大不足。[①] 对此，我们需要遵循学科的本质属性与特点，采用差异化评价策略，不能让概念与意义绝对化。在成果评价上，笔者倾向于以解释学来引领人文社会科学评价，不同的视域对学术文本有着不同的内涵解读，如果始终坚持一种标准来进行评价势必造成意义的扭曲以及评价的不公正。对于可编码程度高的应用技术学科，其成果具有直观性、客观性等特点，因此，较高比例的定量评价也是可取的。在组织评价上，差异化原则同样重要。例如：当前多数考评体系均将经费作为组织学术水平评价的指标，毋庸置疑，在硬科学领域充裕的经费是研究开展的前提和保证，但这并不意味着经费投入能够作为所有学术组织水平考量的标准，有些人文类学科组织资源依赖性较小，在学术资本主义的作用下经费获取渠道更是有限，以经费数量作为评价指标是不公正和不科学的。

2. 建立共同体评价机制

学术共同体的成员以学术为志业，在学术评价过程中它的最大优势在于共同的专业基础和学科范式，这种共同的专业背景有利于克服量化评价对意义的遮蔽，保证学术意义的完整性、评价的客观性和准确性。库恩认为学术共同体的特点是，其"内部交流比较充分，专业方面的看法也比较一致。同一共同体成员很大程度上吸收同样的文献，引出类似的教训。所以超出集团范围进行业务交流就很困难，常常引

---

① 伽达默尔：《摧毁与解构》，孙周兴译，《哲学译丛》1991 年第 5 期。

起误会，勉强进行还会造成严重分歧"[①]。权威、科学、严谨、公正的学术评价，只能来自学术共同体。笔者认为，用学术的逻辑评价学术，建立真正的基于同行专家和学术共同体的学术评价体制是当务之急。诚然，共同体评价在运行中也遭遇着困境，如"老友同盟"、"双肩挑"等问题，因此，要发挥共同体评价的基础作用我们还需要建立完善的制度，一方面要加强学术道德、学风建设，另一方面要完善评价制度、听证制度、回避制度、公示制度、反馈制度、申诉制度等保障性制度设计。

3. 构建主体间性的评价场域

具有工具理性与形式合理性的量化评价方式虽然尽可能全面挖掘学术成果的数据特征和信息，但鉴于意义的解释性，纯粹计量评价难以完全阐释意义。对此，我们可以把主体间性交往关系引入评价者与被评价者之间，将原来的主客体关系调整为双方互为主体，通过相互沟通致力于构建互相认识和理解的学术评价语境，形成非强迫性的、协调的主体间性关系。哈贝马斯认为，"人类是通过其成员的社会协调行为而得以维持下来的，这种协调又必须通过交往"，学术评价活动的开展同样是一种交往活动，是评价者与被评价者的交往，通过程序化的沟通过程，让学术的意义与价值得以彰显，从而达成评价的共识。由此而言，我们有必要构建学术评价的对话机制，既可以是书面陈述和说明也可以是即时的口头辩说，如学术答辩制度即是典型的主体间性评价形式，在答辩过程中，评价者能够获得充分的学术信息，在应答与辩论中还原学术的意义，从而确保评价的公正与有效。

（二）唤醒学者主体意志，维护学术自由

工具价值导向下的学术量化评价让学术陷入了不自由的深渊，现

[①] 托马斯·S.库恩：《必要的张力：科学的传统和变革论文选》，福建人民出版社1981年版，第292页。

代学者已经被规训到体制之内,学者的学术生产必须在体制之内得到承认,并以此获得物质利益和精神需求。这就迫使学者遵循体制的规范和要求,迎合量化评价的指标,纯粹兴趣导向的研究已经为技术和工具所绑架,人为工具理性所奴役。如何才能突出重围,实现学术自由?对此,我们认为唤醒学者自身的主体意志是根本。学术实践活动的开展离不开主体意志的调节,主体意志是学术行为自由的重要保证。尼采认为生命的本质是自由和意志,并告诫我们不要迷信理性和逻辑。黑格尔也认为人就是自由的意志,意志没有自由就是空话,自由不作为意志,那么自由也是不现实的。因此,突破工具理性对学术主体的束缚,最为重要的即要重新找回学者的尊严和主体地位,唤醒主体意志,从而张扬学术个性,自由探索未知世界。与此同时,我们要改变传统的重量轻质的评价模式,构建以学术代表做评审为核心的有利于唤醒和释放学者主动性、主体性的制度体系。学术生产要遵循学术规律,没有相应的自由环境,就难以激活原始的创新能力。基于此,我们要打破以期刊等级替代论文价值等级,以文章数量替代文章质量的传统畸形的评价模式,学者或学术组织只要拿得出经得住同行严格评审的学术成果(不定公开发表或发表在高级别学术期刊上),就能够获得相应的权益和资源。

(三)培育学术德性,完善学术伦理规范

德性与规范相辅相成,"徒善不足以为政,徒法不足以自行",孟子之言揭示了制度规范与人之德性均是善政的重要条件,两者不可偏废。消解学术量化评价带来的道德风险,德性与规范同样是重要着力点,其中德性的培育最为根本。道德教育的本性就是德性的培育,学术德性意味着学术主体遵循自己道德义务的性情与意志。学术德性为切学术行为提供道德力量,是建立在内在自由基础上的自我强制。人为自己立法,任何外在的他律都最终通过自律起作用,因之,培育

学术德性就成为规避道德风险的关键。麦金太尔认为德性的培育依托于实践活动，"德性充满着个人生活的整体"。由此而言，个体实践是德性的根本来源，学术德性的养成需要在学术实践中培养德性理性和德性习惯，进而完善学术道德人格。此外，现代性是一种后传统的秩序，亦即制度化的秩序。按照古登斯的看法，"我们必须从制度层面来理解现代性"。制度是学术良知保证的底线环节，从制度规范出发寻找学术道德风险的破解路径是可能且必需的，制度的教化功能不仅体现在其刚性的惩戒上，而且体现在其柔性的道德感染上，德性的制度规范以道德人格的养成为核心，能够有效塑造主体德性、培养道德责任，从道德自律走向制度规范是现代性道德风险消解的必由之路。

（本文选自《国家教育行政学院学报》2015年第5期）

基于清单制度的大学与政府关系构建

崔延强　张珂

从清单制度出发，构建大学与政府之间的良性互动机制。将清单制度与组织治理结合，构建宏观的外部法律意义上的清单制度和微观组织内部的自治清单。实施负面清单管理模式，归根结底是要扩大和落实大学办学自主权。

教育部《关于深入推进教育管办评分离促进政府职能转变的若干意见》指出："推行清单管理方式。建立教育行政权力清单和责任清单制度，通过政府公报、政府网站等便于公众知晓的方式，向社会全面公开教育及相关政府部门职能、法律依据、实施主体、职责权限、管理流程、监督方式等事项，为公民、法人或者其他组织提供优质服务，让权力在阳光下运行。在有条件的地方和学校开展负面清单管理试点，清单之外的事项学校可自主施行，要尽量缩减负面清单事项的范围，更多采取事中、事后监管方式。"从清单制度出发，构建大学与政府之间的良性互动机制，是高等教育治理体系和治理能力现代化的重要路径。

一、清单制度的内涵与结构体系

目前，清单制度并没有明确的、普遍认同的定义。从学术界的众多观点中基本可以形成两点共识：首先，清单是行政机构或其他权力部门责任义务的汇总和统计，以各种手段公示于众，促使权责双方共同遵守，是公众发挥权力监督和问责作用的重要途径；其次，清单是不同利益主体在机构运行和生产实践中权利、义务等的文本化表达，这种制度的特点是边界和范围清晰，更为具体和直接，对主体行为有着明确的引导作用。清单的本质是契约，建立在双方合意的基础上，清单的实施不仅能够更好地约束和管理相应的组织和机构，同时也有利于发挥组织机构的自主权和积极性，从而促进效能的最大化。

清单制度的构建有着严格的法理依据，并非随意而为。根据制定主体和实施对象的不同，其法理属性也相异。清单制度体现了"法无禁止即可为"的基本法理，蕴含着私权自治的法律原则。只要在清单中没有列举的就属于合法范畴，个体或组织就有权采取行动。清单制度也体现了"法无授权即禁止"这项公权范围的行为设定。根据这种法理的基础，在处理公共权力机构与行政相对主体关系时，可以从权力清单、责任清单和负面清单等三方面着手建立清单体系。

第一，权力清单。权力清单主要针对政府的行为，意在对公权力机构行为进行划界。可以说，权力清单是社会权力运行的现代化革命，将权力置于有约束的牢笼，是规避权力寻租、提升治理效率的重要途径。反而言之，如果权力失去了约束和监管，对国家治理而言无疑是灾难，甚至会造成政府失灵。对公权力机构的权力行为进行清单约束，能够有效规避不当权力行为的发生，进而提升国家治理效能。

第二，责任清单。任何主体都不是万能的，政府不能包揽所有社会事务，大学也不可能承担所有责任。在权力事项的划分时要严格区分私权和公权，大学与政府均有可为之处，同样也有不可为之事。责任清单的设计其直接目的就是要列明大学与政府应该承担的事项，公布责任事项的具体承担主体和追责程序，依此明确大学与政府之间的责任范围。理论上，主体职责的厘定与权力行为的厘定具有同等重要的价值，是一个问题的两个方面，但在具体实施时对职责的清单规定更加具有实践价值。其理由在于，与大学相比，政府永远处于强权地位，职责是义务的体现，彰显了人民的主体地位。

第三，负面清单。负面清单体现的是"法无禁止即可为"的法律理念，实际上这是"原则的例外"。如果说权力清单与责任清单适用于公权范畴，那么负面清单其本质则是私权概念。负面清单就如同我们所熟知的黑名单，只要没有明确禁止个体不可为则都可为之。负面清单最大的优势即是有利于市场主体或基层组织以清单为依据，推进自由创新，发挥系统诸要素的积极性。权力行使的依据是法律，对于法律未禁止公民行为的事项，公权力不得恣意干预。

总体而言，清单制度是我国当前国家治理体系和能力现代化的着力点和抓手，其形式既可以是一项正式的具有行政法效力的文本，也可以是非正式的内部文本；既可以是法律范畴内的公共事项，也可以是内部的自治事项。将清单制度与组织治理结合，构建宏观的外部法律意义上的清单制度和微观组织内部的自治清单，是当前大学治理的重要手段和可行路径。

二、建立权力清单，明确各自权力的限度

权力清单，就是要详细规定权力究竟应该干什么、到底怎么干的一种公开形式。2015年3月，中共中央办公厅、国务院办公厅印发《关于推行地方各级政府工作部门权力清单制度的指导意见》强调："将地方各级政府工作部门行使的各项行政职权及其依据、行使主体、运行流程、对应的责任等，以清单形式明确列示出来，向社会公布，接受社会监督。"针对大学与政府关系而言，单纯强调政府的权力清单，而忽视大学的权力清单，势必会造成两者关系的失衡。

第一，大学的权力清单重点在于将大学办学自主权内容具体化。

2014年7月8日，国家教育体制改革领导小组办公室颁布《关于进一步落实和扩大高校办学自主权完善高校内部治理结构的意见》，对"支持高校科学选拔学生，深化考试招生制度改革；支持高校调整优化学科专业，鼓励高校办出特色；支持高校自主开展教育教学活动，深化人才培养模式改革；支持高校自主选聘教职工，发挥各类人才的积极性创造性；支持高校自主开展科学研究、技术开发和社会服务，为提升创新能力创造条件；支持高校自主管理使用学校财产经费，提高经费使用效益；支持高校扩大国际交流合作，提高高等教育国际化水平"等七个方面的办学自主权，进行了逐一细化和具体明确。大学可根据这些具体内容，确定其权力清单。

第二，政府的权力清单重点在于对大学行政审批制度进行深入改革。当前，政府针对大学的管理主要体现在非法律规定的行政审批权上。这就需要政府全面梳理现有的行政职权，分门别类列明设置的依据。对没有法律依据的行政职权，要及时进行清理或下放，有些该下放的要下放，对虽有法定依据但不符合全面深化改革要求和大学发展需要的，法定依据相互冲突矛盾的，调整对象消失、多年不发生管理行为的行政职权，应及时提出取消或调整的建议。同时，还要依法依规进行逐项审核确定，按照工作程序和统一的审核标准，广泛听取大学、管理者、教师、学生和家长的意见。对确认保留的政府干预职权，要以清单的形式对每项职权的名称、编码、类型、依据、行使主体、流程图和监督方式等，及时在政府网站等载体公布。权力清单公布后，并不是一成不变的，而是随着法律法规立改废释的情况，进行及时、动态的调整。政府要细化和目录化针对大学的职责，明确能够执行的事项，让权力回归制度理性。

三、建立责任清单，使责任与权力同等重要

权力与责任从来都是对等的。权力清单力图为大学与政府行使职权提供直接依据，但如果不对大学与政府的消极履职、越权、不作为等行为制定刚性的责任约束，很难确保权力清单的实施效果，因而建立与权力清单相对应的责任清单显得尤其重要。责任清单就是明确大学与政府必须承担哪些责任，必须承担哪些义务，每个部门"职责边界"被明确。从具体实施的效果来看，责任清单比权力清单更具有执行的意义和约束的效力，它对大学与政府行使权力的行为形成了直接的、具体的责任约束和责任考量。同时，权力清单的建立为建构责任清单提供了现实的可能性。

第一，明确责任清单中的"责任"性质。首先，责任清单中的"责任"是大学与政府自身的主体责任。大学与政府都具有权力，权力自然产生责任。责任的主体自然是大学与政府；其次，责任清单中的"责任"是一种政治责任。在我国大学与政府都应以建设中国特色社会主义大学为指引，以"办人民满意的教育"为目标进行；再次，责任清单中的"责任"是一种监督责任。这种监督责任既是大学与政府相互监督，也是新闻媒体、家长、师生等社会各界对大学与政府的监督责任；最后，责任清单中的"责任"是积极作为的责任。大学与政府都应积极履职、敢于担当、不推诿扯皮，对不正当、不负责的行使职权，不履行职责的行为问责追责。

第二，合理科学设定大学与政府的职责。完善责任清单制度首先要合理科学设定大学与政府的职责，这种职责的设定，是由权力清单中的权力引发的。如，政府有制定教育政策、进行教育规划的权力，这种权力必然会引发其相应的责任，这种责任是什么呢？底线就是制定教育政策、进行教育规划至少应推动大学的发展，有利于教育和社会各项事业的进步。大学同样如此，也不能光要权力，而不履行责任。

现代大学需要实现从被动的社会义务履行者到主动的社会责任承担者的转变。

第三，强化大学与政府的主体责任，明确问责的主体。大学与政府主体责任的落实不是一句空洞的口号，主体责任的落实关键在于大学与政府自身的担当，因此，要有目的、分层次地不断强化大学与政府的主体责任意识。大学出现问题，到底是谁承担责任？是政府、校长、教师还是学生，这就需要明确问责的主体，不能一味将责任推给政府，而忽视大学办学主体的责任，也不能一味将责任推给校长，而忽视教师在大学中的主体地位。

第四，强化失责追究，明确追责标准。责任清单既然明确责任，对未履职的情况也要进行追责，但由于权力清单中一些权力的行使难以精确量化，这对制定处罚不依责任清单要求行使职权行为的实施细则带来困难，会导致追责的衡量标准不细甚至模糊。因此，要建立一套客观、公正、可量化的追责衡量标准体系，依此对不正当履行职责的行为应承担相应的法律责任进行量化追究。同时，对大学与政府责任、负责人的责任、执行人的责任也应追究。

四、建立负面清单，真正落实"法不禁止即可为"

负面清单是一种外商投资准入制度。我国引进负面清单管理模式并开始试点，来自于 2013 年设立的中国（上海）自由贸易试验区的经济改革。负面清单奉行"法不禁止即可为"的价值理念，意味着未列入清单的领域都是充分开放的，各类市场主体可以依法自由进入，而且是公权力主体不得随意加以干涉的市场经济行为。同样，凡是被列入负面清单的，都是对公权力主体的授权，公权力主体应该依法严格执法。

第一，将无限政府变为有限政府。计划经济时代，中央政府对大学实行集中管理，通过颁布政策文件、人事任命、划拨经费、学生就业等行政手段直接管理大学。进入市场经济时代，这种"管制""控制"的模式越来越不能适应大学的发展与社会的需求。政府缩权、放权成为大势所趋，政府逐步从"无限政府"过渡到"有限政府"。"有限政府"是指政府自身在规模、职能、权力和行为方式上受到法律和社会的严格限制和有效制约。要对政府的职能进行限制和制约，就必须建立清晰的负面清单，凡是不在负面清单范围之内的事项和领域，政府就不得采取限制性的措施和手段，这就进一步明确限制了政府对大学的直接干预。

第二，负面清单既适用政府，也适用大学。实施负面清单管理模式，归根结底是要扩大和落实大学办学自主权，改革大学与政府的关系，不是不要政府，而是在政府管理大学时拟定负面清单，从而为政府准确定位。列入负面清单的相关事项，政府应严格执法；负面清单以外的事项，大学可以自主决定，政府应依法进行过程性监督。负面清单除了契合政府，同样也适用于大学的内部治理。首先，实施负面清单，可以推进大学内部学术权与行政权的分离。大学是"高深学问研究的场所"，是专门的学术机构，在内部的管理上须遵循学术和教育的规律。再次，推行负面清单，有利于限制大学领导的权力，可以清晰展示什么是"不可为，不能为"，将权力放在阳光之下，让大学领导主动接受政府、师生和社会各界的监督。

（本文选自《中国高等教育》2016年第Z1期）

台湾私立大学院校退场制度研究

李 曼

摘 要：台湾少子化现象导致私立大学院校新生注册率低，大学评鉴加剧部分私校经费困难，私立大学办学品质不断下滑，台湾教育主管部门引进退场制度以淘汰办学绩效不佳的学校。自退场制度实施以来，先后经历了三个阶段：起始期确立了私立大学院校退场的法源基础；发展期发布了私立大学院校退场制度系列报告书；完善期出台了私立大学院校退场相关配套政策。台湾私立大学院校退场由台湾教育主管部门领导指派督学召集组成的项目辅导小组以及"私立高等教育咨询委员会"负责组织与实施，包括合并、转制、停办、解散四条退场路径，并对学生、教职员工和校产之活化再利用做了明确的规定。台湾私立大学院校退场标准争议较大、退场制度安排动力不足、台湾当局在私立大学院校退场中定位不明，未来台湾私立大学院校退场会朝着减少台湾当局干预、退场与大学评鉴脱钩，协助教师安置、高级人力流向产业，探索退场诱因、引导私校主动退场的方向发展。

关键词：台湾；私立大学院校；退场制度

20世纪50年代后，全球经济快速增长使许多国家（地区）意识到高等教育对国家（地区）发展的重要性，各国（地区）纷纷增加高等教育财政投入、引入市场化机制、减少政府干预,高等教育在世界范围内出现了新的运作模式和发展趋势。受新自由主义思潮的影响,1994年,台湾行政主管部门成立"教育改革审议委员会",两年后提交"教育改革总咨议报告书",建议促进高等教育松绑,包括高等教育容量应继续增加、高等教育学府的功能和类型宜多元化、合理分配教育资源,扩大民间投入,逐步放宽学费限制等。① 此后,台湾高等教育尤其私立高等教育得到了蓬勃的发展。1993年至2011年这10年之间,私立大学由8所增至70所,学生数由130714人增至746244人,增幅分别达775%和470.9%。由于私立大学数量的急剧扩张,台湾高等教育的品质与管控受到社会大众的重视,因此,台湾教育主管部门引进"退场机制",自1999年起陆续提出了一连串的改革计划以淘汰办学绩效不佳的学校。

一、台湾私立大学院校引进退场制度的动因

兴起于20世纪80年代的新历史制度主义学派可以为台湾私立大学院校引进退场制度建立一个很好的解析框架。历史制度主义通过关注制度,吸收理性制度主义和社会制度主义的优点,将理性主义中的"行动者"和社会制度主义倡导的"深层结构"融合起来,建立了一个宏观结构—中层制度—微观行动者的解析框架。②

(一)深层结构:少子化现象导致新生注册率低

新历史制度主义中的深层结构指的是社会结构,主要由政治经济结构与文化心理结构构成,是一种非正式制度,对制度生成与变迁起

---

① 瓜啸虎,《大学如何退场》,《师友月刊》2013年第12期。
② 朱家德、胡海青:《建国以来我国高校毕业生就业政策的变迁逻辑——基于历史制度主义的分析》,《中国高教研究》2010年第4期。

着潜移默化的作用。台湾最为明显的社会结构特征是日益严重的少子化倾向，受少子化影响，台湾接受高等教育的人数已于 2009 年首次出现负增长的趋势，2013 年"新生注册率未到达 60% 的学校合计 22 所，其中私立大学 4 所，私立科大及技术学院 17 所，专科学校 1 所"①。2016 年，台湾教育主管部门颁布"高等教育创新转型方案"，对未来高等教育学生数也进行推估，"明显降幅出现在 109 学年（2020）年，预测较前一学年减少 2.8 万人，累计未来 10 年间大一新生人数预估减少 8.7 万人，至 112 学年（2023 年）大专院校学士及专科学生总数为 82.2 万人，较 102 学年（2013 年）减 31.5 万人"。而未来几年台湾高校招生名额调控目标如下：112 学年（2023 年）大学院校学士招生数为 18.2 万人，硕士招生目标为 4.6 万人，博士招生目标为 4800 人，三级学生招生数合计为 23.28 万人。适龄人口锐减与私立大学数目急增的矛盾导致台湾教育主管部门加快了高校退场改革的进程。"部分注册率不佳的私立大学院校将面临退场或转型，借此机会盘整整体高教招生规划，未来私立大学招生名额调降幅度将大于公立大学，以提供民众负担得起的大学教育。"依据"退场学校辅导"方案以及"大学合作与合并"方案，台湾教育主管部门希望于 2023 年私立大学能减少 20 到 40 所。

（二）中层制度：大学评鉴加剧部分私校经费困难

中层制度指的是由各级行政部门颁布的一系列规定、规章、命令等，需要全体公民依照执行的成文规定，是政策变迁的直接动力。台湾私立教育相关规定完备，在私立高等教育领域影响较大的是每五年实施一轮的私立大学评鉴制度，包括校务评鉴和系所评鉴。其中，私

---

① 朱立文：《从国家、学术圈与市场互动模式探讨台湾私立大专院校之退场机制》，《学校行政双月刊》2015 年第 9 期。

立大学院校中长程校务发展计划评鉴结果作为私立大学办学绩效的评价标准,并与政府的奖补助金挂钩,占奖补助经费的八分之三。除此以外,台湾教育主管部门对私立大学院校之补助还要包括"基数",根据学校招生规模大小平均分配,占奖补助经费的八分之二,"学校生师条件"占总奖补助经费的八分之三。私立大学院校学生缴纳多于公立大学院校学生近两倍余的学杂费,在少子化的冲击下,新生注册率降低,学校学费收入锐减,进而影响到"基数"和"学校生师条件"两个指标,造成一连串的"多米诺骨牌效应"。以 1995 年和 1996 年为例,1995 年,台湾教育主管部门对 25 所私立大学补助总金额为 3046483011 元,对 58 所私立技专院校的补助总金额为 2861160687 元;1996 年台湾教育主管部门对 26 所私立大学补助总金额为 4015150715 元,对 59 所私立技专院校补助总金额为 3350416049 元。① 由此可见,政府财政补助在私立大学院校办学经费中占有相当一部分比例,私立大学院校中长程校务发展计划评鉴结果对私立大学办学经费影响较大。

系所评鉴的结果作为招生调整之依据,目前台湾教育主管部门委托财团法人高等教育评鉴中心基金会办理并规定评鉴为待观察者不得扩增招生名额及增设研究所,未通过者下年度学杂费至少调降 1%,后年招生名额减少五成,若后年一月再次评鉴仍未通过,大后年须停招。从台湾私立大学经费来源来看,学费收入均占六成以上,政府补助占一成左右。"以 96 学年度(2007 年)而言,私立大学院校学杂费收入最多,占 65.3%,政府补助最少占 11.3%;以 101 学年度(2012 年)来说,私立大学院校学杂费收入 65.6%,政府补助 11.4%。"② "以公立大学学生每一学年学费 5 万元、私立大学学生每一学年学费 10 万元概估,高等教育产业 112 学年度(2023)年将较 102 学年度(2013 年)

---

① 林江亮、曾腾光:《私立大学院校教育经费奖补模式之研究》,《朝阳学报》2003 年第 8 期。
② 朱立文:《从国家、学术圈与市场互动模式探讨台湾私立大专院校之退场机制》,《教育行政双月刊》2015 年第 9 期。

减少 300 亿元的学费收入。"对私立大学招生人数的限制成为办学经费锐减的主要原因。总体来讲，大学评鉴制度与经费和招生名额挂钩的做法加剧了私立大学院校的财政困难，私立大学院校退场已经迫在眉睫，再加上台湾"提升高等教育品质"、"大学合并计划"以及"退场辅导计划"的推动，私立大学院校退场制度逐步完善并成为未来几年推行力度较大的主流政策，而如何让经营不善的私立大学院校将退场造成的负面影响降到最低，是当前要解决的难题。

（三）微观行动者：私立大学院校办学品质下滑

历史制度主义强调微观行动者的理性选择。"当一套制度规则被确立后，这套规则就为行动者提供了一套激励结构，在此激励结构中，行动者面临两种选择：是遵守现行制度，还是改变现行制度？行动者的取舍取决于哪一种选择蕴含的预期收益率更高。"① 在私立大学退场制度的政策解析框架中，微观行动者为各私立大学院校，在面临少子化的社会结构和私立大学各项评鉴制度的时候，其通常会采用理性人利益最大化的原则，坚持死撑到底，"因为一旦退场，学校资产将全部充公，董事会什么也拿不回来，所以学校一定能撑则撑，不会积极考虑是不是该退场，也不会有多余资金投入办学，结果弄坏了教学品质"②。有的学校通过降低录取分数线的形式吸引生源，在台湾曾经出现了"学生英语单科不足10分却能进入大学英语专业学习的例子"③。"有的私校为免于倒闭，向私人借贷款应急，产生不少'债务黑数'；还有学校关闭不赚钱系所，或合并班级成立'百人超大班'，把教学质量

---

① 周光礼、吴越：《我国高校专业设置政策六十年回顾与反思——基于历史制度主义的分析》，《高等工程教育研究》2009 年第 5 期。
② 陈曼玲：《提出退场诱因——葛自祥吁教部订定大学优退方案》，《评鉴》2015 年第 5 期。
③ 《"少子化"令生源减少，台湾高教路在何方？》，《人民日报》，2016 年 5 月 20 日。

当儿戏。"①

历史制度主义的"算计路径"是众多微观行动者之间以及与政府之间相互博弈的结果,当行动者的行为模式与国家政策有偏离的时候,政府会根据深层社会结构和国家意志引导行动者重新回归均衡行为模式。在全球化趋势下,高等教育品质对于提升国家(地区)竞争力和加速社会发展起着举足轻重的作用,因应全球化的挑战与台湾教学质量下滑之现状,迫使台湾教育主管部门引进大学评鉴以提升教学品质。基于教育资源的有限性,政府希望资源配置能够达到效果最优,以改变私立大学院校的办学环境,因此引进退场制度淘汰办学绩效不济的私立高校。私立大学退场制度是台湾当局与行动者之间进行博弈的一种手段。

二、台湾私立大学院校退场制度的政策演变

(一)起始:私立大学院校退场制度法源基础的确立

台湾私立大学院校退场的法源基础可以追溯到所谓"大学法"第4条:大学分为"国立"、"直辖市"立、县(市)立(以下简称公立)及私立,"国立"大学及私立大学之设立、变更或停办,由台湾教育主管部门依照教育政策,并审查各地实际情形核定或调整;"直辖市"、县(市)立大学之设立、变更或停办,由各级政府依序报经台湾教育主管部门核定或调整;私立大学并应私立学校法之规定办理。依此条文可以看出两点:一是无论公立还是私立大学退场,台湾教育主管部门均有核定和调整权力,台湾教育主管在大学退场中占有主导权;二是私立大学的退场因循私立学校法的规定。

为了应对私立大学面临的困境,2008年台湾当局适时调整所谓

---

① 《"少子化"令生源减少,台湾高教路在何方?》,《人民日报》,2016年5月20日。

"私立学校法",将私立大学退场制度引入,增添第 7 章"合并、改制、停办、解散及清算",第 67 至 76 条详细规定了四种退场路径的退场要求、退场程序以及退场时资金清理办法。2011 年又在原有基础上修改了第 71 条:私立学校改办为其他教育、文化或其他社会福利事业财团法人的根据具体情况免税或征税。台湾私立大学退场后续一系列命令、行政规定的颁布皆以此规定为基础。

(二)发展:私立大学院校退场制度系列研究报告的发布

在相关配套政策出台以前,台湾当局"教育及文化委员会"以及"教育规划司"、"高等教育司"等相关部门出台了一系列报告,如"大学总量发展规划与资源条件标准"、"提升大学竞争力重点发展计划"、"2011 年大学教育政策文件"、"大专院校暨研究所进、退场报告"、"教育部未来四年施政主轴行动方案表"、"高等教育现况检讨及追求卓越之发展策略专案报告"、"私立高级中等以上学校转型及退场制度方案"、"私立大专院校辅导转型与退场制度报告"等,分别对退场制度的合理性、退场标准、退场程序,以及退场后资金清算、教职员工和学生利益保护等进行了探讨和论证,并对私立大学退场的数目、退场时间安排等做出了详细的预测和规划。

(三)完善:私立大学院校退场制度相关配套政策的出台

私立大学退场的相关配套措施有了充分的论证基础,台湾教育主管部门逐步推出一系列的法律、行政规则、命令等,如 2009 年 1 月颁布的"财团法人私立学校申请变更组织作业方法"规定了私立学校合并、变更方法;2009 年 7 月颁布的"学校法人及其所属私立学校教职员退休抚恤离职资遣条例",对退场的私立学校教师、职员进行抚恤安置;2011 年颁布的"专科以上学校及其分校分部专科部高职部设立变更停办办法",其中第 30 条至 47 条详细规定了私立大学院校停办／变更的标准、组织和程序等；2013年9月颁布的"'教育部'辅导私立大专院校改善及停办实施原则"，提出了注册率、大学评鉴结果、董事会违法、拖欠教师薪金等四项退场标准；2014年1月颁布的"财团法人改办其他教育文化或社会福利事业作业原则"对私立大学改办为其他教育、文化或其他社会福利事业财团法人的办法和捐助章程等做了详细规定。至此，台湾私立大学退场制度逐步建立起来，并在实施过程中不断调整和完善。

三、台湾私立大学院校退场制度的实施

（一）启动：退场组织机构的权力和责任

台湾所谓"私立学校法"第4条明确规定：法人或学校主管机关为审议学校法人及所设私立学校之设立、改制、合并、停办、解散及其他重大事项，应遴聘学者专家、社会人士、私立学校教师代表、学校法人代表及有关机关代表15人至25人组成私立学校咨询会，提供咨询意见。私立大学院校的退场主要由私立学校咨询会负责，咨询会属于独立于政府的第三方机构，且成员构成相对多元化，能够代表各方的利益。为了保证教师、学校法人等核心利益相关者的权益，实际操作中要求私立学校教师代表以及学校法人代表的人数不能少于全体委员总数的五分之二。同时，台湾所谓"私立学校法"第4条的补充条款说明"第一项私立学校咨询会委员之遴聘、咨询会之组织及运作办法，由台湾教育主管部门定之"。由此可见，最终的决定权是在台湾教育主管部门，这与台湾所谓"大学法"第4条规定的"'国立'大学及私立大学之设立、变更或停办，由台湾教育主管部门依照教育政策，并审查各地实际情形核定或调整之"是相呼应的。

台湾教育主管部门2013年9月颁布了"'教育部'辅导私立大专院校改善及停办实施原则"，第2条规定"私立大学有下列情形之一

者，命其限期改善，并进行项目辅导"，第3条规定"前点项目辅导，由本部门领导指派督学召集组成项目辅导小组为之"，第6条规定"经命限期改善之学，届期仍未改善之学校，本部门得依本法第55条规定经征询私立高等教育咨询委员会意见后，视情节轻重停止部分或全部班级之招生，及部分或全部奖励、补助"。从以上政策文本可以进一步分析，台湾教育主管部门在私立大学院校停办过程中会委派项目辅导小组进行改善，项目辅导小组由教育主管部门领导指派，代表台湾教育主管部门的立场。台湾教育主管部门对私立大学的退场是有终极决策权的，只是在具体操作过程中将权力让渡给项目辅导小组。再从项目辅导小组与私立高等教育咨询委员会的关系来看，咨询委员会仅是一个征询机构，项目辅导小组在征求私立高等教育咨询委员会后行使奖惩权。由此，私立大学退场制度形成了一个"台湾教育主管部门—项目辅导小组—私立高等教育咨询委员会"的金字塔结构，退场权力控制在金字塔的顶端，台湾私立大学退场制度从某种程度上说属于"政府主导型"。

（二）执行：退场类别与程序

1. 合并

台湾私立大学院校的合并分为学校法人与其他学校法人的合并以及私立学校与其他私立学校之间的合并两种类型。在合并程序上两者之间没有差别，遵循以下程序：学校法人就合并事宜，拟定合并计划、合并契约，在15日之内制作合并之财务报表和财产目录，征询私立高等教育咨询委员会后，检具会计师查核签证之资产目录，报经法人主管机关核定后办理。如债权人对造具的有关合并之财务报表和目录有异议，在公告后两个月内以书面形式提出异议，已届债务清偿期的学校法人需偿清债务，未届清偿期的，需提供担保。

私校合并时需依法办理法人变更登记，因合并而移转之不动产、应登记之动产以及各项担保物权之变更登记时，免缴规税、印花税以及契税；因合并转移之有价证券，免征证券交易税；转移的货物和劳务也不在营业税的纳税范围。学校法人所有之土地因合并而转移时，土地增值税经申报核定后可以记存，由承受土地之学校法人与该土地再转移时一并缴纳。

2. 改制

私立学校拟改制为其他类型学校时，学校法人要制定改制计划书，征询"私立高等教育咨询委员会"后报经学校主管机构审核。私立大学院校改制规则见于台湾教育主管部门2014年1月颁布的"'教育部'许可学校财团法人改办其他教育文化或社会福利事业作业原则"，申请改办其他教育、文化或社会福利事业，应向教育主管部门提交改办计划书、董事会改办决议、最新一期会计师查核报告、财务报表以及财产清册等文件，并提供变更单位主管机关证明文件。变更为社会公益单位以后，印花税、契税、土地税、证券税等均依上述合并之私立高校标准执行。

3. 停办

学校遭遇重大困难不能继续开办，或经教育主管部门项目辅导小组勒令处置改善而届期未处置改善或处置改善无效果的私立大学院校，其学校法人应报经学校主管机关核定后停办。学校法人未申请停办的，学校主管机构在必要时征询私立高等教育咨询委员会意见后命其停办。

法人主管机构斟酌捐助人的意思，征得变更后的事业主管机关同意以及征询私立高等教育咨询委员会意见后许可变更，变更的程序以及所享受的税收、土地优惠等参照前文合并之私立高校标准执行。

4. 解散

私立大学院校解散主要有以下两种类型：一是学校主动报经法人主管机构核定后解散，二是法人主管机关经征询私立高等教育咨询委员会后命其解散。第一种类型有以下四个诱因：一是私立大学院校依照所谓"私立学校法"第 70 条规定停办的,停办期限届满时仍未恢复办理或未能整顿改善的;二是符合捐助章程之解散事由;三是将学校财产捐赠政府或其他学校法人;四是依规定进行合并而解散。第二种类型包括三个诱因:一是有前文所列四种诱因而未依规定报法人主管机构核定解散的;二是未报经核准擅自停办所设立的私立学校或停止招生;三是命令私立学校停办而未停办的。

解散主要遵循以下程序。首先,学校法人于解散、清算开始前首先要付清所欠教职员薪金、资遣费;然后,以全体董事为清算人开始清算,清算人要在法人主管机构解散通知到达 15 日之内向法院提交法人解散登记,法院有权清算全部或一部分不愿或不能就任的清算人,但必须征询私立高等教育咨询委员会的意见;第三,清算人就任 30 日内将就任日期报地方法院,清算完结时,清算人在 15 日之内造具清算期内财务报表递交监察人审查并提交董事会,董事会承认后 15 日内报地方法院。

(三)善后:利益相关者权益保护

1. 维护学生受教权

现有学生的安置:原学校应发给在校学生证明书转学他校,必要时由台湾教育主管部门分发至其他学校,承接的学校要接受原来所在学校的学分抵免、学校课程盘点和专题制作等,教育主管部门负责维护学生的生活照顾等,包括弱势助学、转校后交通车及住宿协助、身障生安置、学费差额以及发放工读津贴等。已毕业学生的安置:若私立学校停办后不再恢复,将由接受停办学校转学学生最多的学校负责承接学生学籍资料。

2. 保障教职员权益

教师的安置主要有四条渠道:一是保障教职员之退休及资遣权益,依"学校法人及其所属私立学校教职员退休抚恤离职条例"第 15 条第

2项规定办理退休发放退休金，未符合退休条件的，依据此法第22条和23条发放资遣金；二是保障教职员之公保养老给付请领权益，依所谓"公教人员保险法"交付公保费15年且年满55岁以上人员退休、资遣时发放养老金；三是建立大专教师人才网，提供教师咨询信息，台湾教育主管部门2014年4月建立大专教师人才网，为资遣教师搭建工作平台；四是在私立大学院校退场时要优先处理教职员工权益保障问题，要求大学院校在提交停办计划时，按照"'教育部'辅导私立大专院校改善与停办实施原则"提交资遣方案，停办学校要求合并或转制的，在学校法人对教职员工离退处理形成成效以后，再评估是否同意改办或合并。

行政人员的安置主要有两条途径：一是对于停办的学校，应依据所谓"就业服务法"第33条第1项，于员工离开之前10日将员工个人信息列册通报当地主管机关及公立就业服务机构；二是对于合并和转制学校，要优先处理行政员工的权益问题，列册追踪员工就业安置情形上报教育主管部门。

3. 促进校产之活化再利用

校产的活化再利用主要依据"教育部促进学校财团法人办理不动产活化实施原则"第49条和7条以及所谓"私立学校法"第49条和74条办理。资产处理有两种途径：一是停办学校剩余资产的处理上，政府基于公共性和非营利性的原则，限制归属对象，无其他用途或归属时，归地方自治团体所有。如捐助给其他教育、文化、社会福利事业单位；有的归属地方政府，如台湾长庚大学、济慈大学、静宜大学在捐助章程中明确说明，"学校清算后剩余财产归学校所在地政府所有"[①]。二是转制的学校要及时做土地性质变更，变更时依据所谓"都市计划法"和"非都市土地使用管制规则及非都市土地变更编定执行要

---

① 范高阳：《台湾私立高等教育退场制度研究》，宁波大学硕士学位论文，2014年。

点"执行。

四、台湾私立大学院校退场制度的反思与展望

（一）反思

1. 私立大学院校退场标准争议较大

2016年9月28日台湾教育主管部门颁布修正后的"'教育部'辅导私立大专院校改善及停办实施原则"第2条规定：全校学生数未达3000人且最近二年新生注册率未达60%、最近一次技专评鉴未通过或大学校务评鉴三分之二以上项目未通过或系所评鉴三分之二系未通过、学校积欠教职员薪金累计达3个月以上或未经协议任意减薪，以及其他学校董事会违法行为（第4到7款列出具体的违法行为）这几项条件作为启动退场机制的标准。这几项标准受到教育界和广大学者的批评。"第一类把学生低于3000人纳入，会把小型学校污名化，小型学校若有足够的财务支持，办学精致而有竞争力，应予以鼓励，而不是把他消减"①，"光看数字手法太过粗糙，而且只用简单的数据来评判学校的好坏是绝对不对的"②。第3项和第4项立法本意无需质疑，但缺乏可操作性，"从近10年'教育部'主管私立学校主要违法情形看来，学校财团法人的董事会实际上将其身份当成营利性公司法人的董事一般，造成我们所见到的各种私校经营的弊端，实际上就是私校创办者或董事进出利润的通道"③。"几十年来不肖私校董事会对校长就行五鬼搬运不计其数，主管机关束手无策，社会各界如何相信这一次钱放在

---

① 黄政杰：《私校退场切莫走歪了路》，《师友月刊》2013年第11期。
② 张瑞雄：《大学如何退场》，《师友月刊》2013年第12期。
③ 蔡坤良、洪秉彰：《我国私立高等教育退场制度之法律探讨》，《学校行政双刊》2008年第11期。

董事会不会被污走?"①

2. 私立大学院校退场制度安排动力不足

台湾教育主管部门给予私立大学院校退场以缓冲，建立了预警机制—项目辅导—强制退场三个环节，并在退场过程中设置了合并、转制、停办与解散四条路径，在合并与转制以及辅导改善走不通的情况下才会选择停办或解散。但从实际操作来看，私立大学之间的合并机会并不高。"由于私立大学在董事会成员背景互异，单靠目前法条授予各学校法人进行合作计划，困难度颇高，只能朝向停办、解散两方面进行"②，再加上缺乏退场诱因，停办和解散后学校资产归地方自治团体或地方政府所有，董事会拿不到任何资金。因此，"大家仍在观望每一年的发展，看看谁先会被退场……哪个学校或系所先停办，其他学校就有利，大家很难坐在一起仔细商讨退场细节问题"③。长此以往，退场制度究竟是否能提升私立大学品质还值得深思。

3. 台湾当局在私立大学退场中的定位不明晰

私立大学退场过程中政府干预较多，无论退场权力机构的设置和相关退场条件标准等均由台湾教育主管部门确定，"私立高等教育咨询委员会"在私立学校退场中影响较大，但在法律效力上只有建议的性质，易造成法律上对台湾教育主管部门并无约束力的结果。这种情况引起了诸多私校的不满，"多数大学认为招不到学生不是因为学校不好或不努力，而是'教育部'设限太多"④，"在这种不自由的环境下要自宫退场，学校如何心服"⑤。也有学者认为，"不宜用公布注册率的外力

---

① 黄政杰：《私校退场切莫走歪了路》，《师友月刊》2013 年第 11 期。
② 蔡坤良、洪秉彰：《我国私立高等教育退场制度之法律探讨》，《学校行政双刊》2008 年第 11 期。
③ 陈曼玲：《勿使退场污名化，奔千仟呼吁计大学尊严退场》，《评鉴》2015 年第 1 期。
④ 黄政杰：《私校退场切莫走歪了路》，《师友月刊》2013 年第 11 期。
⑤ 黄政杰：《私校退场切莫走歪了路》，《师友月刊》2013 年第 11 期。

方式加速学校倒闭"①。"政府主导型"的私立大学院校退场模式的另一个弊端在于政府介入时机不到位，有学者批评，"系所评鉴要到三分之二未通过才要辅导，这类学校已烂得无可救药，对学生受教权怎么交代"②。2014年屏东高凤数位内容学院和永达技术学院退场的案例操作也因"'教育部'介入处理时间太晚，使得学校情形恶化"③，"政府在学校积欠教职员薪水八个月后才介入，导致学校欠教职员工薪水达一亿元之多"④。

（二）展望

1. 减少政府干预，退场与大学评鉴脱钩

从政府与高等教育机构的关系来看，世界各国的转变方向是从"政府控制模式"转向"政府监督模式"，再进一步发展到"市场竞争模式"，但遗憾的是"台湾'教育部'将大学评鉴与退场结合，让评鉴成为政府控制下的政策工具，以强势介入代替市场机能，这是违背世界发展趋势的"⑤。大学评鉴也扭曲了"认可制"的初衷，"与退场制度挂钩，迫使许多学校把评鉴当成第一件事"⑥。当下台湾教育主管部门正在重新检讨退场政策与总量规定，高等教育永续发展委员会也在讨论相关措施，高教司负责人不止一次表明"希望能朝评鉴与退场脱钩的方向规划"⑦，更有学者直言"'评鉴与退场挂钩政策'必须被评鉴才不

---

① 陈曼玲：《勿将退场污名化，李天任呼吁让大学尊严退场》，《评鉴》2015年第1期。
② 黄政杰：《私校退场切莫走歪了路》，《师友月刊》2013年第11期。
③ 朱立文：《从国家、学术圈与市场互动模式探讨我国私立大专院校之退场机制》，《学校行政双月刊》2015年第9期。
④ 朱立文：《从国家、学术圈与市场互动模式探讨我国私立大专院校之退场机制》，《学校行政双月刊》2015年第9期。
⑤ 陈曼玲：《学者疾呼：评鉴"大学评鉴与退场结合"政策》，《评鉴》2008年第7期。
⑥ 陈曼玲：《学者疾呼：评鉴"大学评鉴与退场结合"政策》，《评鉴》2008年第7期。
⑦ 陈曼玲：《退场机制市场化，评鉴结果应挂钩》，《评鉴》2018年第11期。

会让政策失去焦点产生价值偏离"①。由此可见,评鉴与退场脱钩未来会成为台湾教育主管部门改革的主流观点,即使不能进行激进改革,也会在评鉴标准设置上以及后设评鉴上逐步完善相关政策。

2. 协助教师安置,高级人力流向产业

台湾教育主管部门主管"吴思华预计未来将有一万名大学教师离开学校,而要安排高级人才进入产业市场,这确实有可行之处"②。教育主管部门于2014年开始提出一连串退场转型政策方案。2016年颁布的《高等教育创新转型方案》明确提出"高阶人才跃升计划",并设置两条渠道转介私立大学教师。一是建立高阶人才媒合转介平台,专责办理高阶人才转介服务作业。二是针对不同类型之高等教育人才,建议可能媒合之模式和管道,并进行转介服务与后续辅导。将高级人力移动至产业界是一个很好的理想,但一方面,学校教授不见得想要进入产业,另一方面,即便教师有意愿,也要看其能力符不符合产业之需要,而这之间需要媒合,值得教育主管部门投入。再者,人文社会领域并没有可以直接对应的产业,文史哲的老师们届时该往哪里去,也不能单从产业的角度考虑。③"台湾教育主管部门正设法与经济主管部门、科技主管部门等其他部门合作,从社会需求面创造各种可能,促成整个高阶人力分布的重新调整。"④"高阶人才跃升计划"仅仅表明了未来改革的走向,在具体操作中还会遇到各种问题,加快相关配套措施的出台和调整是未来努力的方向。

3. 探索退场诱因,引导私校主动退场

私立大学的合并,由于学校本是财团法人的性质,公益性的特征

---

① 陈曼玲:《学者疾呼:评鉴"大学评鉴与退场结合"政策》,《评鉴》2008年第7期。
② 陈曼玲:《勿将退场污名化,李天任呼吁让大学尊严退场》,《评鉴》2015年第1期。
③ 陈曼玲:《勿将退场污名化,李天任呼吁让大学尊严退场》,《评鉴》2015年第1期。
④ 陈曼玲:《解决大学过剩危机:"教育部长"吴思华掀开退场压力锅》,《评鉴》2014年第11期。

需要透过有效的诱因，董事为学校法人合并与否之决策者和执行者，合并时将面临职务所有权的丧失或是捐资资产的转移，使其意降低。①再加上目前退场后剩余财产的处理"依捐助章程规定和捐资，并无诱因退场机制，愿意主动提出退场学校并不多"②。最近台湾教育主管部门和相关部门研商私校退场机制，有关当局原则上同意让校地变更为商业用地，校地增值处分后，董事会领回六到八成，回馈二至四成给政府。③这个构想一经报道，群情哗然，纷纷批判此方案涉及利益输送，"台湾有关当局回应这只是初步构想，希望集思广益，参考外部意见，不让增值的钱交到校董私人口袋"④。最终台湾有关当局与民众意见没有达成统一，但这仅仅是台湾教育主管部门对私立学校退场诱因探索的开始，未来该部门将会加大研究力度，逐步完善相关政策法规。

（本文选自《高教探索》2017 年第 10 期）

---

① 蔡坤良、洪秉彰：《我国私立高等教育退场制度之法律探讨》，《学校行政双刊》2008 年第 11 期。
② 吴青山：《高校转型与退场势在必行》，《师友月刊》2016 年第 2 期。
③ 黄政杰：《私校退场切莫走歪了路》，《师友月刊》2013 年第 11 期。
④ 黄政杰：《私校退场切莫走歪了路》，《师友月刊》2013 年第 11 期。

我国大学基层教学组织的学术制度构建研究

崔延强 朱晓雯

摘 要：随着大学职能的不断扩充，基层教学组织的职责范畴由最初的以教学为中心发展为科教"双中心"。然而，这种被动式的职责叠加由于缺乏相关学术制度的支撑，并未带来自下而上的学术繁荣，反而加速了教学功能的失落、教师核心作用力的弱化以及共同体精神的弥散。基层教学组织是知识逻辑下的课程载体，也是功能观照下的运行终端，其问题的解决与学术制度的构建必须坚持靶向施策，建立由宏观到微观的运行逻辑，以制度自调、知识导引与科教融合为路径，设定全新的基层教学组织管理结构与保障制度，以提升知识经济时代大学师资队伍建设与人才培养的质量与成效。

关键词：基层教学组织；学术制度；科教融合；教研室；师资建设

现代大学本质上是一种学术组织，在富于挑战又充满希望的知识经济时代，它秉持固有的精神理念，发挥独有的知识权威，成为社会发展的核心动力。在"双一流"建设背景下，科教协同成为一流师资队伍建设与人才培养模式改革的关键点。基层教学组织作为一种集教学、教研为一体的纵向执行单位，直接关系到师资队伍建设与人才人才培养的质量与成效。然而，在科研热与行政力的双重影响下，基层教学组织的制度功能与组织作用正在逐步消解，对大学职能的协同发展提出了考验。

一、基层教学组织的形成及其学术制度内涵

基层教学组织的设定是大学建制中重要的考量。1904年，《奏定大学堂章程》首次确定了"科—门—目"的组织划分，以便在大学堂与分科大学中开展课程教学。此后的《大学令》与《大学规程》中，虽改"大学堂"为"大学"，但依然以"目"作为最小的教学单位。经过新文化运动的洗礼，蔡元培在北京大学进行了以"系"代"门"、取消"科"制的改革，设立了学系来促进文理交叉。随后，东南大学明确提出"本校教授以学系为本体"[①]，清华大学则增设学院以联系校、系，学院无实权，具体的学科建设与教学仍由学系落实。至此，学系成为大学教学实际的承担者和支撑者，为近代大学的成长及新兴学科进入大学提供了一种动力机制。

新中国成立后，"系"的建制被苏联舶来品"教研室"所替代，并沿用至今。这种"按专业、专门组（化）或课程（一门或多门）设置的基本教学、教研单位"[②]，成为我国现代大学知识生产与传播的重要场所。基层教学组织不仅是知识逻辑下的课程载体，也是功能观照下的运行终端。在我国大学组织系统中，课程将"知识—专业—学科—教学"有效地联为一体[③]，教研室为课程活动凝聚师资、提供场所、设定规约，它的运行机制是构成现代大学制度的"基座"，其功能调试与制度构建也是催化大学效能、激发大学活力的动力源[④]。

---

① 南大百年实录编辑组：《南大百年实录（上卷）·中央大学史料选》，南京大学出版社2002年版，第124页。
② 教育大辞典编纂委员会：《教育大辞典（3）》，上海教育出版社1991年版，第98页。
③ 张楚廷：《课程与大学》，《高等教育研究学报》2016年第4期。
④ 魏小琳：《治理视角下大学基层学术组织的重构》，《教育研究》2016年第11期。

基层教学组织的学术制度是指在大学学术制度化过程中形成的一系列对相关人、事、物构成激励或约束的规定,这种规定可以是内化的约定俗成,也可以是外化的文本规约,具有提供约束与规范、沟通思想与行动的功能。"学术制度"之"学术"并非特指科学研究,而是贯穿大学学术活动的诸多层面,具有双重属性。首先,在学术范畴内,学者间内生的学术制度具有普适性,不仅能够在弥散的学术共同体中发挥张力,也能够延伸至基层运行组织,为教学活动、学术活动、组织管理等提供约束性保障。其次,在制度范畴内,受需求伦理作用的学术制度具有自调性,它往往以从适应(Adaption)到修补(Patching)、从换位(Transposition)到退化(Degeneration)、从退化到消亡(Extinction)的渐进形式进行自我阐释与更新[1],进而合理、有效地调节大学生产关系,在有形与无形、历史与现实间建立连通机制。

二、大学基层教学组织建制的现实观照

基层教学组织"为知识活动提供场所,设定规约与准则,立足专业建设,服务于教学及科学研究,助力完成大学传授普遍知识"[2],是大学整体功能运转的基石。然而,由于受到外生性因素如学术环境、话语体系、学术竞争以及内生性因素如价值取向、管理体系等的影响,我国大学基层教学组织的发展却呈现出不同的发展趋势。

(一)基层教学组织发展的总体趋势

首先,大学教学功能失重。教学(人才培养)是大学的核心职能,在时序和逻辑上都居于首要位置。随着科学研究职能的确立,在应然

---

[1] D. North, *Institutions, Institutional Change, and Economic Performance*, Cambridge University Press, 1990, p. 89.

[2] 约翰·亨利·纽曼:《大学的理想》,徐辉等译,浙江教育出版社2001年版,第75页。

状态下，二者应当相辅相成，教研、科研帮助教师更科学、更有效地实施教学，教学则能够助力科研成果的传播，并为其培养坚实的人才储备；但事实上，受制于单一的评价体制，教学缺乏相关学术制度的保障，"重科研，轻教学"几乎成为当今所有大学的"通病"和"痛点"，教师对教学所投入的时间和精力直线下降，科学研究并未成为提高教师教学水平与质量的推动力，反而产生了制动力。

其次，基层学术生活失落。治学是学术界最基本的生活方式，在大学这个由学者组成的共同体中，营造学术自由、学术自治、学术中立的氛围，用理想信念创造真、善、美，用学术生活不断探求真理理应是一种常态。① 然而，随着通信技术的迅猛发展，大学中的学术生活被脱域的知识生产所取代。真实情境的缺失、现实互动的减少以及主观想象的弱化使得教师共同体对知识多样性和异质性的体验与追求逐渐降低。② 在基层教学组织中，知识生产的"合法化"与知识的高度专业化也让教师之间的联系日趋松散，真实情景下的学术生活甚至需要依靠绩效考核中的量化指标来维系。

最后，教研室地位失稳。改革开放以来，教研室制度与我国高等教育体制的契合度日益衰减。一方面，在"大科学"时代，教研室的职责由单一的教学、教研被动地扩展至科学研究、师资建设等诸多方面，而结构与制度并未进行相应地更新，长期处于超载状态的基层教学组织定位逐渐模糊，功能不断弱化，运行受阻；另一方面，由于学术制度与创新机制的缺失，"无权"的教研室成了学科建设与行政管理双重挤压下的真空地带，正向功能发挥失效，逐渐走向边缘。

---

① 德里克·博克：《走出象牙塔：现代大学的社会责任》，徐小洲等译，浙江教育出版社2001年版，第112页。
② 朱晓雯、崔延强：《大数据背景下MOOC模式的数据理性及本土涵化研究》，《中国电化教育》2017年第4期。

（二）教研室：基层教学组织的问题聚焦

教研室是我国现代大学中建立最早也最具代表性的基层教学组织，它曾在提高教学质量、培养专门人才、调节师资结构等方面发挥重要作用。然而，在"重科研，轻教学"之风与行政力量的双重影响之下，教研室在大学中的地位日趋边缘化，其正向功能亦被相关政策与制度所忽略。[①]

1. 职责叠加与超载

厘清教研室的工作内容与职责范畴是分析问题的前提。本研究搜集、整理了国内 32 所综合性大学的教研室管理条例作为原始材料，建成 32 个独立 Word 文本，分别导入 MAXQDA 12 软件对文本材料进行归类与文本段编码，将生成的关键词与词频（实词）数据进行比对，得出当代大学中教研室的职责范畴主要涵盖教育教学、科学研究、师资建设、行政事务管理与自身制度建设五个方面。

从教研室条例所涉及的职责来看，它既是一种教学组织，也是一种研究组织，既是一种教师组织，也是一种行政组织。在实际运行中，教研室未经调整便承担起诸多重任，这种强行叠加不仅没有带来学术繁荣，反而使得基层的教学与科研同时陷入自由、全面的假象中。[②] 原本以教学研讨、经验交流见长的共同体活动逐渐沦为个体化、形式化、边缘化的事务性交流。此外，在教研室的日常运行中，领导的遴选，人、财、物的投入均由学院统筹安排，这种外部逻辑主导下的权威性管理导致教研室组织涣散、凝聚力缺乏，教师群体参与教研室自身建设及制度创新的欲望与意识也日趋淡薄[③]，以学术活动为内在逻辑的"自身制度建设"成为一纸空文，严重制约了教研室的制度化进程。

---

① 洪志忠：《高校基层教研室的演化与重建》，《大学教育科学》2016 年第 3 期。
② 刘小强、何齐宗：《重建教研室：教学组织变革视野下的高校教学质量建设策略》，《高等教育研究》2010 年第 10 期。
③ 熊岚：《高校教研室功能的回归与重建》，《现代教育管理》2010 年第 6 期。

2. 教师核心作用力弱化

在教研室中，教师、行政人员、学生、学院等多个主体分别以智力支持、课堂支持、经费支持等方式参与教研室实践活动。米切尔评分法（Mitchell Scoring）认为，可以利用利益相关特征（Stake-holder Salience）对核心利益相关者进行甄别。在这些主体中，只有教师同时满足合法性、权力性与紧迫性这三个典型特征，是教研室实践活动与制度构建的核心利益相关者。

随着现代社会学术生活的职业化、专业化、制度化发展倾向，职业化与愈演愈烈的专业化结合，尤其是与基于专业规范而形成的制度化趋势合流，大学在很大程度上沦为谋生场所，教师共同体的式微也成为一种必然。学术的专业性决定了只有工作在一线的教师才具备权威的发言权，他们熟悉自己所从事的专业，是学术与制度的天然拥有者和拥护者。[①] 然而，在教研室的实践活动尤其是学术制度的运行中，教师虽然拥有核心利益相关者与学术工作一线人员的双重身份，却并非学术制度参与机制中的行为主体。制度的制定大多依靠行政力量主导，通过内部学术会议或行政会议的方式达成共识，并以行政管理的方式贯彻执行。在学术制度的制定过程中，教师缺失主导权与选择权，其利益主体地位未能得到凸显。学院往往以上级管理机构而非学术机构的身份参与，忽略了共同体的内在发展要素以及专业特色和学科特征，对教研室的长远发展产生制约。

3. 共同体精神缺失

教研室是一个以落实学习任务、开展教学改革、促进教师发展和完善自己建设为主要任务的学术共同体，成员共享"主体间性"（Inter-Subjectivity）使得他们间的交互挣脱了传统的主客体矛盾，由原来孤立的个体变成了具有主体意识的交互性主体。他们共享规范与价

---

① 李福华、丁玉霞：《论学术制度的变迁》，《中国高教研究》2013年第12期。

值,并在相关范畴内进行合作与反思性对话,形成了共同体精神,在这一精神的指引和观照下,他们相互建立关联,致力于维护集体的利益;加强彼此间的凝聚力与合作精神,制衡外来力量,监督教研室的长远发展。

共同体精神是一种非制度化却又极具制度性的"约定俗成"。然而,在现实的大学情境中,科学、道德和审美三种话语的分离导致了共同体内部的分裂和沟通障碍。[①]学术生活中的精神满足和价值关怀往往被基于效率和功用的考量所泯灭;而"专家"行动则表明学者的"专业"行为与传统知识分子的普世关怀和社会责任担当也愈行愈远。[②]在教研室运行过程中,严格的大学层级结构、充满复杂性和不确定性的工作内容、充满竞争性的奖惩制度等生硬而理性的管理模式使每一位成员都自顾不暇,这在很大程度上阻碍了他们内部关于知识与经验的交流共享,同事间积极的精神情感支持被激烈的指标追逐所替代。共同体精神的缺失淡化了教师间互利合作、共促教学改革的热情,也加剧了教研室边缘化的发展趋势。

(三)"他山之石":基层教学组织的制度激活

基层教学组织在不同的国家有不同的表现形式。总体来说,美国的"社团式"学系制、德国的"权威型"讲座制以及中国的"参与式"教研室制是三种最具代表性的大学基层教学组织建制,学系制讲求分权式的内部治理与整合式的教师增权,讲座制则强调专业化的个人治理与集中式的教师增权,两者在构建理念上虽存有差异,但对基层组织、教师作用力的关注度却高度一致,这对我国基层教学组织的功能激活与制度构建提供了有益借鉴。

[①] 齐格蒙·鲍曼:《立法者与阐释者:论现代性、后现代性与知识分子》,洪涛译,上海人民出版社2000年版,第28页。

[②] 阎光才:《精神的牧放与规训》,教育科学出版社2011年版,第30—31页。

首先，让基层教学组织成为大学学术活动的主要场所。在美国，大部分学者集中在大学组织机构的"底层"，即学系（Department）中，他们通过教学、科研、研讨等活动形成密集的学术网络，并扎根于基层。学系不仅是美国大学院系的一部分，更是学科的一部分，它从两者中吸取力量，具备课程载体、行政终端与科研平台等多种身份。这得益于大学完善的内部治理结构与清晰的职权划分。一方面，在美国研究型大学中，决策系统、行政系统与学术系统分列，其中学术系统是院校发展的生命线，学术委员会制度与"教授治校"理念为保障教师群体利益与学术自由发挥了重要作用。另一方面，基层教学组织中的系主任往往既是教学与科研能手，又具备良好的管理技能，在任职前还需接受专业的职前培训。[1] 成熟的制度保障与完善的组织机制激发了学系的多元活力，确立了它在美国大学学术活动中的核心地位，"美国大学的发展依赖于各学系的积极贡献"[2]。

其次，激发教师共同体在基层教学组织建设的主导力量。在学术领域内，任何人的成长都需要利用团队的力量共生共荣，教学基层组织建设便是教师间通过对话、协作、互助等途径来促进教学、专业与学科的发展，是一种共同体通过平等的方式自愿参与研讨、承担责任的学术共生现象。费迪南德·洛特（Ferdinand Lot）和弗里德里希·包尔生（Friedrich Paulsen）都认为，德国在科学界所占的地位归功于它的大学，而大学所取得的成就则归功于它所基于的制度以及大学教师所秉持的规训。[3] 德国大学将讲座作为教学的最基本单元，它是学科细化与专业化的产物，也为学科的深层制度化提供了条件。德国

---

[1] Walter H. Gmelch, John H. Schuh, *The Life Cycle of a Department Chair, New Directions for Higher Education*, Jossey-Bass, 2004, p. 263.

[2] F. Gonaim, "A Department Chair: A Life Guard without a Life Jacket", *Higher Education Policy*, 2016, vol. 29, pp. 272-286.

[3] 弗里德里希·包尔生：《德国大学与大学学习》，滕大春、滕大生译，人民教育出版社1983年版，第13页。

大学的教学继承了中世纪大学的"师徒"培养模式，又加入科学研究的新元素，形成了一种稳固的制度结构，确保知识的生产与再生产有章可法；此外，讲座主要围绕教师（讲座负责人，一般由正教授担任）展开学术活动，把教学和研究统一在学者身上，加强了他在学术中的领导地位以及在管理中的决策者身份，学术资源在这个教师主导的框架下得到充分利用，学术自由也获得了保障，不仅推动大学组织走向制度化，也保证了基层教学组织的高效运转。

再者，自我更新是基层教学组织学术制度发展的重要前提。道格拉斯·诺斯（Douglass North）认为，制度是始终处于变化之中的，这种变化包含正式规则和非正式规则两个层面。大学基层组织对学术制度的影响首先体现在非正式规则上，而当这种约定俗成突破"边际"，则会带来正式规则，例如法律、法规等的变迁和加持。在基层教学组织中，自我更新是学术制度与时俱进的表现，更新过程的滞后性与延续性虽会导致学术制度发展在总体上呈现出缓慢、渐进的特征，但在发展方向上总是与大学、学术、社会、时代等因素紧密联系在一起。以德国大学讲座组织为例，它是以教师为主导的基层教学单位，这种专业化、权威式的学术建制不仅能够在时代变迁、结构变革、运行效能、学科兼容等矛盾与冲突中表现出极强的灵活性与调和力，也能够在共同话语、学术伦理、责任准则、行为规范等的形成中展现出极高的可塑性与凝聚力，推动正式制度的自调与更新。

最后，分权制衡是基层组织学术制度发展的重要保障。在美国大学中，行政管理权一般以自上而下的方式贯彻，而学术管理权则正好相反。随着学科影响力的不断扩大，权力往往被下拉至学术基地，因为大学内部各层级单位所作出的判断与决策越来越依赖于高深知识，每一个学系被要求作为特定学科或某一领域内的权威代表，这种权力使各个学系均取得了中心地位，在那里知识就是权力，学术即是权威。基层结构的强大力量来源于学科影响范围的扩大，也是专业权力的扩大。① 美国大学中学系的学术权力可以向上延伸到学院或大学,并施以影响,而学院或大学对基层施加的压力则无法展现在学术之中,这是我国基层教学组织在权力运行与制度构建中需要加强和借鉴之处。

三、基层教学组织学术制度构建的路径选择

在"双一流"建设的宏观背景下,大学教育不应该局限于传递有效知识,更要变革大学组织中基层单位的组织形式和分工方式,将以传递知识为主导的基层组织制度转变为以发现知识为主导的基层组织制度;将以社会职业分工为取向、以专业教育为依据的知识劳动分工,转变为以知识分类体系为取向、学科划分为依据的分工形式,来构建全新的大学基层组织机构与运行机制。②

(一)目标与原则:学术制度的设定

任何制度的构建和施行,其目的都在于以此保障组织核心职能的履行和终极目标的实现。学术制度是现代大学制度的重要组成部分,也是学术环境、学术地位、学术能力与学术权力的重要标志与保障。首先,构建基层教学组织学术制度必须以法律法规为依据,以强化共同体内部的理想信念与核心价值为导向,从根本上完善大学组织的运行机制。其次,必须有助于实现大学教学职能的恢复与发展,既要以社会发展趋势为导向,通过调整自身来顺应时代需求,又要精确把握量与度,保持育人特质,维持自身功能的特殊性与完整性。③再者,必

---

① 伯顿·R.克拉克:《高等教育系统——学术组织的跨国研究》,王承绪等译,杭州大学出版社1994年版,第174—175页。
② 宣勇:《大学变革的逻辑》(上),人民出版社2009年版,第12页。
③ 阿什比:《科技发达时代的大学教育》,滕大春、滕大生译,人民教育出版社1983年版,第13页。

须以提升专业建设质量,保障学科制度化发展为目标,基层教学组织是大学知识蕴含与功能表征的联结点,合理的制度安排能够帮助它从两者中吸取力量,促进大学功能的协调发展。

基层教学组织的学术制度构建须坚持兼容性原则,弥散共同体间的学科壁垒。制度化的学科专业为了达成知识的系统性和逻辑性,便于成员在内部进行沟通、理解与协作,往往建立一套自身的规范与准则,这种内向型的规则使得各学科自成体系。[1]但一个学科的形成,一方面必须吸引并持有一批坚定的拥护者,另一方面又必须是开放且包容的,能够将诸多未解决的问题留待重新组成的一批实践者。[2]除此之外,还须坚持自治性原则,突破行政权力的管理屏障。大学自治是大学存在与发展的根本,也是大学区别于其他社会组织的核心意义。按照权力分类,基层教学组织的学术制度构建主要涉及的是院系权力,这种权力的主体是专家(教师),主要以掌握学科知识权力为手段。坚持自治性原则,就是要排除行政权力的过度干涉,在院系的自治中衍生出一种韧性与张力,聚焦教师群体的本体发展,回归基层教学组织的学科本位,恢复大学最初的价值和品性。

(二)制衡与释放:学术制度构建的运行逻辑

基层教学组织学术制度的构建是一个多主体协调的运行过程。按照循证法则,只有在逻辑上保持宏观到微观的畅通与聚焦,在运行中把握整体与个体的统一与异质,才能构建合理有效的基层教学组织学术制度,维持权力制衡与释放间的张力。

在宏观上实现统筹,促进大学管、办、评分离。学校是学术制度构建的第一个层面,学校层面的功能更新与权力解绑才能更有力地加

---

[1] 张春海:《谨防人为构筑"学科壁垒"》,《中国社会科学报》,2015年11月20日。
[2] 托马斯·库恩:《科学革命的结构》,金吾伦、胡新和译,北京大学出版社2012年版,第5页。

强二级学院与基层组织的学术自由度，摆脱思想束缚与制度羁绊。因此，分列并重组教育的管理权、办学权与评估权，才能有效降低权力对基层教学组织的惯性作用力，为学术制度构建营造相互独立又相互联动的权力生态环境。

在中观上实现连纵，促进学院赋权增能。二级学院是学术制度构建的中坚力量，增权（Empowerment）作为一种目标，也是一种途径，其价值在于激发学院潜能，继而获取动能。学院是大学学术资本与专家学术权威的直接承担者与彰显者，也是学术权力的主要载体。实施院校两级管理体制改革，实现管理重心下移，同时以合约形式巩固和加大学院在权力配置、结构调整与学术发展过程中的职责与权重，这一系列赋权增能的改革，可以有效推动学院成为基层教学组织的参与者与治理者，充分发挥学科知识权力在学术制度构建中的引领作用。

在微观上实现合横，促进教师本体发展。教师职业的特殊性主要体现在"对象自我化"的倾向中，即强调"学高为师，身正为范"的正向影响力。因此，无论从权利还是义务的角度出发，大学教师都应聚焦自身的成长或内在专业结构的不断更新、演进与丰富。在基层教学组织学术制度的构建过程中，不仅要发挥教师在教育教学、科学研究、组织管理中的"使用"价值，也要考虑教师在专业发展中"自我"价值的挖掘。最终实现基层教学组织学术制度构建与运行的纵向贯通与横向联结，让多个行动主体统一方向、协同联动。

（三）回归与重组：学术制度的内容呈现

基层教学组织是知识逻辑下的课程载体，也是功能观照下的运行终端，作为一种集教学、教研等为一体的纵向执行单位，其学术制度的完善与否直接关系到师资队伍建设与大学人才培养的质量与成效。而在实践中，"权力—利益""教学—科研"这两组博弈的反冲力将处于结构"底部"的基层教学组织推入逼仄之境，也让学术制度的供需伦理呈现出失衡状态。对这种反冲力的缓解与消弭需要发挥制度自调、知识导引与科教融合的力量，构建全新的保障制度，进而回归大学学术本义。

1. 基层教学组织学术制度的自我提升与完善

首先，学术制度的构建与完善，最重要的是充分发挥制度的自调作用。通过制度自调激发大学基层教学组织的灵活性与可塑性，在保持固有优势的基础上，创造性地吸收国外更为高效的管理与运行模式。以学术制度建设的目标为导向，实行靶向施策，突破传统的思想禁锢与制度藩篱，创立新的管理运行模式，形成独具特色的实践路径；同时，学术制度对大学教学水平和科学创新能力的引导也应与知识发展逻辑、科教融合理念相关联，在培养模式、学科建设、科研发展、资源配置、组织结构调整等方面积极回应知识经济时代的新要求。

其次，要打破制度过剩与制度"真空"并存的局面。这种制度过剩并非指制度本身的丰富性与完整性，而是一种由制定主体的多样性及实施过程的重复性所带来的制度溢出；制度过剩的另一端却又存在着制度"真空"地带，主要表现在缺少对教学及教师主体地位的制度性保障。因此，在学术制度的构建过程中，应尽量简化流程，减少多头管理现象，降低管理资源的重复与浪费；加大学术权力的作用力，扩大教师的参与口径，以一线教师的教学、科研需求为导向，构建"接地气"的学术制度；同时，以学科为基础，设立多元、公平的教师评价体系，将教学与科研的评价权力下放至各自的主管基层单位。

2. 知识导引下学术共同体的重组与提升

基层教学组织是知识逻辑下的课程载体，也是教师共同体活动的主要场所，因此，基层教学组织学术制度的构建必须在知识的导引下实现教师共同体的重组与提升。

首先，建立健全新型"传帮带"模式。心智模式理论（Theory of Mental Models，简称为TMM）认为，新手（Novices）往往比专家（Experts）拥有更多新的知识储备，但专家具有更成熟的心智模式，以有效理解、转化、传递及应用知识。① 一方面，合理的基层教学组织能够化零为整，通过建立老中青教师的"传帮带"机制，例如恢复助教、听课评课、教研探讨等程序，来保障教学质量并迅速培养师资；另一方面，它能够化整为零，在系主任及学科带头人的带领下，将教学空间发展为研究平台，促进教师个体的专业化发展。此外，在数字化、网络化、智能化发展的新情境中，需要将传统"老带新"的经验性传承与"新带老"的技能性指导相结合，增强系主任及学科带头人的领导效力，实现资源的有效分配与流通，促进基层教学组织的重组。

其次，回归以学科为重心的学术本位。学科的交叉、渗透与融合是大学发展的大势所趋，传统封闭而固定的专业与课程划分已不再适应快速发展的学术与时代要求，需要通过重构基层教学组织的课程体系与教学管理体制来凝聚教学的知识性与科学性。回归以学科为中心的学术本位，首先要以学科为支撑，集中学术资源办专业，加深其知识内涵与学理性。一方面，对教研室进行扩容，将其升级为具有学科特质的基层教学组织，具备教学与科研的双重功能；同时，按照学术隶属关系，将全校课程从专业中提取出来，划入相应的教研室，不同学科组织的教师因学科或课程的关联集中在一起，进行教学经验或科学研究的交叉探讨与协作，以此形成"一个专业由多个学科支撑、一个学科支撑多个专业"的课程关联与教师网络。另一方面，将教学管理的重心下移到课程，围绕核心课程发展教研室。将专业设置的权力归与学校，将教学管理的重心移向课程，一个教研室负责一个对应的核心课程群，以清单形式明确管理方式与职责。这样灵活的课程设置可以打破专业的固化，大学以不同的课程组合构建不同类型、不同层次的课程体系和教学内容，这样就能够有效利用现有的学科资源，以

---

① 黄显涵、李子健：《课程改革中教学取向的转变——从建构主义路径源发的探索》，《西南大学学报（社会科学版）》2010 年第 6 期。

社会需求为导向，通过课程的有效组合，迅速构建新专业。

3. 科教融合中大学教学功能的回归与保障

在培养创新人才，建设创新型国家的时代背景下，大学教育必须重塑科教融合的理念。一方面，将丰富的科研资源及科研成果转化为优质的教学资源，促进教师更科学、更有效地实施教学；另一方面，发挥教学的知识传播功能，助力科研成果的推广与转换，并为其培养坚实的人才储备。

首先，加强教师对教学学术能力的认知。教学学术能力是科教融合理念在教师实践中的最直接体现，教师需要根据本学科的认识论对教学过程中产生的问题进行探究，并将结果通约并公开[1]，与同行进行分享并让同行在此基础上进行再建构或再发展，让教学成为一个开放、动态的学术命题。教研室可将教学学术能力作为一项新的教师评价指标，在实践中进行科学验证，深化其现实价值。

其次，建立以教研室为依托的本科教学自评体系。本科教学自评是一件工作量较大的日常事务，要简化程序，易于操作，将评估工作与日常的教学管理工作相融合，在"教"中"学"，在"做"时"评"；要客观公正，建立起校本网络平台，采用数字化录入方式与可视化数据呈现来评价教学工作，有理有据；还要设立标准，管控过程，由学校或学院将教学工作的质量标准与教学管理的规范统一传达到各教研室，将"由上到下"的规范设定与"自下而上"的评价过程相结合。

最后，落实以院系为基准的学术综合评估体系。学术研究是一项综合化、系统性的工程，涉及不同学科背景与专业特长的教师，不应以片面的、量化的激励评估机制来替代无形的、内在的多元价值尺度。有鉴于此，完善学术综合评估体系一定要以岗位津贴调整为抓手，推动教职人员的分类管理，学校通过教学津贴的方式向教学倾斜，基层

---

[1] 朱炎军：《大学教学学术研究：缘起、进展及趋势》，《开放教育研究》2014年第2期。

教学组织作为具体的实施小组，对岗位津贴进行严格预算、流动管控，并接受学校或学院的不定时抽查。二要实施综合性、自主化评估方案，学校层面规划制定院系管理改革纲要与实施方案，对院系多指标考核松绑。同时，院系结合自身特点，以发展定位、师资建设、教学资源、科学研究等各方面为主要内容，与院系协商签订年度发展合同，自行跟进与评估，最终汇总形成院系年度工作评估报告交与学校审核，并作为下一年度发展合同的参照。以院系为基准的学术综合评估实现了学院的增权，也落实了学术权力，将从根本上促进科教的融合与发展。

在知识经济背景下，大学基层教学组织既是一种教学组织，也是一种研究组织，既是一种教师组织，也是一种行政组织，因此，它的制度构建必须考虑大学办学的诸多要素。无论是教研室建制还是讲座、学系建制，其改革与探寻之路都应遵循大学发展的本质属性与内在逻辑，在宏观统筹、中观连纵与微观合横的运行逻辑下，通过学术制度的自调、学术共同体的重组，以及科教融合理念的回归，全面推动大学组织的学术创新、功能提升与制度完善。

[本文选自《西南大学学报（社会科学版）》2018年第5期]

大学嬗变与图新

基于学科文化创新的一流学科建设路径探论

吴叶林　崔延强

摘　要： 学科文化是学科发展路径选择的内在价值机制，一流学科建设需要一流的文化引领，通过对学科发展文化逻辑的把握，可以深层审视和推进学科建设，构建学科进步的长效机制。学科文化是由学科精神、学科范式、学科行为等要素共同构成的系统结构，内蕴规训、凝聚、濡化等功能。本文对理想型的学科文化特质进行了分析，并以此为参照透视了当前高校学科文化困境，指出学科精神遮蔽、学科范式异化以及异质学科文化隔阂冲突等三大文化"症结"。与此同时，提出了包括建立包容性学科文化生态、形塑社会需求导向学科价值文化、创新学科组织与评价范式、推进学科文化开放和国际化等在内的策略体系。

关键词： 学科文化；一流学科；理想型学科文化；学科文化困境；创新路径

学科本身是一种学术秩序，规定着知识生产的方向、标准和质量，体现了知识的制度化水平。一流大学的重要标志即是具有一流的学科，"在国际学术界，学科就是产品线，院校即为地理中心，高等教育必须以学科为中心"①,"学科已成为大学的'第一原理',知识的专业化是构成其他一切的基石"②。学科文化是学科在运行和演进过程中基于其自身知识、学术特点自有的或人为赋予的价值与规范体系,是学科生存方式的历史凝结。作为一种文化传统,学科文化使得各种学术生活和学术制度的血脉延续成为可能,在实践中成为划分学术领地、评价学术水平、配置学术资源、分化学术阶层的内在力量。发挥与优化大学学科文化功能是学科内涵式发展的必由进路,也是一流学科建设乃至大学核心竞争力的重要手段。

一、学科文化:结构与功能

学科发展不仅指学科知识的发展,同时也内蕴学科文化的成熟,先进的学科文化是学科进步的重要基础。学科文化在本质上是一种文化现象,具有文化的一般结构与功能,但同时由于学科文化根植于学科,决定于学科自身的知识体系及由此形成的组织系统和运行规则,因此又表现出与其他文化形态和文化现象不同的特质。

(一)学科文化结构

1959 年,斯诺在剑桥大学作了"两种文化与科学革命"的著名演讲,他注意到西方智力生活中科学与人文两个不同世界的客观存在,并在演讲中指出,"我总觉得我在这两个群体之间游移,他们的才智接近、种族相同、社会出身差别不大、收入相差不多,但却几乎没什么沟通。他们在学术、道德和心理状态等方面的共同点是如此之少,以

---

① 伯顿·R. 克拉克:《高等教育系统——学术组织的跨国研究》,王承绪等译,杭州大学出版社 1994 年版,第 18 页。

② 伯顿·R. 克拉克:《高等教育系统——学术组织的跨国研究》,王承绪等译,杭州大学出版社 1994 年版,第 41 页。

至于从柏林顿馆或南肯辛顿到切尔西就像远渡重洋"①。事实上,斯诺所描述的这一现象既是学科文化现象,也表征了学科文化的宏观构成,知识领域的差异最终导致了学术生活和学者群体的社会文化差异。诚然,"两种文化"是一种极端的学科文化结构解释模式,但无疑引起了人们对这一领域的深层思考,继"两种文化"后,斯诺再次提出"三种文化"的解释框架,第三种文化兼具人文与科学的文化要素。德国学者胡伯②基于斯诺命题对学科文化进行了再研究,他将学科文化定位到专业层面,提出专业亚文化的概念,而这与托尼·比彻等人提出的学术部落文化无疑具有一致性。从"两种文化"到"三种文化",及至"部落文化"和"专业文化",人们对学科文化宏观结构的认识明显不再满足于笼统的二分法或三分法,而是越来越致力于知识的特殊性和文化的个性特征,对学科文化宏观结构的理解也朝着精准化和系统化的方向迈进。

学科文化构成了学术生活中不同的"小世界",是影响塑造学术人员专业态度和行为的核心力量。③那么学科文化到底是什么?对此还需要微观剖析其内在结构。当具体审视某一特定学科的文化时,不难发现它是一个由多侧面、多层次、多因素构成的立体系统,很难用单一的模式来完整概括。马林诺夫斯基在《文化论》中将文化描述成包括物质文化、特殊的语言规范和制度规范在内的系统结构,毋庸置疑这种划分对学科文化内在结构分析具有启示意义,但同时也不难发现其只涉及了文化的表层与中层结构,而文化中内蕴的价值尺度、思维模式等问题却未能体现。

本文认为,普遍意义上某一特定学科的内在文化结构大致包括以

---

① C.P. 斯诺:《两种文化》,陈克艰、秦小虎译,上海科学技术出版社 2003 年版,第 9 页。
② 孙进:《德国的学科文化研究:概念分析与现象学描述》,《比较教育研究》2007 年第 12 期。
③ B. R. Clark, "The Academic Life: Small Work, Different Worlds", *Educational Researcher*, vol. 18, 1989, pp. 4-8.

下四个方面。

第一，学科精神文化。精神理念是学科知识生产和学科组织演进的价值体系的总称，深层统摄了学科发展路径和机制。学科精神实质上源于构成学科的知识，是一类知识功能和价值的历史沉淀，不同的学科具有相异的精神理念，且受到学科成员的认同和遵守。学科精神是学科科研、教学以及服务社会公众的灵魂，好的学科教育包括学科精神传承的教育，学科发展无精神将直接带来制度、行为和物质形态的混乱无序，进而阻碍学科发展。

第二，学科范式文化。范式文化一方面指范式自身内蕴的文化意涵与属性，另一方面也包括其在历史演化中逐渐凝聚成的价值与信念体系等。作为一种共有的信念与本体论承诺，范式文化为学科共同体开启了一个生活于其中的"可能世界"。不同的知识属性形塑不同的范式文化，学科范式文化能够有效规约学科行动的展开，它既是显性的载于学科教科书、手册中的规则、制度、方法，同时也是科学共同体之间不言而喻的隐性契约。

第三，学科行为文化。行为文化是学科成员长期以来在学科架构下形成的反映学科属性的活动总称，是学科内部主体间，以及不同学科主体间交往关系的彰显。行为文化不仅表现在学科知识的生产、传播与实践中，同时还表现在学科知识代际传承濡化过程中，如具体的学科行动、惯习、风俗、仪式等文化要素，是学科活动方式的历史积淀。学科行为文化在学科范式引导下生成，是学科精神理念的显性化，具有学科特色和个性。

第四，学科物态文化。物态文化是学科文化中最为外显且容易为人们所认知的要素，通过物质形式彰显学科精神，承载学科制度，约束学科行为。学科文化的物化形式丰富多样，如学科空间环境中学科偶像与权威、学科象征物、学科信念等的陈设等。在学科接班人的培养上也有体现，如学位授予中学袍的颜色与样式也具有较大差异，这些都是物态学科文化。

（二）学科文化功能

文化是人类本质活动对象化的结果，当这种结果形成稳定的意义系统后，就会对人及其行为带来约束和影响。学科文化是某类特定知识之于人这一主体的价值和规范体系，它的形成必然对学者团体以及知识的演化过程产生内在影响。

第一，规训功能。学科从最初的知识分类制度走向日益复杂的知识生产与实践体系形塑机制，其规训功能不断强化。基于某类知识体系形成的文化价值模式日益成为学科发展的深层力量，进而成为学科话语体系生产的控制系统。学科"话语体系"是学科知识与学科规范的统一，在实践中遵循着"讲座—课程—专业期刊—专业学会—图书分类收藏体制"等基本规训思路，通过排他性规范设计，保证学科知识在生产、传播以及行动不任意僭越传统边界。值得注意的是，不同学科文化，其规训功能存在强弱之分，自然科学因其内部凝聚、稳固而存在不可渗透的边界，而人文、社会学科因其内部松散、开放而存在可渗透的边界。[①] 在实践中，自然科学常常是边界纷争的赢家，强势的学科文化逐渐浸染和潜移默化其他学科。

第二，濡化功能。濡化意指价值观和准则被特定场域中成员传承或习得的过程，不仅包括主体对传统文化基因和习性的适应，同时也内蕴对新成员的教化功能。文化的潜移默化能够有效促进新成员熟悉所在学科的价值、范式、规则和行为，通过不断地代际传播进而实现长远发展。在实践场域，学科发展首先会遴选自己的守门人或学科明星，以此影响学科接班人，通过建立学科"范例"从而更好地产生濡

---

① 华勒斯坦：《学科、知识和权力》，刘建芝等译，生活·读书·新知三联书店1999年版，第23页。

化效果。"知识讲授、讨论、实验、作业、考试、答辩、评分等一系列学科范式下标准化的环节让学生形成一种新的较为稳定的习性,进而形塑其学科身份。"[1]福柯认为,教学活动也是学科文化濡化路径,"通过教学活动获得知识,层层监督。一种明确而有规则的监督关系也被纳入到教学实践的核心"[2],在这种监督关系中,学科思维、学科判断及学科行为逐渐濡化到新成员的认知结构中。

第三,凝聚功能。学科文化内蕴的意义和价值系统支配和驱动着学科发展,规范着学科行为。实践中,学科是一个松散的且以学术自由为纽带的学术组织,在这种具有自由特征的组织内,价值是学科团结和忠诚的灵魂所在。学科的价值凝聚意味着学科成员对一类知识的属性、功能和运行方式达成共识,并愿意成为该学术部落中的一员,接受相应规范的约束。学者群体基于一定文化价值引导在某一知识领地不断探索耕耘,相同的学术志趣及其知识能力特征被赋予了同一学科身份,而这再次强化和升华价值共识,从而推动学科忠诚。可以说,正是凝聚功能的存在,学科文化才会形成边界,才会出现"两种文化"以及各种异质的文化系统。

不仅如此,学科文化作为知识和真理性的文化形态,对纷繁复杂的社会系统及社会实践在根本上具有批判功能,学科文化的社会融入有利于维护公共空间的理性秩序。通过知识型社会组织——大学以及组织内学科知识分子群体——与社会之间的互动,学科文化以其学术理性与创新精神在社会公共空间中发挥着独特的批判与监督功能,一个良性运行和发展的社会要时刻警惕大学的文化萎靡,而这种文化归根结底仍然是学科文化。

---

[1] 李晔:《被学科规训限制的专业学位教育》,《学位与研究生教育》2009年第11期。
[2] 福柯:《规训与惩罚》,刘北成等译,生活·读书·新知三联书店2007年版,第182页。

二、理想型学科文化的核心特质

理想型也是韦伯学说中的"纯粹类型",是对某类事物性质特征的预判和假设,以"可能性"为中介反观"现实性"。在实践中,学科文化并没有特定的模式,文化发展呈现出多元化和丰富性,但并不能否认一流学科在文化形态和特质上存在共性,这一点从世界一流学科发展史以及学科本质上可以洞见。理想型的学科文化特质是当前学科发展和学科文化创新的重要参照,其至少体现在四个方面。

(一)"兼容并蓄"的建设理念

学科知识生产的本质是人们对事物理性认识的提升,在此过程中需要不同知识的协作和分工,从而揭示事物之间的必然联系,因此,学科的开放与包容是学科知识发展的关键。知识社会下,大科学体制、后学院化生产范式逐渐凸显,学科之间的交叉融合是新知识和新学科产生的必要条件。美国科学促进委员会执行主席艾伦·莱什纳提出,"以(单一)学科为基础的科学已经死亡,那个时代已经过去了。目前大多数的重大进展都涉及多个学科,只有一位作者署名的论文越来越少"。因此,无论从本质上说还是从社会实践需求考量,学科之间的"兼容并蓄"是当代学科建设的重要基础。"兼容并蓄"就是要推动不同学科交叉融合,推动基础学科与应用学科结合,建立跨学科研究组织和人才培养机制。20世纪20年代中期,普林斯顿大学的数学家维伯伦将数学系和物理系搭在一块,试图创造出物理和数学的交叉学科,但并未成功。最终普林斯顿的数学系走向了纯数学研究。与之形成鲜明对比的是,普林斯顿聘请的欧洲物理学家维格纳,由于他本人拥有良好的数学背景,将群论与量子论结合起来,开创了新的研究领域。[①]

---

① Loren Butler Feffer, "Ostwald Veblen and the Capitalization of American Mathematics: Raising Money for Research, 1923-1928", *Isis*, vol. 89, 1998.

(二)"自由探索"的组织生态

作为一项真理与高深知识的探索活动,学术生产需要自由宽松的环境,知识真理的探索不为外部制度和权力所绑架约束,正如雅斯贝尔斯所指出的,大学要远离约定俗成的言说方式,远离成规和傀儡的把戏。自由探索即是指在学科组织系统内"教学并证明真理"的自由,同时"为了保证知识的正确与准确,学者的活动必须只服从真理的标准,而不受任何外在压力,如教会、国家或经济利益的影响"[①]。"大学是一个人们可以在这里自由地探索真理、传授真理的地方,也是一个人们可以为了这个目的蔑视一切想剥夺这种自由的人的地方,大学必须被允许通过真正的思考和生活来发现自我"[②]。事实上,在大学系统中,真正从事学术生产和交流的组织是学科,大学学术活动在学科架构下有条不紊地展开。自大学诞生以来,学科知识分子对自由的追求就没有停止过,自由是一流学科文化的基因特质。在学科知识探究实践中,想要确保人类对真理的追求过程具有理性、批判性,进而获得科学真理,这就需要对学科探索活动提供独立场域,赋予学科研究以自由权力。

(三)"求是创新"的信仰追求

特定社会群体和生活于该社群文化条件下的个体,基于一种共同价值目标,所共同分享或选择的价值理想或价值承诺即是信仰,信仰具有理想性、坚定持久性以及唯一性等特点。学科文化信仰是学术部落内部成员共同遵守的某种价值理想,贯穿个体的学术生涯,与此同时,因为这种价值的主导而产生了对其他价值的排斥。在学科知识生产过程中,根本理想是真理追求,知识探索失去求是精神,那么所生

[①] 布鲁贝克:《高等教育哲学》,王承绪等译,浙江教育出版社 2002 年版,第 75 页。
[②] 陈锡坚:《学科文化价值的取向与发展》,《教育评论》2010 年第 4 期。

产的学科知识无疑是不可信且最终被抛弃的。对事物本质的认识，并通过这种认识揭示内在联系，进而服务于人类社会，是学科探索的终极目的。创新是学科发展的不竭动力，只有不断创新才能获得更多的真理性认识。真理追寻是永恒的价值承诺，科学的过程就是对真理的无穷逼近。求是、创新是学科文化的核心内涵，也是一流学科建设中必须秉持且坚守的价值理想。

（四）"实用主义"的行动路径

知识价值革命带来了知识生产模式及其机制的转变，知识生产突破了传统纯科学范畴，人们不再只是为了知识而生产，学科知识生产与人的需求以及社会实践紧密结合。为了顺应这种趋势，实用主义的价值取向日益为学科知识分子所重视，学科建设与社会需求的联系也逐渐成为学科发展的主导动力。从大学发展史来看，近代以美国实用主义为代表的大学发展模式日益超越并取代了传统的德国古典模式，实用主义文化在美国的成功，其历史背景正是知识在社会发展中主导地位凸显的时期。19世纪六七十年代第二次工业革命促进了大学与社会的融合发展，当前知识社会下，大学更是走进了社会中央，成为社会服务站和动力中心，这一切都要求基于学科的大学组织在推动学科进步时要面向社会需求，以实用为导向。在这里，"实用"不仅体现为对社会生产和人的物质需求的满足，也包括对人的精神世界需求的满足。

三、当代高校学科文化生态的主要困境

作为学科运行和发展机制形塑的灵魂和思想所在，学科无论对自身建设抑或社会公共空间等都具有毋庸置疑的价值，良性的学科文化生态是实现学科进步、增强学科竞争力的关键。然而，在学科建设实

践中，我们的注意力过度集中于学科硬环境建设，如学科经费、学科队伍、学科设施等，而对学科软实力的重视仍然不够。当前，我国学科文化生态存在诸多困境，学科文化的薄弱深层阻滞了学科的长远发展，总体反观当前学科文化，至少存在三种"症状"。

（一）学科精神文化遮蔽

不同的学科有着不同的精神特质，如法学学科以自由为核心，并基于此延伸至正义和秩序，彰显了人的最本质的需要，医学学科则是以人的生命关怀为基础的科学知识生产与真理探索。学科精神是学科发展的根本价值指向，无论哪种学科精神最终都会指向对真善美的追求。市场经济下，学科发展逻辑的功利化明显，学术部落成员对资本和利益的追求不断消解传统的学科精神和价值根基，实践中，学科忠诚一定程度上已经让位于市场忠诚。皮特·斯科特也注意到，"不仅大学优先关注的研究领域发生了改变，学术研究的操作方式、主导价值观乃至其核心理念都发生了变化"[①]。有学者在探讨我国大学学术资本主义时指出，学术资本主义与大学中的行政权力形成共振，使大学畸形地向权力和市场端发展，而日益远离传统的学术，可以说此时的中国大学比任何时候都像官场和企业，而唯独不像真正意义上的大学。[②] 虽然这一论断本身也在走向极端，但不可否认的是大学及构成大学的学科组织，在市场经济背景下，正在与利益和资本联姻，甚至为其所主导。

实践中，学科精神的遮蔽体现在两个方面。微观层面，学科知识分子的身份发生转变，"学术经理人"、"学术资本家"成为大学的重要群体，他们游走于大学与市场之间。笔者认为，学科精英在以智力参

---

① Peter Scott, "The Changing Role of the University in the Production of the New Knowledge", *Tertiary Education and Management*, Vol. 2, 1997.
② 刘爱生：《"求是"还是"求利"：学术资本主义语境下中国大学的学术研究》，《现代教育管理》2012 年第 1 期。

与市场经济的同时,要正确定位自身的角色,在学术与市场之间取得平衡。大学对社会的服务要满足其所需,而不是其所要,"学者越来越追求金钱,这个现象造成的后果之一是,金钱对于认识论形式的形成,变得越来越重要了"①。学科成员的市场化努力将导致雇主的偏好而不是学科自身的价值使命对学科发展起到决定作用,更为主要的是学科精神的式微将会带来学科行为、学科知识生产和学科运行机制的功利化转变。宏观层面,学科设置也日益受到资本逻辑的深层影响,在学科发展战略上亲资本、远价值,"重商主义"使得高校往往重点推进能够带来较多收益的学科,对于远离资本与市场的学科态度消极,从2006年到2010年,我国部属高校以史、哲为代表的人文学科在新增专业中的比例不到1%的水平。②那些远离市场、难以创造收益的基础学科、人文学科,其重要价值以及内蕴的学科精神意涵被市场所漠视。当一种人们习以为常地、自在地赖以生存的文化模式,或人们自觉地信奉的文化精神,不再有效地规范个体的行为和社会的运行时,这种文化就已经被遮蔽或失范。

(二)学科范式文化异化

在知识的生产及体系化进程中学科建立了自身独特的范式,这些范式为学科成员所遵守,与个体或组织的学术生活融为一体,成为学科建设的重要保证和基础。值得注意的是,任何范式都具有历史性,当一种范式不适应新的问题境遇时,其自身所蕴含的规约力量将会阻滞事物发展。学科范式异化意味着学科规范在历史演进过程中逐渐偏离了其本身所希望达到的目标,使之成为统治和支配学科的外在力量,学科建设将匍匐和受制于这种文化。学科范式文化的异化大体表现在

---

① 陈锡坚:《学科文化价值的取向与发展》,《教育评论》2010年第4期。
② 徐斯雄、吴叶林:《当前高校专业设置的问题审视——基于学术资本主义的视角》,《教育学报》2011年第1期。

三个方面。

在分类范式上,我国学科实行的是行政性目录制度,目录是学科发展和建设的重要依据。学科目录作为知识的划分制度是一种人为的设计和安排,目录形成后对本学科的知识领域有着很强的垄断性和排他性,其作为学科分类范式的实践形态客观推进了学科接班人的培养、学科知识的生产、传播与交流。但值得注意的是,随着知识生产模式的转型,传统学科框架内的知识生产日益突破,跨学科、超学科的异质化生产日益增多,新的知识领域的出现和复合型人才的培养在传统目录架构下无处安放,正如蔡曙山教授所言,"随时随地生长起来的交叉新兴学科就只能'无家可归'了。而如果一门学科没有上'户口',研究生招生、重点学科评审、学科基地建设等都会受到不同程度的影响"[1]。原本为了促进学科发展的目录制度逐渐成为束缚学科发展的阻滞力。当前学科分类范式的核心问题即在于此,知识分类制度因为其强制性和行政化的目录体系内在决定了科学的发展。

在评价范式上,受现代理性主义思想的影响,学科评价范式问题主要集中于计量评价的体制机制,价值理性与工具理性之间的张力失衡。量化评价语境中,大概遵循的是"引用率－影响因子－刊物等级－成果等级－学科水平"的逻辑思路,学术成果的引用次数成为学科发展水平的关键标志。然而引用次数和影响因子存在着很多不确定性。量化评价对量的重视遮蔽了质的意义与价值,同时量化评价绑架了学术自由,制造了学术泡沫,带来了学术道德危机。

在组织范式上,严格的科层文化束缚了学科发展。中华人民共和国成立后,我国高校以苏联模式为蓝本,实行的是中央集权化管理,为了保证这种管理有效运行,整个大学系统推行了严格的科层化行政

---

[1] 孟宪范:《学科制度建设面面观——"学科制度建设"研讨会述评》,《社会科学管理与评论》2002年第5期。

制度，这其中也包括各类学科组织。"长期以来，我国大学的学院、系、研究所等基层学术组织实际上被看作一级行政组织，院长、系主任、研究所所长等都具有'处级'行政级别的职务，由学校任命，被纳入行政序列，形成了'院长、系主任、所长→副院长、副系主任、副所长→教师'上下分明的层级结构。"① 诚然，科层制在促进学科学术生产、人才培养方面具有毋庸置疑的价值，但学科组织与企业组织、政府组织具有根本的区别，学科组织以知识生产、传播和交流为中心任务，一切学科活动均应围绕知识展开，知识的增长、真理的探讨需要自由的环境，在本质上学科应该是松散自由探究组织。与此同时，真理探索从来都是充满风险和不确定性的，这与科层组织对确定性的追求存在深刻冲突，学术组织也需要秩序，但这种秩序来自于学术自觉，而不是人为外在的强加和安排。

（三）异质学科文化的区隔冲突

不同学科知识及范式下，其成员对世界的认知有着自己特定的思维模式和判断标准，拥有自己偏爱的因果解释模式。这类影响可以归因于学科的规训，学科规训机制形塑了知识分子的人格和学科身份，同时也影响了个体思维模式和真理确认路径。然而，也要注意到学科文化同样会带来阻滞力，过度规训引起的异质学科间文化区隔及冲突将深层威胁学科的长远发展，如学科融合和新的知识领域的生成。

首先，异质学科间因文化差异形成封闭隔阂，甚至是对立状态。托尼·比彻将彼此隔离、共同性少、交流不多的各个学科共同体比作部落，他们内部共享着相同的信念、文化和资源，但与其他的部落却很少往来。他们形成部落的基础就在于他们是在一块知识领地上生活

---

① 胡建华：《大学学术组织科层化分析》，《探索与争鸣》2015年第7期。

和劳作。①学科规训机制作用下,学术部落具有鲜明的封闭体系,人们在自己的知识领地耕耘,同时也在深层次上排斥着外部力量的介入。在特定的学术圈内建立了等级森严的权力机制,学术领袖、学术守门人是重要的权力拥有者。"学术守门人有权决定谁可以进入某个特定的研究领域或谁应该被拒之门外。学术守门人对学科领域的发展至关重要。"②需要注意的是,这种决定往往以学科的名义进行,学科身份(即是否某一学科的正式成员)成了学术评价的前提标准,由于非某一学科成员,其成果容易被学科专家所忽视,甚至固执地称其为"外行"、"非主流"、"不入流"等。

其次,学科心理上形成偏见与歧视。学科间文化不仅存在质的差异,往往还会因差异导致心理偏见和学科歧视。在学术世界中,学科偏见也是常见的景观,偏狭的学科观拒斥了学科之间的合作,这对于学科发展而言是潜在的威胁。大学组织中,在学术资本主义的逻辑下软科学渐趋边缘化,尤其是纯软科学,而应用性硬科学则具有较高的地位。有学者根据"可编程性"判断学科地位,"在科学社会学中朱克曼和默顿根据科学知识的编程化程度的高低描述了学科的差异,编程化高的学科非常骄傲地俯视其他学科"③。英国数学家哈代就为数学的优美与严肃性而骄傲,以至于认为,"经济学家或社会学家们所利用的数学根本够不上学术水准"④。

一个值得注意的现象正在凸显,后工业社会背景下,知识生产的方式逐渐从传统的学科框架下突围,转向多学科、跨学科和超学科,情境化的生产机制日益需要不同学科协同创新,无论是知识生产的质

---

① 托尼·比彻、保罗·特罗勒尔:《学术部落及其领地:知识探索与学科文化》,唐跃勤等译,北京大学出版社 2008 年版,第 4 页。
② 托尼·比彻、保罗·特罗勒尔:《学术部落及其领地:知识探索与学科文化》,唐跃勤等译,北京大学出版社 2008 年版,第 4 页。
③ 胥秋:《大学学科文化的冲突与融合》,华中科技大学出版社 2016 年版,第 93 页。
④ G.H.哈代等:《科学家的辩白》,毛虹等译,江苏人民出版社 1999 年版,第 14 页。

料还是生产的组织机构均在走向异质。正因如此，科学发展超越学科边界的意愿日益增强，传统学科边界不仅要在制度上优化和突破，也要在文化和心理上进一步解放和包容。

四、一流学科建设的文化创新路径

一流学科文化是孕育一流学科的重要土壤，有利于形成科学的学科发展机制。当前，学科精神消解、范式异化以及学科隔阂冲突是学科文化建设的三大困境，约束了学科建设中各要素活力的释放，阻滞了学科进步，与理想型学科文化的特质相比，我国学科文化创新既是应然要求，也是实然所迫。审视当前学科文化现实境遇，要从以下方面进行创新。

（一）加强学科间的会聚融通，建立包容性的学科文化生态

在学科文化建设上，既要弘扬和彰显个性文化，还要构建包容的学科文化生态，推进不同学科子文化的互动与融合，以文化包容促进机制创新，消解学科冲突风险。学科文化包容不仅指学科知识的融合与交叉，同时也是对学科规训机制、学术生活习惯以及学科思维理念等的尊重与理解。对此，要从三方面着手。其一，转变观念，弱化学科的"边界"与"行政"职能。学科是知识体系的划分，但这种划分具有人为的计划特性，人为设计的"边界"区隔了知识的内在联系。在我国，这种设计的"边界"甚至演变成僵化的、行政指令性的学科专业目录。对学科制度要辩证审视，本质上学科是暂时的、动态的、开放的知识体系划分机制，不能静止、僵化、孤立地对待，维持学科边界的开放，是学科包容与融合的重要前提。其二，搭建学科会聚交融的实践载体。现代学科体系日益细化与专门化，在面临复杂的情境化难题时，单一学科知识往往无法有效解决，在学科知识生产阶

段，有必要建立跨学科生产机制，而在学科知识传播阶段，则需要构建跨学科学会组织和学术刊物。不仅如此，在人才培养、教学以及科研议题设置上也要进行制度安排。其三，建立包容、协同的学术共同体。"凡是在人以有机的方式由他们的意志相互结合和相互肯定的地方，总是有这种方式的或那种方式的共同体"①，大学组织是由不同目标追求的学术共同体凝聚构成，学科冲突往往就是学术共同体之间的冲突，因此要解决学科冲突就有必要在学术部落层面进行文化融合，一方面推进扩大学术共同体之间的价值共识，形成跨学科文化整合机制，另一方面在实践层面推进高校内部学术共同体协同创新，增强规范整合。

（二）平衡实用与永恒，构建需求导向的学科价值文化

在大学学科体系中，实用性的学科靠近市场与社会需求，能够解决现实物质世界的问题，而永恒学科则远离市场与社会，主要致力于解决心灵的问题。市场经济背景下，实用性学科知识日益与市场结合，而与此同时，永恒学科由于远离市场与资本，在高校学科发展中日益呈现出边缘化趋势。实用学科与永恒学科之间的失衡是现代学科体系优化的重要难题，如何使两者平衡，需要把握好两个方面。其一，正视社会对学科发展的诉求，建立需求导向的学科发展机制。社会经济是学科发展尤其是实用性学科发展的重要动力，脱离社会实践的学科发展不可持续。顾海良教授认为，"所谓一流学科的含义，一个是进行国际比较的科学研究、教学水平上的一流，另一个是服务国家经济社会发展上的一流，也有服务于地方经济社会发展上的一流。后一个'一流'，是中国高等学校中所缺乏的"②。以实用主义价值文化为导向

---

① 滕尼斯：《共同体与社会——纯粹社会学的基本概念》，商务印书馆1999年版，第61页。
② 顾海良：《中国高校更缺服务经济社会发展的一流学科》，http://edu.people.com.cn/n1/2016/0316/c1053—28204660.html，2016年3月16日。

的学科发展就是要根据社会需求推动新的学科设置与人才培养，尤其是新兴学科、边缘学科和交叉学科，与此同时，优化传统学科体系，不断增强学科知识服务社会发展的能力。其二，对永恒学科要不断巩固，对人本身的探索是人改造客观世界的前提。根据古典实在论，"事物的精神（共相）要先于事物本身（个别），而独立地，永恒地存在着"。艾得勒明确指出："如果人是理性的动物，全部历史时代中，其本性都是永恒不变的话，那么不管处在什么文化和时代，每一种健全的教育方案都必须具有某些永恒不变的特点。"① 永恒学科的发展就是要将人与动物区分开来，把人培养成人。总体而言，实用学科面向社会，永恒学科面向人自身。因此，在学科建设中，需要在两者之间取得平衡，既要促进社会进步，也要实现人的发展以及人性的完善，而非走向极端。

（三）平衡自由与规制，创新学科范式文化

学科建设不仅需要自由，也需要适当的规制，自由是真理探索的必要条件，规制是保证知识生产的效率、方向以及学术道德的重要力量，在根本上规制的权力来源于知识自身。范式是学科发展的重要保证，不仅包括正式的制度设计，也包括非正式的心理契约，自由与规制的平衡关键在于范式创新。其一，学科组织范式创新。现代大学在学科战略上虽然明确了知识发现与技术创新的价值取向，但仍然没有实现从知识传递为主导的基层组织制度到知识发现为主导的基层组织制度转变。事实上，"大学组织的结构特点决定了大部分学者集中在组织机构的底层，即在基层学术组织中从事教学、科研活动，从而形成大学组织蓬勃发展、不断创新的动力源泉"②。要改变这种现状，从根

---

① 李定仁：《评永恒主义教育》，《外国教育动态》1985 年第 6 期。
② 崔延强、吴叶林：《异化与制度化：现代大学学术权力审思》，《大学教育科学》2015 年第 1 期。

本上推动学科发展,就必须建立基层学科组织为主导的学科成长机制,赋予基层学科组织学科发展的决策与执行权力,即下移学科组织权力重心,改变科层体制,建立扁平化、矩阵式的学科组织形式。其次,学科评价范式创新。学科评价不仅是衡量学科发展水平的重要手段,同时也是学科建设的重要导向。本质上,学科评价要以维护学术自由为前提,然而,我国当前学科评价在自由与规制之间已经失衡,学科学术自由受到学科范式规制的削弱。学科评价对量的重视造成意义的散失与遮蔽,量化导向绑架和束缚了学科知识生产,知识分子和学科组织为了迎合量的诉求,陷入了不自由的状态,甚至是学术道德危机之中。创新学科评价范式,就是要切实构建起以质量和效用为核心的评价机制,脱去数量的外衣。一流学科的"一流"意味着该学科的发展具有引领性和原创性,其评价的标准关键在于学科所会聚的公认的有影响力的学者,以及公认的重大理论与实践创新成果,而非简单的数量叠加。

(四)推动学科文化开放,形塑国际化的学科文化

学科文化以某类知识体系为基础形成,而知识、真理具有普适性和宇宙性,这为学科文化开放及其与世界一流大学学科文化衔接与融合奠定了前提。文化的先进性是制度先进性的基础,一流学科建设需要世界一流的文化理念。对此,需要从两个维度着手。在实践层面,推动我国学科文化走向开放,打破僵化、封闭的文化圈层结构与模式,具体来说就是要推进我国传统的学科精神、学科范式、学科行为与国际接轨,保证学科文化系统要素及其边界的开放性。在实践中,坚定文化自信心,加强我国高校与世界一流学科文化交流合作,通过开展学科文化论坛、观摩学习、学科团队引入等变革传统学科文化生态,不仅要重视引进人才的学科知识,同时也要发现和挖掘其所内化的学科文化基因。在理论层面,不断加强对世界一流学科的研究,对其文

化特质与建设经验进行系统梳理,并促进其与我国学科建设相结合,融入学科发展实践,形塑中国特色、世界一流的学科文化。学科文化开放是我国一流学科建设的重要环节,引入世界先进学科文化不断改造和优化我国学科文化体系,其目的是最终实现对世界范围内某类学科的文化引领。

(本文选自《清华大学教育研究》2017年第5期)

论一流大学成长的实践逻辑

黄英杰

摘　要：考究高等教育发展历史和高等教育发展理论，一所大学要成长为一流的大学，至少存在着五个具有逻辑关系的条件。有一位具有卓越教育思想的大学校长，是大学走向一流的关键。在卓越大学校长的领导下，大学方能主动根据时代的要求遵循和创新现代大学的基本制度，通过大学制度培育自主发展的大学文化，造就众多具有卓越教育使命的学者团队。在此基础上，大学才会自觉地按照高等教育发展的基本规律，盘活多元资金，凝心聚力于和谐的人的生成，服务知识生产和社会发展。校长、制度、文化、学者团队，加上充足的发展资金，这五个要素经由大学实践和合发力，推动一所大学持续不断地向"一流"进阶。

关键词：一流大学；实践逻辑；和谐的人；知识生产；服务社会

一所普通大学要成长为一流的大学，有什么需要遵守的逻辑，这是一个特殊性的实践问题，也是一个普遍性的理论问题，更是一个理论与实践相统一的问题。因此，一流大学成长的逻辑，更多的是一种蕴含了理论意识在内的实践性逻辑。探讨这一逻辑，旨在探明普通大学在走向"一流"的实践过程中所表现出来的诸多具有相互关联性的特点，澄明一流大学之所以为一流大学的实践根由。根据实践教育哲学，教育内在地包含于实践之中。有怎样的实践，便有怎样的教育，有怎样的教育，便有怎样的实践，借由实践活动教育不断地向前绵延和扩展。教育的实践生成性，决定了一流大学的卓越性特点是在实践中生成的。卓越大学的实践昭示我们，一所卓越的大学至少需要具备五个相互联系的条件或要素，才会形成自己的一流品格以及保有一流的习惯。首先，一流大学要有一位具有一流教育思想的大学校长，这是大学走向"一流"的关键。在一流大学校长的领导下，大学方能主动根据时代的要求遵循和创新现代大学的基本制度，通过大学制度培育自主发展的大学文化，造就众多具有卓越教育使命的学者团队。在此基础上，大学才会自觉地按照高等教育发展的基本规律，盘活多元资金，凝心聚力于和谐的人的生成，服务知识生产和社会发展，为其所归属的民族精神的凝聚和国家的繁荣做出应有的贡献。进一步地，它才能够清醒地认识到自己所担负的文化角色和文化责任的世界性和人类性，自觉地超越民族国家的视野，为人类种族的延续和世界文明的繁荣做出更加久远的贡献。校长、制度、文化、学者团队，加上充足的发展资金，这五个要素经由大学实践和合发力，推动一所大学持续不断地向"一流"进阶。这些生长于实践过程中的要素，反过来又成了其后一流大学建设过程中所需要特别加以注意或直接予以借鉴的前提条件。在客观上，这一循环生长的过程也即成了一流大学成长的实践逻辑。

一、要有一位富有教育情怀的一流大学校长

考究近现代民族国家大学的兴起，一流的大学总是有着一流的大学校长与其相伴相生、共同发展，这是一条实践性真理。一流的大学和一流的校长，两者之间互为前提，又互为结果。有一位一流的大学

校长，是一所大学成长为一流大学的充分条件。一流大学校长是一流大学的象征，"校长就是以普世的文化为方向的泛学科理想的具体体现，就是大学本身的一个象征物"①。一流大学则是一流校长形象的物质根基，它使得其校长的形象越发地感性和充满力量。没有一流的校长，不可能有一流的大学。同理，一流的大学校长也是在大学成长为一流大学的过程中成长起来的。在美国大学的初创时代，是哈佛大学成就了其校长埃利奥特（Charles William Eliot）的辉煌教育事业，埃利奥特也使得一所微不足道的普通大学享誉世界，成为具有世界典范性的大学之一。在近现代中国大学的草创时代，如果没有蔡元培的远见卓识和谆谆教诲，那么北京大学仍然只不过是一旧式的官僚养成所；如果没有北京大学，蔡元培也只不过是一位具有教育救国情怀的普通教育者而已。然而两者的相交、相遇和相融，使北京大学成长为当时一所伟大的大学，成为大学推进社会和文化变革实践进程的卓越代表。与之同步，蔡元培也成长为伟大的教育家，成了北京大学"永远的校长"。作为北京大学的文化精神象征，蔡元培永远屹立于中国高等教育乃至世界高等教育发展的历史长河之中。

那么，何谓一流的大学校长？一流的大学校长要懂政治，有教育思想，富有人格魅力，以及笃行其教育抱负的坚强意志。政治识见集中反映了一位一流大学校长对时代问题及其解决之道的认识和理解，在这一层面上，大学教育思想不过是其政治判断的教育表达和教育反映，大学教育从根本上是其解决政治问题的最为重要的手段。没有对时代之政治的深刻理解，一位大学校长一定会是平庸的大学校长，至多也只不过是政府各种教育政策的执行者而已，离"一流"何止千里！人格魅力则是一位一流大学校长教育事功的感性表达，在理想情

---

① 比尔·雷丁斯：《废墟中的大学》，郭军、陈毅平、何卫华等译，北京大学出版社2008年版，第51页。

境下，一流的大学校长应是一所大学的人格代表和精神领袖，有着广泛的感召力。任何事业的发展都需要坚强的意志方能实现，大学教育事业也不例外。在一定意义上，一流的大学校长即是一流的大学本身。一流的大学校长会排除一切困难，创造一切条件，凝聚各种意志和力量，极力推行其教育变革社会的抱负和信仰。也正是由于这样的大学校长的存在，大学师生才会团结一致，胸怀教育的激情和信仰，结成学术共同体，孜孜于学术事业的更替和兴旺，以服务民族精神的繁荣和国家战略的需要，极力推动社会各项事业的进步。民国时期中国大学兴起之初，蔡元培、蒋梦麟、梅贻琦、张伯苓、竺可桢等，皆是一流的大学校长。这些卓越的大学领导人既是大学教育变革的发动者，也是新社会建设事业的热情参与者与实践者。这些校长们的共同努力，成就了民国时期中国大学群落的世界声誉，也为当时乃至后来的民族复兴、国家强盛准备了充分的智识和人才资源。当今时代，当我们寻求建设一流大学之道的时候，民国时期的大学校长及其所领导的大学仍然是我们汲取不尽的重要榜样性资源。

二、要遵守和创新现代大学的基本制度

从现代主义的视角出发，大学是一种高度自觉的学术研究和文化创新组织，具有明确的制度规则和运行机制。大学的这种高度自觉却并非是其一开始就有的，今天所理解的大学是在近千年的大学实践中逐渐发展起来的，它对文化创造的自觉自信及制度化是其与周围环境相互冲突、斗争和融合的结果。因此，大学是一种历史的存在。中世纪大学从当时盛行的城市自由职业行会和它所栖身的教会获得了组织机构上的灵感和启示，创造性地以各种规则和行为惯例的形式——如作为章程的"教学许可证"或承认其组织存在的"特许状"等立下了其运行的基本规范。这些后来发展成为构建现代大学组织制度体系的

"基因",包括"必须课程、考试、学位授予典礼、学位"等的基本规定和具体仪式。[①]近现代大学则与近现代社会的基本制度相融共生,除了继承和创新中世纪大学的基本制度外,近现代大学还把近现代民族国家和近现代民主社会的一些基本观念,以及这些观念所所蕴含的价值以制度化的形式融入自己的运行之中,并以制度的形式确立下来。在理想的大学治理层面上,经过时间的检验、调试和发展,近现代以来世界上至少有三种代表性的大学制度存在。其一是大学研究所制度,这一制度把大学的研究所看作是大学的主体,其教学、科研和对学生的管理皆围绕研究所有序展开。大学日常的行政管理则交于大学校长领导的专业化的行政管理者队伍,这支队伍一般采取国家公务员编制,代表国家在形式上从行政事务方面管理着大学的日常运转,鲜有插手或干涉大学的学术事务。德国大学是其典型代表。其二是大学董事会制度,这一制度有效地把大学的组织运转权力交于大学校长管理者团队,董事会则立于大学与社会、政府之间,起到中介性的协调作用。美国大学很典型地代表了这一制度。其三是党委领导下的校长负责制,这主要是中国特色社会主义大学的实践创造。这一制度既保证了中国大学教育的社会主义方向,又使得大学校长的决策和管理被置于党委集体决策之下,增加了决策的科学性和有效性。"存在即合理",不论是从理论上还是从实践上,这三种代表性的大学制度皆是其具体环境的产物,各自具有独特的优势,也自有其实践的合理性。当评价这三种大学制度时,我们需要注意话语所表征的不同立场,以及大学生存和发展所依靠的不同适切性背景文化。

现当代的大学除了具有生存环境所赋予的特殊制度外,还存有一种普遍的共识性制度,其中最为核心的是学术自由制度和大学自治制

[①] 查尔斯·霍默·哈斯金斯:《十二世纪文艺复兴》,张澜、刘疆译,上海三联书店2008年版,第297页。

度。学术自由主要针对的是大学内部的学术活动，为了保证大学的知识生产活动不受外界的干扰，大学人可以专心致力于关乎人类存在命运的文化知识的创新，大学通过章程等自我限定式地确立了学术研究、科学探索、大学教学和大学学习在内的一整套的绝对自由，这些自由是大学存在不可还原的"先验自由"。大学自治制度则主要是针对大学与其外部各类组织机构的契约性关系。一方面，这些契约性关系保证了大学的相对独立性，也即大学具有独立处理其内部学术事务的权利；另一方面，它也限制了外部各类权力在涉及与大学的关系时所应有的界限和自我限制。现代大学的这两项基本制度是源生性的。中世纪大学产生的阶段，其自治制度主要来自于当时各类行会组织自为和自治的启示，加之与教会的特殊性关联，中世纪大学的学术自由制度甚至被赋予了宗教仪式的神圣性。近现代大学自觉吸取了这一大学与生俱来的身份性传统，并且用新的制度固化和彰显了这一传统。研究所制度对于学术研究和学术事务独立的强调，董事会制度中董事会（确立章程）、校长团队（行政管理）和教授会（学术治理）间的三权分立，党委领导下的校长负责制之党委（决策）、校长团队（行政管理）、教授学术委员会（学术治理）三者之间的职权分工等，都是在新时代情景下，结合各自的民族文化现实情况对学术自由和大学自治制度更加精致化和科学化的确认。如果说大学的特殊性制度旨在规训大学服务于民族国家及其文化的繁荣和发展，那么大学的共识性制度则着眼于引导大学超越民族国家及其文化的狭隘界限，指向了整个人类文化生存状态的改善。后者也恰恰是当代大学制度建设和发展的人类价值维度。不论当代大学的生存环境和教育方式如何变化，只要它不断地向卓越之境进阶，它就需要认真继承上述大学制度的遗产，推陈出新，发展一种既适合其民族精神又具有全球关怀视野的大学制度。

三、要自觉建构一种一流的大学文化

当一所大学拥有了卓越的大学校长，又在大学实践中自觉遵循、创新一种适切和科学的大学制度，历经岁月的淬炼，它就会形成一种普遍的文化氛围和精神气候，滋养和陶冶大学本身。一流的大学文化会形成一种有益的文化惯性，推动大学不断地向前优化发展，这种发展不会为外力所左右，除非外力要从根本上毁掉这所大学。所谓"根本上"，意谓如果仅从形体上使一所大学消除，它的文化仍有可能存在于历史之中，永恒地定格在时间之中。反之，如果毁坏了一所大学的文化，这所大学即使形体存在，它仍然被毁掉了。一所大学是否成熟，要看它是否已经拥有了优秀的大学文化。如果一所大学尚未形成自己独具特色的文化，它还不能称为一所完全意义上的大学。因此，大学文化对一所大学的存在是决定性的，走向一流的大学必定会有意识地培育一种一流的大学文化。

走向一流的大学文化，至少包含以下三个方面的内涵。一是把传承创新优秀文化作为其最为重要的使命。现代大学之所以被称为独特的文化组织，被外界视为文化的象征，从根本上是由其承担着人类文化传承创新的使命决定的。"现代大学在最高层次上全心全意并毫无保留地致力于增进知识、研究问题（不管它们源自何方）和训练学生。"[①] 从服务于人类文化知识增长这一伟大的事业的角度，大学的一切活动——教学、科研和服务社会等，都是为了人类文化事业的发展。离开了这一核心，大学的价值将不复存在。就文化的类型看，大学所传承创新的文化包括人文学、科学和社会学三大类型，这三大类型的文化无关价值高低，皆需要在大学的领地上围绕人类的福祉被同等重要

---

① 弗莱克斯纳：《现代大学论：英美德大学研究》，徐辉、陈晓菲译，浙江教育出版社2001年版，第19页。

地教授、学习和研究。就传承创新的手段和方式而言，不论是科学实验、社会实践，还是工业发展，皆是理论联系实际的必要途径，对文化的学习和创新至关重要。二是把大学的物质、制度和精神三大文化要素统一于以文化人本身。大学文化不只是精神层面的，精神只是大学文化的"灵魂"。因其是文化最为核心的质素，大学的精神灵魂固然重要。但是，大学文化本身如果不想成为一种虚幻的存在，就仍需要现实的表征、规训和教化。走向一流的大学，会格外注重环境的建设和建筑的构造。一条小溪、一方草地、一块石头、一片雕塑、一个图案等，都可能是一种大学文化的象征，一种入学故事的感性诉说，它们会潜移默化地给予莘莘学子人格的感召和灵感的启示，鼓励他们自觉塑造自我高尚的人格，无所畏惧地承担起创新文化和创新知识的责任。除此之外，走向一流的大学尤其注重制度建设。作为一种恒久的习惯和稳定的价值，大学文化需要大学制度的型塑。唯有大学制度的保障，大学文化建设才会有持久的力量。反之，某种大学制度也是某种成熟的大学文化的程序化表达。一流大学文化和一流大学制度经由大学实践循环互生。三是把铸造有机体的文化体系作为应对时代文化危机的主要手段。与现代社会的职业分殊相对应，现代人学教育的重点便落在以分科学习为基础的专业教育上。这种专业教育最大的问题是只见树木，不见森林，学习者所习得的文化知识是一种碎片化的存在。由于文化在最深层次的关涉上，是学习者对自身生命思想体系的理解，以此为基础学习者方可形成对其时代之理解和把握的基本概念框架。① 文化的碎片化必然造成人的价值的分裂，进而造成社会的混乱和无序。因此，如果学习者无法形成对时代文化整体的把握，他将无法深刻地理解自身，也就无法正确地理解这个时代，更谈不上采取正

---

① 奥尔托加·加塞特：《大学的使命》，徐小舟、陈军译，浙江教育出版社2001年版，第55页。

确的文化实践促进时代文化的有机发展。为此，一流的大学教育需要自觉地在专业教育实践中注入通识文化教育，帮助学习者有效提升对时代文化的整体理解，使学习者在时代文化整体的视野中理解专业知识的学习和创新。唯有这样，学习者才能够在专业知识的探索和创新中为人类文化事业的发展做出有益的贡献，整个社会也才能够踏入和谐发展的良性循环大道。

四、要培养一支富有教育使命感的学者队伍

教师是大学的主体。没有教师，就不会有学生，也就不会有大学。没有一流的教师，就不会有一流的学生，也就不会有一流的大学。古今皆然。大学产生的西方中世纪早期阶段，大学随著名学者而产生。一般说来，一所大学先是需要有一名术业有专攻、又享有广泛声誉的著名学者存在，然后学生慕名蜂拥而至，逐渐就形成了所谓的大学这一高等教育组织。同样地，早期中世纪大学的学术中心也会随着著名学者的流动而转移，在很大程度上，正是一流的学者或一流的教师决定了大学的兴废更替①。"早期的教师可以挑选自认可以招收到足够学生的地方，建立自己的学校；学校的成败全依赖教师的声望和技能。他在哪里落脚，学生就跟随到哪里，为了同他接近，甚至愿意在穷乡僻壤结庐而居。"② 早期大学发生史上这类较为著名的例子之一，就是中世纪著名的修辞学者阿伯拉尔（Pierre Abelard）及其游学、讲学的事迹。阿伯拉尔在青年时代就立志成为一名真正的学者，他四处寻求并前往当时著名学者讲学之处游学。阿伯拉尔"像真正的逍遥派哲学家那样，每当听说某地对辩证法有浓厚的兴趣，就到那里参加

---

① 黄英杰：《创新文明是世界一流大学的核心特质》，《高校教育管理》2016年第6期。
② 阿伯拉尔·《劫余录》，孙亮译，商务印书馆2013年版，第3页。

论辩"。当他游学到巴黎时,学生也跟随到了巴黎,他在巴黎讲学所建的学校后来成了巴黎大学的雏形。近现代中国的那批大学者,为了民族文化复兴的伟大事业,不远千里,负笈西去,慕名师而求学。这其中最著名的有王国维、陈寅恪、蔡元培、胡适、蒋梦麟、罗家伦等等。当代世界已不再是相互隔离和独自封闭的世界,在全球化的大力推动下,人类社会日益结成命运与共、相互影响的共同体,国际交流与合作也已经成为现代大学的主要使命之一。全世界大学师生之间的交流和互动日益频繁、广泛和富有深度,他们通过科研合作和技术实践,正在塑造一种全球共有、世界一体的共享文化。"所谓大学者,非谓有大楼之谓也,有大师之谓也。"① 卓越的大学是由大师组成的,梅贻琦这一关于大学性质的论断在今天看来更加深中肯綮,也非常形象地诠释了一流教师对于一所大学成长为一流大学的根本性价值和基础性作用。

基于上述分析,走向一流的大学需要通过它独特的大学制度和大学文化,有意识地引导和培养一批追求一流的优秀学者。分而言之,首先,它要确立一种以教育为志业的教育信仰。教育是一个民族的伟大信仰,在教育信仰里隐藏着民族文化的生命基因和未来命运。具体到作为文化和教育表征的大学教师,教育信仰应是他们的一种以教育为志业的人生态度和价值追求。由此开出他们关于完整教育的真理视域,即坚信教育是一种自修化人的启蒙事业,是一种改造自我与变革世界的伦理实践,是一种经由审美实践达至精神层面的形而上建构。有了教育信仰,学者才会有强烈的教育使命感,迸发出热烈的教育情怀,进而产生从事教育实践、担当文化建设大任的不竭动力。因此,一流的大学一定会自觉地把教育信仰植入它的教师的心田里,使其超越教师只是现代职业的一种狭隘视界,上升为教师是其毕生志业的崇

---

① 梅贻琦:《梅贻琦教育论著选》,人民教育出版社1993年版,第10页。

高境界，从根本上激发他们对教育的无限热爱。其次，它要把经由知识获得解放的观念化为大学的整体实践。人类之所以能够不断地突破现有的局限性走向更为高远的境地，获得自由，其最为根本的原因在于他能够借由教育习得知识和观念，生发出实践的智慧和力量，推进实践变革。大学是知识的生产和创新之地，这种知识解放的观念需要通过大学的教学、科研和服务社会的实践活动镌刻在大学人的灵魂里。唯有增进知识，永无止境地探索知识、创新知识，才是一流大学存在的合法性所在。在一所立志成为一流大学的大学校园里，除了知识的生产活动，其他的一切似乎都微不足道。最后，它要探究和确立新的伦理实践观。

中世纪大学与教会之间有着千丝万缕的联系，"早先，学院和大学基本上都是教会的侍女和附庸"①，这就使得它带着教会的深深印迹逐渐走向独立。近代中国大学产生时，众多西方传教士积极投入到中国大学的实践中，这其中著名的就有司徒雷登（John Leighton Stuart）任校长的燕京大学，其也深具象征意义。这种象征意义主要意指，大学的实践从根本上说是一种伦理实践，它旨在通过新的大学教育及其知识生产达到实践变革和建设新社会的目的。当蔡元培把"大学者，研究高深学问者也"②这一新的大学观植入中国大学教育实践之中时，他已经在"学而优则仕"的旧伦理观里打下了一枚重要的楔子，为知识型社会所需要的新伦理观的建立奠定了学术基础。当今世界已进入全球化时代，人类社会的伦理实践和伦理问题更加复杂，一流的大学应该以新知识为基础，拿起文化批判的武器，主动承担起社会发展的伦理实践任务，不断探究和拓展新伦理实践的边界。

---

① 布鲁贝克：《高等教育哲学》，王承绪等译，浙江教育出版社2001年版，第138页。
② 蔡元培：《蔡元培全集》（第3卷），中华书局1984年版，第5页。

五、要妥善经营和使用大学发展的多元资金

世界上如果有一样"生意"赔钱也要做，并且很多有识之士、很多伟大的国家都乐此不疲的话，那一定是办大学。办大学需要钱，因为教育和引领一个人成长为社会的有用之才需要大量人、财、物的支撑。办一流大学需要更多的钱，因为把一个人按照心理和社会的规律培养成为一流的时代精英需要更多的人、财、物的支撑。这已经是高等教育发展的常识。问题在于，办大学的钱从哪里来？一般说来，中国公办高校的办学经费主要有以下几种获取途径。一是来自于政府的财政拨款。这是目前中国公办普通高校的主要资金来源，它一般是按照生均比例拨款，国家有一个相对统一的数量要求。二是来自于学生的学费收入。在现有经济条件下，由于政府的生均拨款仍然无法完全支撑培养一名大学生的费用，故而需要家庭承担一小部分的教育费用。三是来自于社会（包括校友）的捐赠。社会上的各类企业团体等为了回馈学校或者是其他的原因而为学校提供教育资助，这些资助以项目的形式，或是奖励科研，或是奖励学生，等等，不一而足。四是来自于政府各类教育计划的专项资助。这一部分主要是针对一些特殊的项目，比如西部高校发展资助计划等，有重点、有条件、有针对性地实施资助性教育拨款。五是来自于学校教师各类纵向和横向的研究课题经费，它主要用于教师个人或其团队的科研活动。这一类经费之多少主要视学校教师的整体科研水平而定。六是来自于学校科技成果转化的直接收益，包括大学师生创新创业过程中为学校带来的净收益。这类经费的多少同样要视学校整体的社会服务水平而定，要看学校对社会的贡献度的大小。

接下来的问题是，办大学的钱要用到哪里去才适切而科学？首先，大学经费要使用在一流教师的引进上。世界上好的大学总会不惜重金笼络一流教师或著名学者为其所用，一是出于大学自身发展利益

的考虑,一流教师因其广泛的学术影响力会吸收更多的学生,为大学发展招徕更多的学费。二是一流教师因其多年浸淫于知识的探险,往往掌握了其学科发展的前沿知识和运作这些知识的学术资源,这样就会更有利于新知识的创新,增加其所归属学校的学术声誉和世界影响。三是出于一流教师本身的考虑,学术活动本身是一场智力冒险,除了学者本人,没有人能够把握这一冒险的回报有多大。甚至学者本人有时也会因其探险的不确定性,在知识内在逻辑的推动下,在结果或发现未到来之前也无法把握知识的回报情况。基于此,一流的大学除了提供优裕富足的生活,保证一流学者本人的生活条件,使其可以心无旁骛地投入到新知识的创新之中外,别无选择。当然,那些往来于各大学之间,以才智为手段,以金钱利益为目的,攫取私利的现代机巧型学者不在一流教师的引进之列。其次,大学经费要使用在教学和科研条件的改善上。现代大学塑造了现代技术世界,现代技术世界又反哺现代大学,为其提供了教科研活动的物质技术条件。衡量一所大学办学水平之高低,固然可以看它拥有的一流教师数量,但也要看它所拥有的包括各类实验室、图书文献和必要的科研技术网络系统设备在内的一流的物质技术条件。纵使引进了一流的人才,如果没有相应的物质条件作为支撑,优秀人才也只能是空有一身本领,因缺乏舟楫而望洋兴叹,哪里还可能有好的教学和优秀的科研成果呢?在20世纪三四十年代,面对日本的侵略,中国实行全民抗战,国家经济极度困难,清华大学以及后来的西南联合大学办学经费很是紧张,校长梅贻琦竭力周旋,一面大倡俭朴办学之风,一面勉力增添各种办学设备,以维持教育之生生不息,为民族精神留下复兴的学术火种。当代大学的办学经费已不再如民国时代那样困窘,虽然如此,走向一流的大学仍然需要自觉发扬勤俭节约的办学精神,把经费有意识地倾斜到办学条件的改善上,增添一流的教育设施,培固学术生长的肥沃土壤。最后,大学经费要使用在学生的培养上。学生是大学的未来,是社会的新生力量，大学要尽一切可能和想尽一切办法改善学生的学习和生活环境，引领、鼓励他们自主学习、研究和创业。世界的竞争是大学的竞争，大学竞争的成败要看它所培养的年轻一代的智慧。因此，大学的各类教育活动都要以学生的智慧发展为中心。大学要把传统的教室（图书室）、寝室（食堂）和运动场的布局结构改建成现代化、智能化的学习中心、实验中心、创业中心和生活中心。再加上外部实业界的实训中心，大学要努力为学习者建造一个生活、学习和实践三位一体的复杂网络，以服务于学生成长和发展的需要。

（本文选自《高校教育管理》2017年第6期）

我国高等职业教育学位的制度功能及其构建

崔延强　吴叶林

摘　要：作为高等教育的重要组成部分，我国高等职业教育至今尚未建立学位制度，这不仅阻断了学习者的学习进程，也阻碍了我国技能人才培养的质量提升和体系建设。学位的本质是"学"与"术"，从其起源看，学位是一种职业资格，与人们的职业生活密切相关。学位制度的缺位制约着我国高等职业教育乃至整个高等教育体系发展和完善。总体而言，高等职业教育学位制度具有衔接、正名、导向和资本等四大功能。在构建路径上，应从顶层设计、质量标准、体系衔接、国家职业资历框架、本科层次高职院校建设等方面着手，并结合国情和域外经验，构建起符合我国高等职业教育特点的学位制度体系。

关键词：高等职业教育；学位制度；职业资格

高等职业教育是我国应用型人才培养的主要组织力量，面向区域经济发展与实践一线，强调学生的职业胜任能力与实践操作能力，是高等教育的重要组成部分。新中国成立后，我国高等职业教育起步较晚，到目前为止，我国尚未建立高等职业教育学位制度，大量高职技术人才在学历上止步于专科层次。根据《教育规划纲要》的设计，到2020年高等职业技术人才（专科层次）的培养数量将达到1480万人，如此大规模的快速增长，亟待相应的学位制度体系保证和规约。2014年，国务院《关于加快发展现代职业教育的决定》明确指出，要"研究建立符合职业教育特点的学位制度"。

与此同时，近年来我国不同地区高职院校也都在呼吁建立高等职业教育学位制度，如对"匠士"、"工士"和"副学士"学位的自发探索，体现了强烈的实践诉求。面对高等职业教育的快速发展，审视高等职业教育学位的制度功能，探索符合我国高等职业教育特点的学位制度体系具有现实的理论价值和实践意义。

一、职业属性——学位的应然之意

作为一种文凭资历，学位不仅能够引导和激励人才的培养，而且可以有力地形塑社会场域的内在结构，在社会交往中发挥信号指向的功能，这是学位与职业关联的重要基础。然而，学位到底具有怎样的职业属性，笔者认为有必要重新审视学位的本质意涵，反观学位的生成历史，从而为高职教育学位制度构建奠定理论基础。

（一）学位本质是"学"与"术"

学位是评价学术水平的一种尺度。获得学位，不仅是国家给予的一种荣誉和鼓励，而且是获得者学习成绩和学术水平的客观标志。[①] 因此，学术是学位的根本与内在属性，没有学术，学位基础与意义也将丧失。对于学术，梁启超认为："学也者，观察事物而发明其真理者也；术也者，取所发明之真理而致诸用者也。"在这里，学术不仅包括对真理与高深知识的追寻和探究，同时也包括实践和应用的学问。换

---

① 中国大百科全书总编辑委员会编：《中国大百科全书（教育卷）》，中国大百科全书出版社1985年版，第440页。

言之，学术是"学"与"术"的综合，这与美国教育家博耶对学术内涵的分析具有一致性。博耶将学术分为探究的学术、应用的学术等维度，既承认其理论属性，也承认其实践应用性。探究的学术是学术生命的核心，应用的学术是将"象牙塔"内的高深知识与社会场域中的经济、文化、职业、生活等联系起来，促使大学从院墙内向院墙外转变。作为衡量和评价学术水平的学位，在制度设计上既要关注学问知识的探究与积累，也要关注其技术性、实用性等。职业教育与普通教育的最大区别在于突出高深知识的实践，淡化理论学习而强调应用，因此，学位制度的设计不能只关注纯粹的学问探究，而忽略了"术"。近年来，国内外均在推进专业学位与职业教育学位制度建设，但与国外相比，我国职业教育学位制度建设力量仍显不足。

（二）学位滥觞于职业资格

最古老的学位即授课许可证，是教师从业者的资格证明，也是学者行会自我保护的一种措施，外界要进入教师行业就必须经历考试获取资格。哈斯金斯认为："这一授课许可证就是最早的学位。历史地说，所有学位都起源于教师证书。"[①] 涂尔干也提出："执教权（授课许可证）和就职礼（这是博士学位的最初形式）是两个必不可少的阶段，是立志从教者成为一名从业教师之前，需要依次通过的两级学位。"[②] 涂尔干所言两级学位即是硕士学位与博士学位，换言之，只有获得硕士和博士学位才能进入教师同业行会，成为真正的执教者。相比之下，学士学位的出现较晚，其意指学徒或帮工，尚未获得执教资格，只能帮助教师上一部分课。不难看出，中世纪大学的学位与职业有着深刻的渊源关系，学位至少是教师行业获得职业资格的凭证和依据。然而，

---

① 查尔斯·霍默·哈斯金斯：《大学的兴起》，梅义征译，上海三联出版社2007年版，第1页。
② 爱弥尔·涂尔干：《教育思想的演进》，李康译，上海人民出版社2003年版，第115页。

事实远不止这样，因为中世纪并非需要如此众多的教师，学位产生的直接原因是教师行业的发展，但根本原因仍然是社会对人才的巨大需求。获得学位不仅可以提升学生的社会地位，更为重要的是能增强其求职能力，凭借相应的文凭和身份，学生既可以进入教会成为牧师，也可以进入世俗当局成为城市管理者，抑或其他行业。据史料记载，"在法兰西，路易七世时期皇家主教中有 3% 是硕士，菲利普二世时期这一比例是 20%，路易九世时期是 41%。在 1534 年德意志的图宾根大学，可查的 1627 名学生中，不少于 1097 人进入教会任教，314 人获得行政管理或法律方面的职位，123 人成为教师或相关职位，33 人担任内科医生，13 人成为公证人或者律师，还有相当一些人从事书籍贸易或在军队中任职"。①

由此可见，学位在其诞生之时就已经与职业建立了不可割裂的联系。回溯其起源，职业性可以说是其基本属性，但专门的职业教育学位制度的产生却是很晚近的事，中世纪大学的学位制度属性并未分化，学与术的属性是整体并存的。在学位制度发展史上，重"学"轻"术"的现象主要是从现代大学的诞生开始的。在洪堡理念引领下，德国柏林大学成为现代大学之母，无论是美国高等教育的发展，还是英国、日本以及我国大学的建立，大都以德国大学作为参照。洪堡时期德国古典大学观其核心是寂寞、自由、科学、修养，探索的是纯知识和科学，真理追求是大学的重要功能，现代学位制度也因此更加强调"探究的学术"并影响了世界，虽然各国学位制度都在改革，但纯学术性学位制度均是主体，较长历史时期，学位制度的职业属性均被遮蔽和掩盖。

---

① 张陈：《我国当代学位制度的传统与变革》，西南大学博士学位论文，2011 年。

二、高等职业教育学位的制度功能

学位是一种身份象征,向我们展示着个体所具有的知识、技能的类型与水平,是对个体智力资本的衡量和评估,高等职业教育是我国高等教育体系(普通高等教育、高等职业教育与继续教育)中唯一没有学位的教育形态,学位的长期缺位带来了较多的社会问题,如对学生就业、学历提升、社会地位的影响,对高职教育本身和国家技能人才培养的深层影响等。总体而言,高等职业教育学位制度具有衔接、正名、导向和资本等四大功能。

(一)衔接功能

高职学位制度的构建其衔接价值体现在三个方面。其一,有利于促进层次衔接。当前我国高职教育在校生人数规模庞大,根据纲要确定的目标,我国2015年高职院校在校生将达到1390万人。由于学位的缺乏,大批毕业生将会在学历上止步于专科水平,从学位的本质内涵来看,学位是学生掌握知识、技能和学术水平的客观标志和凭证,由于得不到凭证,学生在继续深造与学历提升上就存在制度障碍。因此,建立高职教育学位制度有利于完善学位制度的层次体系,通过构建高职教育学位衔接已有的本科学士学位,打通纵向的人才培养通道,满足学生学历提升和知识学习的需求。其二,有利于促进类型衔接。菲利普·阿特巴赫指出,高等教育体系应该服务于不同的职业追求群体,以异质的功能发挥和不同类别的人才培养目标为标准进行分类,各类分别进行层次划分,但他同时也提出有必要建立不同类别和不同层次之间的沟通渠道,形成适应经济社会发展的高等教育识别系统。[①] 我国高等教育形态多样,但总体来看,人才培养的立交桥尚未建

---

① 曹必文:《欧美高等职业教育的学位授予及其启示》,《中国高教研究》2010年第9期。

立，不同类型的学习者很难横向跨入另一教育系统，这实际上是人为制造了制度障碍，而这其中学位制度的断裂是重要因素。如，高等职业教育与普通高等教育、专业学位教育之间存在鸿沟，究其原因，高职教育学历层次较低，学位制度缺乏是根本，难以找到有效的、对等的、客观的转换标准。其三，有利于推动国际衔接。从全球范围来看，各国大都构建起了专门的职业教育学位制度，职业技术人才与学术型、专业型人才具有同等的地位，均能够找到对应的文凭设计，如英国职业教育基础学位，美国社区学院副学士学位，日本的准学士学位等。我国高等职业教育如果要与国际衔接，就有必要建立相应的可以转换的资格认证标准，而与国际接轨的学位制度则是重要突破口。

（二）正名功能

作为一种身份符号，学位表征着个体智力资本的层次与类型，是能力、知识水平的制度化象征，高等职业教育学位制度的缺位对于我国大量同样接受高等教育的高职毕业生而言是一种不公正的制度供给，没有学位意味着不能接受社会的普遍认可，"学位是认可培训体系与标准最重要的形式，从根本上影响着培养目标与方法的合法性。如果不能给一类培养以相应的学位，这类培养就很难生存下来，更谈不上健康发展"[1]。由此而言，高职教育如果要获得健康发展就必须展开与普通教育等值的学位制度建设，这是正名的关键环节。《论语》有曰："名不正，则言不顺。言不顺，则事不成。"我国传统文化心理和价值观直到今天仍然影响着人们的行为与公共选择，儒家正名思想与当前职业教育身份地位的尴尬境遇是直接相关的。基于此，高职学位制度的构建其正名意义有两点。其一，正名后的职业教育形式和毕业生均能

---

[1] 赵炬明：《学科、课程、学位：美国高等教育专业研究生培养的争论及启示》，《高等教育研究》2002年第4期。

更好地得到社会的承认，在法律上与普通教育地位相同，平等参与劳动力市场竞争，转变公众对职业教育的传统观点；其二，高职教育学位制度的构建搭起了学位转换的平台，有助于衔接更高学位层级，培养和造就大量高端应用型人才，这种衔接其实也是更深层次的正名，进而吸引更多优秀青年学子参与职业技能学习与训练。

（三）导向功能

高等职业教育学位制度的构建具有显著的导向功能。从宏观导向看，传统教育价值理念普遍以学问探究为主，重"学"轻"术"，人们对职业技术人才的培养重视不够，然而随着学位体系的建立和完善，人才培养纵横路径逐渐畅通，职业教育与普通教育地位逐渐平等，加之市场经济条件下职业教育所具有的适应性强、周期短、效益明显等特点，必然在实践中促使家庭与学生重新调整传统的教育观念与价值取向，从而在客观上促进人才培养的分流，换言之，人们不再局限于传统的普通高等教育系统，追求学术学位，而是走向多元；从微观来看，学位制度的设计是伴随学位授予标准的，因此，在质量建设上同样具有导向性，尤其是学位授予标准可以明确高职教育学生培养的规格和类型，明确学位授予条件，对高职院校办学、学生学习、教师教学均有规范导向价值。高职毕业生要想获得学位就必须按照规定完成教学计划，通过相应的考试和进行毕业设计，从而达到能力要求。克拉克·科尔提出："在某种意义上，学位就是红绿灯，使得学生的车流通过高等教育的各个阶段。从副学士到博士学位，各级学位都起着测量和奖励学习成绩的作用，它们影响着录取政策、课程内容和年轻人在大学中的学习期限。"[①]

[①] 周洪宇等：《高等职业教育：工士学位为高职教育定位》，《中国教育报》，2015 年 2 月 13 日。

（四）资本功能

从广义来看，资本具有多种形式。"经济资本以金钱为符号，以产权为制度化形式；社会资本以社会声誉、头衔为符号，以社会规约为制度化形式；文化资本以作品、文凭、学衔为符号，以学位等为制度化形式。"[1] 资本是社会运行中的砝码，具有可累积性与制度化等特点，不过与其他资本形态相比，文化资本的累积、扩张与运行更加隐蔽，这种资本的运行不是以显性的财富为标志，而是以性情式的、体制性的存在为形式，正如布迪厄认为的，文化资本有具体形态、客观形态和体制形态等三种形式，"具体形态，以精神和身体的持久性情的形式，客观形态以文化商品为形态，体制形态，这是一种被区别对待的客观化形式，例如教育文凭完全是以文化资本的形式由权威机构授予，并成为一种具有保证性的资历认证"[2]。高职教育学位制度建设其文化资本价值无疑是以一种体制形态保证的，由国家权力与学术权力等共同作用形成。高等职业教育是高等教育的重要构成部分，无论从学位制度的本质意涵抑或其历史缘起来看，高职教育都应该获得一种国家体制性的资历认证，对毕业生掌握的知识、技能以客观的、制度化的形式表达出来，一方面为继续深造奠定资本基础，另一方面为参与社会经济交往增加资本砝码。高职教育学位制度的缺位削弱了职业教育的文化资本属性，同时也是对职业技术人才文化身份的漠视和消解，而构建高等职业学位制度则是对应用技术人才文化身份与资本的肯定，有助于彰显高等职业教育的资本功能。

三、域外高等职业教育学位制度建设实践

传统学位制度是整体的，没有形成类似今天分化后的纯学术性学

---

[1] 张意：《文化与符号权力》，中国社会科学出版社 2005 年版，第 72 页。
[2] 张意：《文化与符号权力》，中国社会科学出版社 2005 年版，第 73 页。

位与应用性的职业学位,专门的职业教育学位制度是伴随社会经济与分工的发展而逐步形成的,现代经济的发展越来越需要大量有高水平技术并满足岗位技能要求的实用性人才,放眼世界,专门的职业教育学位制度在近现代兴起并逐步完善和发展。

从美国来看,社区学院是美国高等职业教育的主要承载组织,科恩曾强调:"毫无疑问,社区学院最主要的职能是培训劳动者,并且这一职能得到了充裕的资金支持。"① 社区学院的兴建其主要目的在于满足战后出生者对普通高等教育和职业教育的需求,其功能定位是高等职业教育和转学教育。从20世纪70年代开始,社区学院可以颁发文、理和应用科学三种副学士学位(Associate's Degree,又译作"协士学位"),这种办学模式很好地推进了美国高等教育大众化的进程,到21世纪初,美国再次提出达到办学标准的社区学院可以授权颁发学士学位,与此同时,社区学院也可以跟四年制普通高校合作,由普通高校授予学士学位。由于美国社区学院的第二项功能即是转学教育,也就是说修完社区学院的课程,其毕业生可以凭借学分的兑换转学进入普通高等教育序列,因此,社区学院作为一种高等职业教育,其学历提升的路径是畅通的,副学士(协士)学位获得者可以顺利进入综合性大学技术学院或进入普通高等教育序列,从长远来看,社区学院毕业生不仅有机会获得专业学位(包括专业硕士、专业博士和第一职业博士学位),而且可以获得学术型学位。

从英国来看,其高等专科层次的学位制度建设经历了较长历史时期,虽然19世纪末期达勒姆大学已经授予两年制毕业生副学士学位,但副学士这种制度形式并未由其他高校及后世所继承。2000年,为了更好地促进高等教育大众化和推进职业技术人才培养,英国政府将基础学位制度建设作为重要突破口。基础学位的建立为两年制毕业生重

---

① 赵红利.《美国AOI职业教育改革述评》,《职业技术教育》2010年第21期。

新提供了身份证明，并日益成为高职教育学位制度的主体。从实施看，功效明显，"越来越多的雇主开始认识到基础学位对其企业和社会经济发展的潜在价值，他们更加热衷于发展和推进基础学位"。① 除了专门的职业教育学位制度外，英国还建立了体系化的国家职业资格制度，这些证书制度与专门的学位等级体系相对应，"英国、澳大利亚20世纪80年代以来在建立国家职业资格制度方面的做法，是建立职业资格与学历、学位之间的对应和沟通、衔接关系的典型例证"。② 如英国国家职业资格第四级与第一学位（学士学位，一般为三年制）相对应；第五级为专业人员或中级管理人员，与高级学位（硕士学位）相对应。

从德国来看，其高等职业教育的目的并不是让学生掌握系统、高深的理论，而是强调必要的基础理论和充分的职业训练，将学生培养为某一领域具有独立从事职业活动能力的技术人才。当前，德国职业技能人才的培养主要有两类组织承载，其一，高等专科学校也即应用科技大学，这类学校学制四年，与普通本科院校类似，毕业生能够获得学士学位，但不同的是在培养模式上必须有一年在企业接受实践培训，因此，专科学校的专业设置应用性强，职业特点也很明显，理论要求不高，这与职业性与学术性并重的专业学位有较大差异，也区别于学术型学位。其二，德国大量职业技术人才的培养是由三年制高等职业学院承担的，这类学院的培养目标是应用型高级技术人才，注重技术方法和经验能力的养成，三年的学程有一年半需要在企业完成，因此，学生在入学前就必须与企业签订培训合同，学习内容与所选择的岗位、部门高度关联，学满三年后需要参加国家组织的相关资格考试，进而获取毕业证书，但遗憾的是也没有学位。正因如此，2014年，德国推行了新的学位证书等级制度，以提升高职教育的地位，"在

---

① 屠群峰：《国外高职教育学位制度的特点及启示》，《职教论坛》2010年第21期。
② 《英国澳大利亚职业资格与学历、学位的衔接》，《人民政协报》，2000年10月24日。

德国和欧洲资格证书框架中，职业教育的毕业证书将属于第六个等级，与学士学位证书相同"[1]。德国教育与科研部万卡部长认为："职业教育这一平等地位的实现在教育领域具有里程碑式的意义，它明确表明，职业教育和学术教育具有同样的重要性，技术工人在专家学者面前完全不必有低人一等的感觉"。[2]

综上所述，当前高等职业教育相对发达国家学位制度建设经验主要体现为四点。第一，建立了专门的高职教育学位制度，如英国的基础学位、德国应用科技大学的学士学位以及美国社区学院的协士学位等，学位制度体系较为完善；第二，各国高职教育学位都处于高等教育的立交桥上，能够有效衔接不同类型、不同层次的教育形态，为个体的自我实现以及人力资源的最优开发奠定了制度基础；第三，职业资格证书制度是发达国家高职学位制度建设的重要辅助手段，职业资格与国家考试结合，并最终衔接学位体系，体现了学位制度设计的灵活性，也激发了社会公民参与职业教育的热情与信心。第四，建立了学士学位层次的高职院校，如美国社区学院在达到一定的标准前提下就可以授予学士学位，德国举办了能够授予学士学位的高等专科学校。西方国家职业教育发展历史较早，我国在推动高职教育学位制度设计上可以结合国情适当借鉴。

四、我国高职教育学位制度的构建路径

职业属性是学位制度的重要特征，高职教育建立学位制度具有理论合法性和实践必要性，对个体与社会的发展具有重要价值。构建符

---

[1] 杨柳：《德国推行新学位证书等级制度，提升职业教育地位》，《比较教育研究》2014年第5期。

[2] 杨柳：《德国推行新学位证书等级制度，提升职业教育地位》，《比较教育研究》2014年第5期。

合我国国情的高职教育学位制度,需要从顶层设计、标准构建、体系完善、国家职业资格以及组织承载等方面着手。

(一)加强和完善顶层设计

顶层设计意味着要从更加宏观的视野优化高职学位制度建设,突出表现在理念与思路的把握上。笔者认为,高职教育学位制度构建需要从两个方面加强顶层设计。第一,明确高职教育的法律地位。具体而言包含两个层次,即明确高职教育在高等教育体系中的法律地位和高职教育学位制度在法律中的地位,因此,我们有必要修改《高等教育法》和《学位条例》。《高等教育法》有必要明确高职教育的法律地位及其基本制度,修改有关条款,明确高职院校的学位授予权。与此同时,修改《学位条例》或制定《学位法》,将职业教育学位制度作为重要内容纳入其中。1991年,日本在修订《学校教育法》的过程中,就突出了短期大学学位制度改革,规定和赋予两年制短期大学以及五年制高等专科学校毕业生具有获得准学士学位的资格。就我国而言也有必要拓展当前学位制度体系,变三级学位为四级,增加副学士学位,赋予达到标准的高职院校学位授予权。第二,改革现行学位管理体制,强化省级政府在未来高职教育学位制度建设与管理中的统筹权。高职教育的重要特点是适应地方经济发展,与地方行业、企业紧密结合,在高职办学过程中,行业、企业既是重要的资源提供者,也是办学质量和标准的引导者、制定者,因此,省级政府对高职学位的管理具有更好的统筹效果。

(二)制定高等职业教育学位授予标准

标准是衡量高职毕业生学业水平的重要依据,也是高职教育学位授予的重要原则。设立高职教育学位授予标准有利于促进高职院校内涵建设,对人才培养产生导向和规范作用,同时,也有利于提升高职教育学位与其他学位制度的衔接能力，得到社会及其他教育形态的认可。高职教育学位授予质量标准的制定要坚持一般性与特殊性结合的原则，既要把握学位的本质属性特点，也要兼顾职业教育的特殊性，总体原则是必要的理论学习和充分的职业训练。从一般性考察，高职教育的学位授予要参考《学位条例》对普通高等教育学位的授予标准，主要内容包括：是否完成教学计划规定的各项要求，课程学习和毕业设计成绩是否合格，是否掌握了未来职业要求的必要的理论基础、专门的知识技能，以及一定的创新能力与终身学习能力。从特殊性考察，学位授予标准要融合行业、企业标准，突出职业胜任力，如操作技能、应用技能以及专业发展能力，高职院校要协同行业、企业、政府制定通用性、可操作的标准。职业教育学位与专业学位、学术型学位的最大区别在于充分的岗位技能训练，对高深知识与理论只作基础性的要求。与此同时，在标准设计上要将立德树人置于首位，强调职业技术人才的道德素养，培养德技兼备的高素质应用型人才。

（三）搭建制度体系立交桥，促进不同学位制度衔接

高职教育学位是我国学位制度体系的重要节点和环节，也是我国学位制度体系完善的突破口，构建高职教育学位是我国学位制度体系完善的重要任务。高等教育学位制度体系应该是开放的、多层次的，通过搭建学位制度体系立交桥，在横向上沟通不同教育类型，在纵向上衔接不同层次，从而最终满足不同学习者的不同学习诉求。在横向上，需要做好三项沟通工作：其一，沟通高职教育与普通高等教育，推进高职毕业生转学普通教育，获得普通高等教育学位；其二，沟通高职教育与专业学位教育，允许高职毕业生进入专业学位教育系统；其三，沟通非学历高职教育与学历高职教育，推进终身职业教育发展。在纵向上，根据职业技术教育的特点设立副学士学位，延长学位层级，消除副学士学位与学士、硕士、博士学位之间连接的制度障碍，允许

高职毕业生进入学术型研究生教育体系和专业学位研究生教育体系，并逐步构建起独立的职业教育研究生学位制度。

（四）完善国家职业资格制度，衔接高职学位授予

职业资格与学位的衔接是国际高职学位制度设计的重要特色，通过国家职业资格制度衔接高职教育学位是我国未来高职教育学位制度发展的重要方向。然而，就当前而言，职业资格证书与教育学历证书仍然是分离的，这两套证书体系分属于人社部和教育部两个不同的系统和部门管理，虽然两套证书体系具有内在一致性，但这种一致性并未以制度的形式显现出来，制度设计的缺失直接造成了实践中职业资格与文凭关系的断裂，正如姜大源所言："一方面职业资格证书名目繁多，导致社会无以适从；另一方面职业资格证书与教育学历证书不能实现等同或等值，很难在就业时对经济和社会发展所需要的职业人才予以正确的评价、认定和使用。"① 因此，高职教育学位制度如果要获得完善与发展就必须建立权威的国家职业资格框架，融入高职教育学位制度建设，建立起职业证书与文凭证书适当的对应关系，通过建立国家职业资格框架，衔接高职教育学位体系。如英国早在1997年就建立了五级国家资格框架（现为八级），实现了职业资格证书与学术类证书的等值互换，澳大利亚、日本、欧盟成员国均有此类制度设计。

（五）建立本科层次高等职业技术院校

副学士学位是高职学位制度构建的主体，也是大量高职毕业生最终获取的学位，但副学士学位如何与研究生教育衔接，学位提升的通道还并不畅通。对此，需要从两个方面着手，一是推动部分普通本科院校转型，发展应用技术高校。一方面促进应用技术研究，另一方面

---

① 姜大源：《现代职业教育与国家资格框架构建》，《中国职业技术教育》2014年第21期。

为大量的职业院校培养师资,与此同时,重点高校也可以参与应用技术教育,从而助推社会公众改变对职业教育的传统态度和观点。对此,《国务院关于加快发展现代职业教育的决定》提出,采取试点推动、示范引领等方式,引导一批普通本科高等学校向应用技术类型高等学校转型,重点举办本科职业教育。二是制定高职院校本科办学标准,达到标准的高职院校可以升格到本科层次,但对其数量要进行严格控制,加强内涵建设,如美国就对达到标准和要求的社区学院赋予了学士学位授予权。目前,我国少数高等职业技术院校已在部分专业试办四年制本科层次职业技术教育,如深圳职业技术学院 2012 年即在电子信息工程等专业展开应用型本科人才培养试点。[①] 本科层次的高等职业技术教育有利于提升高职办学层次,消解学历提升的制度障碍,促进符合我国高等职业教育特点的学位制度体系的构建。

(本文选自《教育研究》2015 年第 9 期)

---

① 深圳职业技术学院学校概况,http://www.szpt.edu.cn/xxgk/xxjj/index.shtml。

谈学位授权审核制度中省级政府职能的转换

陈渝　崔延强　张陈

学位授权审核交织着行政权力与学术权力的冲突与协调，获得学位授予权是大学的重要标志。学位授权审核制度就是大学和外界冲突与协调的缩影，它的发展历程折射出一个时代、一个民族对高等教育的理解与期待。我国学位授权审核制度从1980年至今（本文完成于2009年。——编者注），已走过了29年。伴随着政治经济改革和社会转型，我国对学位授权审核制度进行了一系列改革，其中省级政府职能在学位授权审核制度改革中日益凸显，统筹作用不断强化。本文从历史的角度分析我国当代学位授权审核制度的历史演变过程中省级政府职能的变迁，勾勒出省级政府在学位授权审核制度中的职能转换及未来发展趋势。

一、我国省级政府在当代学位授权审核制度中的职能演变

1980年，我国建立了以中央政府、省级政府、高校（科研机构）三级体系为基石的学位授权审核制度，并逐步从单一的中央政府指令向权力主体多元化发展，我国学位授权审核制度大致经历了制度创立（1980—1984年）、体制改革（1985—1994年）、政策调整（1995—

2007年)和改革深化(2008年以后)四个阶段或时期,在各阶段,省级政府在学位授权审核工作中的职能范围和作用强弱是不相同的。

制度创立时期:赋予职能,有限统筹。1978年,邓小平在全国教育工作会议上提出,教育要更好地为社会主义建设服务,要求全面部署恢复整顿教育秩序。1980年,《中华人民共和国学位条例》(以下简称《条例》)的颁布构建了我国当代学位制度的基石。《条例》规定:"学士学位由国务院授权的高等学校授予;硕士学位、博士学位,由国务院授权的高等学校和科学研究机构授予。授予学位的高等学校和科学研究机构及其可以授予学位的学科名单,由国务院学位委员会提出,经国务院批准公布。"学位授予单位、学科及博士生指导教师均需国务院统一审核,体现了学位的国家性。《条例》确立了由国务院、国务院学位委员会、教育主管部门、学位授予单位构成的学位管理体系。学位授权审核工作程序是"单位申报、主管部门组织初审、国务院学位委员评议组复审、国务院批准"。明确了省级政府负责所属高校的初审工作,说明在学位授权审核制度设计之初,省级政府具有一定的区域统筹作用。

体制改革时期:名义职能,弱化统筹。1984年,中共中央十二届三中全会做出了《中共中央关于经济体制改革的决定》,要求改变政府管理经济的方式,进行体制改革。1985年随即颁布了《中共中央关于教育体制改革的决定》,要求加强宏观调控,简政放权。同年,国务院学位委员会开始下放硕士学位授权学科、专业审批权的试点。1986年,学位授权审核不再报国务院批准,改由国务院学位委员会批准。虽然体制改革要求加大省政府对本地区教育的统筹权,但这一时期放权的重点在基础教育,省级政府学位授权审核的职能并没有实质性的改变。从第四批(1989年)学位授权审核开始,对申报的博士学位授权学科、专业和博士生指导教师进行全国统一的通讯评议,简化了主管部门对申报博士点的初审,实质上弱化了省级政府的统筹作用。

政策调整时期：落实职能，强化统筹。为了适应社会主义市场经济体制的需求，1993年，党中央和国务院印发了《中国教育改革和发展纲要》，要求高等教育建立政府宏观管理、学校面向社会自主的办学体制，调整中央与地方的教育管理权限。1994年，国务院印发的《关于中国教育改革和发展纲要的实施意见》指出，"高等教育逐步实行中央和省（自治区、直辖市）两级管理，以省级政府为主的体制"，"加强省级政府对所在地区高校的协调、统筹和领导"。基于两级管理的思路，1995年国务院学位委员会第十三次会议通过了《国务院学位委员会授权省（自治区、直辖市）学位委员会审批已是硕士学位授予单位增列硕士点的试行办法》，委托已成立省级学位委员会的上海、江苏、湖北、广东、四川、陕西在一定的范围内审批已是硕士学位授予单位增列硕士点。1997年，授权范围扩大到16个省（自治区、直辖市），2000年，授权范围扩大到27个省（自治区、直辖市）。两级管理进一步发挥了省级政府在合理调整本地区硕士学位授权学科结构的管理和统筹职能，调动了省级政府的积极性。同年，国务院学位委员会还通过了《关于改革博士生指导教师审核办法的意见》，并从1995年学位授权审核开始，取消全国统一评审博士生指导教师的办法。同时，开展按一级学科进行博士学位授予权的审核试点工作。这一系列措施突出了中央的宏观管理，加强了省级政府的区域统筹，也是我国学位授权审核制度改革迈出的重要一步。

深化改革时期：全面职能，充分统筹。在国务院学位委员会第23、24和25次会议确定了坚持以质量为核心，推进研究生教育事业全面、健康、协调发展，实现研究生教育大国向研究生教育强国转变的背景下，学位授权审核工作逐步转移到调整结构、优化布局的轨道上来。

为较好地协调解决学位授权审核工作与各地区各单位发展需求之间的矛盾，2008年，国务院学位委员会办公室制定了新学位授权审核办法，新办法要求进一步发挥各级政府在优化学位授予单位布局、促进学位授权审核工作与国家经济建设及社会发展相协调等方面的指导、规划作用。主要体现在：省级学位委员会制定本地区学位与研究生教育发展规划，将已有学位授予单位与新增单位、自行审核的单位与其他学位授予单位、部委属单位和省属单位进行统筹考虑，优化资源配置，全面合理规划；在国家总体规划指导和规模控制下，各省级人民政府及其学位委员会要本着"科学分工、合理定位、统筹规划、保证质量、提高效益"的原则，制定本地区新增学位授予单位发展建设规划；对于委托省级学位委员会组织进行的硕士学位授权点审核，以省为单位进行限额评审；对于已有学位授予单位申请新增博士学位授权点的审核，以省为单位实行限额申报。通过限额控制和改进审核程序，权力重心下移，强化了省级政府对本地区各级各类学位授权审核工作的统一规划与初审职能，充分发挥其统筹作用，是我国学位授权管理体制改革深化的重要一步，这标志着分级管理模式改革的开始。

二、权力结构中省级政府的职能及存在的主要问题

学位授权审核工作是一个复杂的体系，学位授权审核体系中各权力主体的层次结构及其相互关系错综复杂。

我国学位授权审核的最高决策机构是国务院学位委员会，其成员由不同地区不同专业的知名专家组成，委员会主任由国家领导人担任。委员会的日常工作由设在教育部的国务院学位办公室负责。另外，为了体现专家的学术权力，每个一级学科设有 1 到 3 个学科评议组，其成员是每个学科领域的专家，他们负责审核全国本学科专业的学位授权审核材料，提出意见和建议。由此我们可以看出，尽管政府官员和代表学术团体的专家共同决策，但决策的出发点却不尽相同。政府官员考虑总体规划和布局以及与经济社会发展的需要，专家考虑学术标

准和行业利益。

学位授权审核的省级机构，其组织结构同国家级相似，由地方学位委员会及办公室、学科评议组组成。在1995年前，省级相关机构的职责仅是汇集材料，并上交到国家级相关机构。1995年后，省级相关机构有了更大的统筹权力，他们可以在全国通讯评审的基础上，在一定数额内给予大学某些专业的硕士学位授予权。随着高等教育改革的进一步发展，省级机构将会获得更多的权力。

大学设有学位评定委员会和办公室，负责大学学位授权点的规划、建设和组织工作。由于我国特殊的高等教育环境，学位授权审核对于大多数大学而言关系重大。因此，大学的主要决策机构也会对学位授权审核起到至关重要的作用，比如校长办公会。在大学层面，与许多国家不同的是，我国有中央政府直属大学和地方大学，有研究生院的直属大学可以享有省级机构的权力，另外一部分则和地方大学无异，仅在材料上交等程序上略有不同。

欧洲模式的学部等同于我国的学院。不同之处在于欧洲的学部其自主权接近我国的大学。欧洲学术自由和行会的传统使得教授拥有很大权力，学部、研究所高度的自治权正是教授权力在结构上的体现。[1]我国的学院并未享有如此待遇，但在学位授权审核中，学科单一的学院是最基层的组织，也是学术团体的最基本形式，即便在学科较多、规模较大的学院，它也是学位授权审核重要的组织者。

我国高等教育机构的内部设置普遍采用美国的模式，把学科背景相同或相关的教学科研人员组成系和研究所，而没有广泛设置讲座。由于大多数系和研究所是按二级学科设置，在按一级学科实施学位授权审核之前，系和研究所成为学位授权审核工作链的最基层。

---

[1] 约翰·范德格拉夫等编著：《学术权力——七国高等教育管理体制比较》，王承绪等译，浙江教育出版社2003年版，第78页。

虽然学位授权审核权力结构分为若干层次，但行政权力和学术权力两条线贯穿了各个层次。由此形成了一个网状的多维权力结构。省级政府职能的不同也彰显了学位授权审核体制的不同。在法国，省级政府职能非常弱化，全国形成了一体化模式。美国的州则对高等教育具有较强的影响力，促进了高等教育多样化发展，这也是美国高等教育成功的重要原因。我国学位授权审核体制正处在由中央政府高度集权向省级政府和部分高校分权的过渡阶段，由于中央政府认识到学位授权审核与地方经济社会发展的密切联系，以及高等教育多样化的政策预期，我国学位授权审核权力结构重心下移的趋势将愈发明显。

通过权力结构模式的分析，我国学位授权审核在省级政府功能方面主要存在着两个问题：

一是中央政府对省级政府授权不够。我国是实施中央集权制管理模式的国家，这种模式在学位授权审核制度建立之初发挥了统一学术标准、保证学术质量的重要作用。经过30年的快速发展，国内经济社会区域差异日益加剧，大一统的方式不能很好地解决人才培养与区域社会需求的矛盾。我国的政治管理模式决定了省级政府的职能为中央政府所赋予，不同于联邦或邦联，因此美国式的学位授权审核体系并不完全适合我国。同时，由于我国地域宽广、发展差异明显，所以法国式的中央集权也不完全适合我国。我国现行的学位授权审核制度明显偏向于后者，中央政府掌握制度设计、制度实施，省级政府在制度实施过程中发挥一定的作用，并且主要体现在硕士学位授权点的审核工作中。每隔两三年进行的学位授权审核工作是通过行政指令下达，而没有充分反映学科自身发展和社会需求。通过评审和学科评议组评议制度形成了学术标准全国统一的体系，虽然也考虑了地方差异，比如西部加分等，但并没有从制度上解决问题。

二是省级政府与高校间的责权利不太清晰。由于高校人事安排和资源分配的行政化，省级政府与高校多是行政上下级关系。由于高校负责人由行政主管部门任命且有行政级别，这给高校深刻地烙上了科层化、行政化的印迹。同时，高校又具有独立的法人身份。因此高校扮演着行政组织和独立法人的双重角色。这种角色决定了高校既属于行政体系又游离于行政之外，既属于学术团体又不完全遵循学术规则。许多政策不是出于学术团体的需要，而是出于行政命令的需要。这种体制限制了高校的自主创新与创新人才的培养，也模糊了省级政府与高校之间的责权利。厘清学位授权审核中省级政府与高校的关系，明确两者的责权利将有利于学科资源优化配置，有利于高校更好地为地方发展服务。

三、新时期学位授权审核中省级政府转变职能的重点

当21世纪越来越多的国家把经济与社会发展引擎寄希望于知识增长时，高等教育承担了前所未有的社会责任和国家义务。高等教育除了人才培养、科学研究、服务社会、引领文化以外，如何与地方发展建立更为紧密的关系是许多新兴国家正在研究的课题。在我国学位授权审核中加大省级政府的权力是高等教育多样化发展的需要，也是对高等教育功能反思的结果。我国学位授权审核制度的发展与改革正是为了增强高等教育活力，使人才培养更好地为经济社会发展服务。

在这种背景下，省级政府为了更好地开展学位授权审核工作，需要切实转变其职能。首先需要重新审视和明确省级政府与中央政府、高等学校（学位授予单位）间的关系；第二是要明确省级政府自身的职能和行使职能的合理方式。

（一）省级政府要明确其与中央政府、高等学校间的关系

省级政府与中央政府间是授权与受权关系。依照组织社会学的观点，现代社会组织繁多复杂，是一片关系的丛林。不同的组织面临决

策的统一性和连贯性。我国行政体系是高度内聚的结构，省级政府执行中央政府的指令，同时接受相关机构的监督，有着高度的决策统一性和连贯性。

授权理论家们认为有效治理的关键是建立恰当的授权机制。授权理论的基本假设是"在授权的基础上，只要激励恰当，希望的结果就能达到"。授权理论的前提与委托—代理理论一样，都是假设领导或委托人和下属或代理人处于非合作的博弈中。领导既可以授权也可以不授权，而代理人可以选择推卸任务或努力工作，即代理人既可以按有利于委托人的方式行动，也可以按不利于委托人的方式行动。

中央政府与省级政府各司其职、各尽所能、合理分工是处理区域平衡与共同发展的需要，两级组织形成授权关系将大大提高区域发展的灵活性与积极性。在学位授权审核体系中，中央政府保障学位授权资源的合理布局，省级政府负责根据地方经济社会发展需要全面统筹规划本地区的高等教育发展与学位授权规划。在中央政府最低标准和政策优先权的共识框架内，将学位授权审核中的权力和资源从中央集中控制向省级政府转移。它为处理学位授权审核中复杂事务提供了治理弹性，并为更多学术人员和管理人员直接参与学位授权审核工作提供了解决机制。2008年学位授权制度改革的一个重点就是加强省级政府统筹职能，其中要求省级政府提供五年规划并按规划实施学位授权工作。

省级政府与高等学校是监督与被监督关系。根据授权理论，强调省级政府与高校要确立伙伴关系，提供更多富于回应性的服务；鼓励富有挑战性的高校，采取积极措施改变消极的行为方式。莱斯特·萨拉蒙认为："新的治理已从强调大官僚组织控制的管理技能转变为强调'授之以渔'的管理技能。这种技能要求将处于互相依赖的情境中所有并列的伙伴都纳入到网络体系中，在共同目标下将多元的利益相关者凝聚起来"[①]。面对21世纪的挑战，省级政府除了承担战略性规划之外，还有许多更为具体的任务。但关键是政府发挥作用的方式是提供区域领导，而不是直接地干预。省级政府应把重心由控制转为监督，代表国家和纳税人发挥监督功能，充分尊重高校的独立法人地位和面向社会依法自主办学的权限，健全教育法规和规章制度，变微观管理为宏观管理。省级政府对高等教育的管理如果陷入微观管理，不仅会削弱甚至于损害政府的宏观管理职能，同时也削弱和损害高等学校应有的学术自由与办学自主权。

（二）省级政府的职能要向"以统筹规划领导监督为重点"转变

从省级政府与中央政府的授权与受权关系、省级政府与高等学校的监督与被监督关系分析，可以得出结论：在新时期，省级政府受权于中央政府，需要按中央政府的授权范围和政策要求负责本地区的学位授权审核工作，并监督本区域的高等学校授予学位的权力行使。在这个体系中，政府代表的作用是提供区域领导。这里所使用的区域领导包括：为本地区和次地区提出战略方向，增强相关机构的创新能力和变革能力。政府代表通常是各省（市、自治区）的教育管理机构，它们要把原来在制度实施中发挥部分作用的职能发展为承担本地区制度设计与远景规划的职能，这就要求政府代表熟知政治、经济、文化、社会诸方面的发展动向和需求，具备敏锐的洞察力。

这种宏观管理式的监督应主要体现评估和资源分配上。原有学位授权审核中重申报、轻建设现象曾为人所诟病。因为没有严格的退出机制，难以体现学位授权资源分配的公平性，所以合理公正的评估显得很重要。省级政府的监督职能就是通过专业的评估合理地分配学位

[①] L. M. Salamon, *The Tools of Government: A Guide to the New Governance*, Oxford University Press, 2002, p. 89.

授权资源,而不是简单的行政决策与具体干预。如果行政干预过度,省级政府往往会从实用主义的角度出发,重视和青睐应用学科而忽略基础学科,势必加剧基础学科的边缘化,我国的学科结构将会失衡,影响到我国在知识经济时代的核心竞争力。因此,省级政府在学位授权审核中,应该按照科学发展观的基本要求,充分考虑地区发展和学科结构,在尊重学术规则的前提下发挥监督职能,引导学科为区域经济社会发展服务。

(本文选自《中国高等教育》2009 年第 15、16 期)

我国开放大学治理困境与现代大学制度推进

崔延强　吴叶林

摘　要：现代大学制度是一种大学治理的理念与制度设计，其核心是厘清大学与外部各种权力关系以及确立内部权力制衡机制。我国开放大学承袭了广播电视大学原有的办学难题，又面临着定位问题、法律地位及自主权问题和体系衔接问题三大治理困境。因此，推进开放大学现代大学制度建设，是开放大学治理路径的必然选择。开放大学通过建立外部法人和内部法人治理结构，厘清开放大学与政府的关系，完善内部制衡机制，制定大学章程，整合教育资源，真正落实办学自主权，成为实现终身教育、建立学习型社会的主要载体。

关键词：开放大学；治理困境；现代大学制度；办学自主权；路径选择

开放大学的治理关系到我国学习型社会建设成效和终身教育体系的构建。开放大学面临着传统体制下的治理难题，使其在大学体系中的"合法"地位、办学自主权、办学定位、办学功能等体制性问题均未得到明确的界定和诠释。为此，笔者认为，开放大学应以构建具有中国特色的现代大学制度为前提，创建现代开放大学的运行管理机制。这是未来中国开放大学的必由之路。

一、何谓大学治理

大学治理意即以治理理论为导向建立现代大学治理结构，明确各利益相关者的权利边界，在契约的约束下，大学组织内部各系统协调有序运行，围绕共同的治理目标，通过自愿合作的方式达成治理效果。治理理论下的现代大学管理突出表现在以下三个方面：

第一，大学日益重视制度建设，寻求现代大学的契约管理。张维迎教授认为，大学治理的基本问题，是用什么样的制度才能保护大学的目标和理念的实现。[①]具体而言，大学治理是政府、大学、个人及其他社会团体等利益相关者为保证自身的利益和诉求，实现大学理念而产生的一系列活动和制度安排。一般说来，契约具有协商与合意的特点，这与治理理论的互惠合作及公共行动相一致，因此，以契约作为治理途径是现代大学治理的当然选择。

第二，大学与政府的关系发生转变，大学主体地位凸显。治理理论下政府不能再以权力作为管理的基本手段，因为契约治理下的政府只是权力结构的一元，在这种主体权力平等的背景下，政府的治理将以契约的形式表达，权力的运行方式不再是行政命令的上下关系，而是互动式的协商和沟通，共同遵守契约的规定与约束。

第三，大学内部权力结构渐趋合理，强调制约与平衡。治理理论下，承担高等教育组织管理职能的既有政府组织也有非政府组织，如个体参与和第三部门治理，这些多元主体，相互依存，相互合作，并在大学契约的约束下努力实现共同的治理目标，通过协商、谈判以及合作来解决大学运行中所遭遇的各种问题。"博弈理论的研究表明，在许多重复出现的博弈中，合作策略是最有利的利己战略，经过多次博

---

① 张维迎：《大学的逻辑》，北京大学出版社2004年版，第65页。

弈，参与者之间倾向于建立面向长远的互动关系。"① 因此，大学的多元权力主体，在多次的博弈与平衡中以合作的形式建立起制衡机制，这也是治理理论下内部权力结构的最佳状态。

总体说来，大学治理是治理理论在大学的应用和发展，通过一系列的制度设计，对大学进行契约管理，从而给出各利益相关者的关系框架。开放大学建设是我国高等教育组织形式的新形态，如何对其进行治理，是摆在管理者面前的现实问题。笔者认为开放大学治理必须具备三大前提，一是开放大学必须明确自身的办学定位，明确利益相关者及权力主体；二是开放大学必须具备独立法人地位，才有可能建立起内外部的法人治理结构，从而厘清与政府的关系；三是结合开放大学发展的特殊性，笔者认为通过整合资源进行体系衔接，提高办学质量和层次是形成"伙伴关系"的前提。

二、开放大学治理面临的困境

（一）开放大学的办学定位模糊

对于大学发展而言，定位体现的不仅是传统文化中的"名"，更是一种发展战略。开放大学定位是任务定位、发展目标定位以及教育理念的定位等，意在找准开放大学办学的位置。

1. 办学定位模糊的原因

开放大学的办学定位模糊存在着深刻的社会根源。历史地看，广播电视大学（以下简称"电大"）的初创时期有着清晰的办学定位。1977 年，中国经历了 10 年"文革"，教育、科技、文化的发展都遭遇重创，数以千万的学龄青年错失就学良机，人民群众高等教育需求不断高涨，这是电大诞生的重要背景，如何解决教育的供需矛盾是当时

---

① 陈昕：《高等教育变革视角下的大学治理》，湖南师范大学博士学位论文，2007 年。

高等教育重要的任务和使命。因此，这一时期的办学定位就是满足成人高等教育需求，进行学历补偿教育。随着高校扩招和高等教育大众化的实现，以及高等职业教育的发展，生存于普通高校和职业院校之间的电大，其生源和社会认同都遭遇困境。电大面对新的挑战和机遇，寻找发展空间成为必然。因此，如何对远程开放教育进行再定位，是摆在开放大学面前的首要任务。

2. 办学定位模糊的现实表现

以下从办学层次、办学功能两个方面来考察开放大学的办学定位。

大学办学层次的定位直接关系到人才培养的规格和品质。就目前国内各类高校而言，办学层次分为专科、本科、学士学位授予单位、硕士学位授予单位、博士学位授予单位等。开放大学的前身是电大，由于电大的办学是面向地方、面向行业、面向农村以及面向边远和民族地区，因此，电大一直是"没有独立授予任何学位自主权的高等专科学校"，在办学层次上也限于"低端"，一直强调"向下、向下、再向下"。但面向农村、基层、边远地区、劳工大众之意不能被误解为"层次应当越低越好"。[①]"中国电大在世界上资格最老、规模最大，但是层次最低"[②]，以服务对象限定学历层次，直接影响到开放大学办学的层次定位。现行的国家开放大学建设方案也并未提及学历教育层次问题，只是笼统地指出应"促进学历继续教育规模和质量的协调发展"。然而，从国外开放大学办学层次来看，英国开放大学有学士科目19个，硕士科目20个，一级博士科目9个，具备了完整的学位授予体系，在教学质量上甚至曾经一度超过牛津大学。此外，印度英迪拉·甘地国立开放大学，韩国国立开放大学及泰国苏可泰国立开放大学都具备完整的学位授予体系，新组建的我国国家及省级开放大学有

---

① 吕瑶：《广播电视大学的战略选择》，《中国远程教育（资讯）》2005年第10期。
② 土铁军：《呼唤远教立法》，《中国远程教育（资讯）》2007年第7期。

必要明确其办学层次，突破学历教育专科化的困局。

办学功能指的是学校在社会发展实践中所扮演的角色及其发挥的作用，体现了学校作为一个知识型组织存在的社会价值与意义。传统的电大办学功能定位一般限于学历教育和非学历教育人才培养，以及公共服务平台的搭建，这种定位体现了电大的教育机构属性，但却难以体现其大学属性。大学是传承高深学问及文化创新的基地，开放大学的创建并非简单的翻牌，必须定位于事实意义上的高等教育组织，突破电大多年来形成的办学功能局限。因此，笔者认为开放大学的办学功能应从大学的四个功能着手，即紧紧围绕实用型人才的培养与培训、学术发展与创新、科教普及与服务、文化传承与引领，找准自己的功能定位，凸显开放大学的办学优势与特色。

（二）开放大学的法律地位尚不明晰

法律地位意即法律上的人格，也有学者称之为权利能力，表达着法律主体所享受的权力及其承担的相应义务。1995年颁布的《中华人民共和国教育法》第31条规定，"学校及其他教育机构具备法人条件的，自批准设立或者注册登记之日起取得法人资格"，首次在法律上明确规定了包括高校在内的学校的"法人"资格。1998年颁布的《中华人民共和国高等教育法》第30条更加具体地规定了"高等学校自批准设立之日起取得法人资格。高等学校的校长为高等学校的法定代表人"。根据法律规定，开放大学形式上的独立法人资格自批准之日起即已获得，然而就目前我国开放大学创办实践来看，其独立办学自主权难以落实，依然存在"合法性"身份危机。

一般说来，法人地位与办学自主权是一体两面，如要考察法人地位是否真正确立，我们可以从其办学自主权进行分析，也就是说，开放大学是否能够依据教育法律法规及大学章程自主处理学校事务，有效减少外部权力的干预，是考量开放大学是否真正获得独立法人地位的重要标志。目前开放大学的实践缺乏通过大学章程，尤其是通过立法意义上的大学章程有效规范高校内部关系，并且明晰大学与政府、市场、社会的权力边界，切实保障办学自主权的落实和大学的独立法人地位。依据上位法制定大学章程，是开放大学确立自身"合法"身份、维护自主办学权益的国际惯例。譬如，英国开放大学宪章就作出清晰的规定，指出英国开放大学是一个独立的自治的高等教育机构，"英国枢密院颁发的皇家特许状及作为特许状附件的大学章程均再次确定了开放大学独立法人的地位和作为一所独立大学的资格"[1]。

目前我国开放大学的法律地位仍然是空置的。从某种意义上讲，开放大学的办学性质与功能依然是电大的延续。有学者担忧，已挂牌的开放大学只是依托于电大的没有办学自主权或独立授予学位权的框架。另外，开放大学的独立法人地位依然面对系统内部权力分配与管理权限问题的挑战。尚未完全摆脱计划经济的管理模式，管理重心偏高，未能给省级电大足够的办学自主权，省级电大尚不具备与普通高校相当的独立法人办学地位。[2]

（三）开放大学与普通高校之间共享双赢的办学体系尚未建立

美国开放大学校长约翰·丹尼尔曾经对此问题尖锐地指出："20世纪90年代以前，无论远程开放大学在各国高等教育体系中发挥着如何巨大的作用，远程开放大学始终游离于本国高等教育系统以外。"[3] 我国开放大学游离于严格意义上的大学体系之外，无法与普通高校之间形成资源共享、学分互认、学位对接的办学体系。目前，重点普通高校在做好各类全日制人才的培养的同时，也在以更为"开放"的姿

---

[1] 莆欣，蒋侯玲：《论开放大学的法律地位及其办学自主权的法律保障》，《现代远程教育研究》2011年第2期。
[2] 崔践：《基层电大系统办学的困境与出路》，《现代远程教育研究》2009年第4期。
[3] 约翰·丹尼尔：《开放大学在新世纪面临的挑战》，《中国远程教育》2001年第1期。

态和强有力的信息技术支撑进军远程教育，改变了继续教育的传统模式，加速成人学历教育与非学历教育网络化的进程，这就为开放大学与普通高校之间的办学对接与合作提供了广阔的空间领域。而开放大学也在日益寻求教育与科技的深度融合，通过打造数字化公共服务平台实现远程教学，以信息技术推动教育教学模式转型，从而提高远程教育质量，努力朝着"大学"的目标发展。开放大学在打造自己的优势平台，探寻属于自身的发展路径的同时，应加大与普通高校的共享双赢，充分利用普通高校人力资源和技术条件拓展生存空间。

三、探索建设现代大学制度路径的开放大学治理

（一）建立开放大学现代大学制度

现代大学制度是一种大学治理的理念与制度设计，其核心是厘清大学与外部各种权力关系以及确立大学内部权力制衡机制。积极探索有中国特色的现代大学制度不仅是普通高校的试点任务，更是推进开放大学纳入制度轨道、健康发展的必然选择。宏观上，开放大学现代大学制度就是要明晰开放大学与政府的关系、与社会及与市场的关系。微观上，开放大学要处理好大学内部决策、行政与学术的权力关系。具体说来，笔者认为开放大学现代大学制度建设可以从以下两个方面着手。

首先，建立外部法人治理结构，厘清开放大学与政府的关系。大学既不是企业实体，也不是一般意义上的"事业单位"，而是具有鲜明自治特征的知识型社会组织。因此，现代大学制度强调政府对高校的指导、评价、监督与服务作用，扮演"有限政府，无限服务"的角色。纵观世界大学体系，行政部门与大学并非领导与被领导、管理与被管理的关系，两者之间没有行政隶属关系。笔者认为应该合理划分开放大学与行政的权力边界，大学的归大学，行政的归行政，明确开放大

学的独立法人地位，建立起开放大学的外部法人治理结构。所谓大学"外部法人治理结构就是委托人和代理人双方依法并根据契约建立权利分配、激励和制衡机制，为企业或高校提供一个相对稳定的外部法制环境"①。通过外部法人治理结构的建立，将开放大学从政府的隶属机构转变为独立法人组织，为厘清开放大学与政府的权力边界提供前提，实现政府对大学从单纯的行政管理转型为依法治理和宏观指导，同时实现大学自身合法权益的有效保障。

其次，建立内部法人治理结构，完善决策、执行与监督的制衡机制。现代大学制度强调大学内部的分权与制衡，建立大学内部法人治理结构，从而规范高校内部利益主体的行为。内部法人治理结构指的是"建立健全组织内部的权利分配、施行、激励与制约的长效机制，为企业或高校的生存和发展提供一个相对稳定的内部法人治理结构，保障组织运行的效率和质量"②。《中华人民共和国教育法》和《中华人民共和国高等教育法》在依法确立高等学校法人资格的同时，对高校内部主体之间的权利和义务进行了明确界定。现代大学制度的构建就是在依据教育法律法规的前提下，探索有中国特色的大学内部法人治理的合理架构，实现决策、执行与监督的制衡机制。

而实现决策、执行、监督相剥离的关键环节在于建立开放大学董事会，鼓励社会力量参与大学治理。与普通高校相比，开放大学的社会参与性更强。开放大学之谓"开放"，就是大学完全面向社会，与社会大系统进行物质、能量与信息等的交换。开放大学秉持开放理念，服务于终身教育体系的构建和学习型社会建设，无论是学历教育还是非学历教育，都是面向社会和市场培养应用型人才。开放大学与社会联系紧密的这种特点反映到大学治理上，必然要求社会各界的广

---

① 田爱丽：《现代大学法人制度研究》，上海教育出版社2009年版，第176页。
② 雷恩安：《论现代大学制度下大学内部治理结构的优化》，《长春工业大学学报（高教研究版）》2008年第2期。

泛参与,这是社会的权利,也是社会的义务。社会力量参与开放大学治理有利于人才培养,有利于与社会更好地对接,有利于社会力量监督办学。那么,社会力量通过何种途径参与开放大学的治理呢?笔者认为建立开放大学董事会是关键,应鼓励吸纳社会力量参与大学决策;应打开视野,批判吸收世界范围内的成熟经验,探索具有自身特色的开放大学董事会模式。以美国为例,大学董事会是大学可持续发展的最高决策机构,其成员来自社会各界,代表各界的利益。主要特点就是"外行领导内行",也就是说董事会主要由代表公众和消费者需求的"外行"组成(如工商业领袖、律师、公共事务官、银行家和医生等诸多利益相关者),另有大学内部的行政管理专家及师生代表等少数席位。以开放大学而言,同样可以组建有多元主体参与的董事会机构,为开放大学"开放"功能的有效发挥创立良好的前提条件。在开放大学人才培养与公共服务计划上、办学资金的筹划与运营上、促进大学与社区的良好关系上、对校务管理的监督上,乃至在开放大学校长的遴选上,多元主体组成的董事会机构都大有作为。

(二)以大学章程立法为载体,明确主体地位,落实办学自主权

我国大学章程建设在近年得到快速发展,章程建设不断完善。2011年8月,教育部颁布《高校章程制定暂行办法(草案稿)》,进一步要求全国各高校加快推进章程建设,明确提出制定大学章程是高等学校的法定义务。然而,从大学章程的执行实效来看,并没有完全发挥其治理价值。开放大学章程的制定与实施同样面临如何提高实效性的问题。笔者认为,开放大学章程要想真正具有治理意义,就必须走立法程序,赋予其法律效力。

当前,我国大学章程在教育法律体系中究竟处于一种什么样的地位?在大学自主办学中的效力如何?这在我们现有的教育法律体系中,尚不能得到确切的答案。北京大学湛中乐教授认为:大学章程是我国教育法制体系的重要延伸，其性质应当定位于自治规则。一般说来，规章能否作为可以适用的法律在我国长期不明确，在制定行政诉讼法时曾产生过激烈的争论。① 大学章程虽有法源依据，但其本身能否作为适用的法律，并没有得到国家权力机关的审核，因此，我们只能说大学章程具有一定的法律效力，但并不能称之为法律。大学作为行政主体，其行政相对人是大学教职员工和学生，因此章程具有约束力。但大学自身又是政府的行政相对人，受政府的管理与监督，其所制定的自治规则对于政府并不具有约束力。当前我国高等教育管理体制的重要问题之一就是行政权力对高校的干预过多，开放大学更是面临系统内外部的双重权力干预。所以，要明晰开放大学与政府及系统内部权力关系就有必要借助于立法后的大学章程。明确开放大学章程的法律地位，赋予大学章程应有的效力与权威。通过立法使得开放大学章程在法律位阶中从对内的自治规则上升到地方性法规。唯此，才能明确开放大学的主体地位，根据章程的规定落实办学自主权。

"国际上，从英国的开放大学到发展中国家如印度的国立开放大学和泰国的苏可泰开放大学，都是通过议会立专门法，即学校章程建立的。"（王铁军，2007）远程教育研究专家王一兵教授认为，可以立法通过一个中国广播电视大学或中国开放大学章程，将其开放、灵活的办学理念和必要的相关的运行体制、机制用法律的手段确立起来。（王铁军，2007）在我国香港地区，开放大学章程就被赋予了法律地位，并被纳入香港法例或附属法例体系中（列1145章），对香港公开大学进行依法治理。

（三）衔接开放大学与普通高等教育体系

按现有惯例，我国电大在高等教育体系内属于成人高等教育。但

---

① 湛中乐：《公立高等学校法律问题研究》，法律出版社2009年版，第186页。

既为"大学",开放大学就不能只是电大的简单翻牌,而且开放大学在功能与地位上与普通高等院校越来越具有更多的相似性,这在一定程度上为开放大学同普通高校的衔接(非纳入)提供了现实可能。我国普通高等教育的特点是全日制,而作为支撑学习型社会建设及构建终身学习体系的教育类型,开放大学的教育对象主要是在职成人,这决定了开放大学不可能是全日制办学。因此,在衔接普通高等教育体系的时候必须充分考虑办学特征,合理应对。笔者认为实现开放大学教育与普通高等教育的衔接,需要从以下三个方面入手:

第一,努力实现普通高校与开放大学的资源共享。开放大学与普通高校要建立互助双赢的合作机制,普通高校可以利用开放大学覆盖全国城乡的系统优势开展教学及科技文化服务,开放大学可以借助普通高校的师资、课程、技术、图书、教学设施等谋求发展空间。以课程开发为例,开放大学可以同普通高校共同开发课程资源,而普通高校可以对课程计划和内容提供专家论证意见,或直接提供优质核心课程服务,从而促进知识共享,提高教育质量,减少教育成本。

第二,推进普通高校与开放大学的学分互认,打通开放大学学历教育与普通高等学校学历教育的通道。学分互认的前提是我国普通高校与开放大学均实行完全学分制。我国国家开放大学建设方案明确指出,探索建设旨在促进各级各类教育和不同学习成果之间互认、衔接的学分银行。学分互认是一个系统工程,不仅涉及学生的切身利益,也关涉普通高校的声誉和开放大学的办学质量。笔者的设想是,开放大学学生修完相应的专科层次课程,可以凭借其获得的学分,直接转入或通过入学考试转到承认该学分的四年制本科院校的三年级继续深造,从而最终获得学士学位。

第三,努力实现开放大学同普通高校的学位体系衔接。自1988年《广播电视大学暂行规定》实施以来,电大的学士学位授予一直属于挂靠性质,服从就近原则。开放大学作为独立法人,在办学质量得到保证与监督的前提下理应赋予其独立授位权。这是开放大学与普通高等学校进行学位衔接的前提。如果条件成熟,硕士专业学位和博士专业学位也应陆续向开放大学"开放"。因为开放大学的办学定位和功能与专业学位研究生的培养目标基本吻合。开放大学举办专业学位在某种意义上比一般普通高校更有先天优势,离社区和市场更近,服务功能更强。

(四)整合开放教育资源

从建立学习型社会及终身教育的角度出发,我国开放大学建设有必要整合相关办学资源,提升整体办学水平,笔者认为开放教育资源整合主要分为两种类型。

首先,办学资源整合。这种资源整合意在将与开放大学具有相同或相似功能的机构组织、培训中心和学校融合为一体,将分散的办学资源集中起来,提升办学质量和效益,为开放大学功能实现提供人力资源与物质保证。一方面,整合继续教育及有关教育机构的办学资源,加强同国内普通高校网络学院及国外开放大学的合作,整合利用高校的优势学科、专业、课程和师资,开展高质量的开放式教育;另一方面,整合职教中心、中职学校、教师进修学校、社区教育机构,建设当地终身教育学习中心和开放大学基层机构。

其次,学习资源整合。开放大学的建设是科技与教育深度融合的产物,教育作为人类活动的重要领域,信息技术和互联网也必然渗透教与学的方方面面,越来越多的教学资源以数字形式生产、流动和储存。但"这些资源大多分散存储在不同的学习平台、网站和教师的电脑中,加上遵循不同的技术标准,造成数字化学习资源难以聚合、复用和共享"。因此,应"避免闭关自守开发学习资源,坚持走合作开发优质学习资源的新路,以有效的激励机制引入、汇集一切优质学习资源,举各方之力合作开发高质量核心资源,构建以云计算支撑的大容量国家级数字化学习资源库"。①

然而,任何资源的整合与利用都会带动利益的转移与流动,而这也正是资源整合的难点所在。从开放教育资源的分布来看,大部分为政府所有,因此,政府在资源整合中应扮演主要角色。利益相关者应该着眼于终身教育体系的构建和学习型社会的建设大局,不能为部门的局部利益所羁绊。

(本文选自《现代远程教育研究》2011年第6期)

---

① 季明明:《开放大学的战略定位与科学发展》,《中国教育报》,2011年7月26日。

抗战时期金陵大学系科调整的历史考察

吴叶林　周宇　张珂

摘　要：专业系科是知识体系的内在划分机制，也是人才培养的基本单位和重要载体，决定着人才培养的规格和类型。抗战时期金陵大学内迁大后方，并基于战时国家和社会需求加快了系科调整步伐，在优化战时学科资源配置的同时，增强高校社会适应和发展能力。本文回顾了抗战前金陵大学学科建设的历程，梳理了抗战时期进行调整的社会背景和现实因由，剖析了战时调整的具体进路及其机制，深入总结了抗战时期金陵大学系科调整的历史价值与启示。

关键词：抗战时期；金陵大学；系科调整

抗战时期的金陵大学"雄踞南国、饮誉世界"，它不仅是众多教会大学中最早褪去宗教外衣的，也是近代中国农学、电化教育的开创者。1937年7月7日，日本悍然发动卢沟桥事变，这次有计划、有目的的事变打开了全面侵华的闸门，试图以武力吞并中国。日本凭借坚船利炮对中国领土从北向南、从东向西进行疯狂的轰炸，日军除了在战场上对中国军民进行戮杀外，对中国文化教育事业也大肆破坏，蓄意且有计划地摧毁中国各地的大学，无奈之下金陵大学举校内迁以自保。在完成迁徙后，金陵大学主动变革系科设置，在残酷的办学环境中顽强发展，一方面集约资源，避免重复建设；另一方面结合国家需求，以适应政治经济发展，最终取得了卓越的办学成就，为抗战胜利以及后期新中国建设培养了大量的杰出人才，做出了卓著的贡献。

一、抗战前期金陵大学系科发展之历程

金陵大学创始于1888年，正式成立于1910年，它由传教士所办的"汇文"、"基督"、"益智"三书院发展、合并而来，在众多教会大学中，以经费多、师资雄厚而被誉为"钟山之英"。[①] 对抗战前金陵大学系科发展样态的整体梳理和审视，是全面认识战时金陵大学系科变革的重要基础。

（一）成立之初：系科设置以传教为基本目的

1888年，美以美会的传教士创办了汇文书院，开始设圣道馆、博物馆（即文理科），并于1896年新增设医学馆。[②] 十几年后，为集约资源，谋求最优发展，与同为美国传教士创办的基督书院、益智书院合并，成立金陵大学堂，后遂京师大学校改名为金陵大学。在汇文学院时期，其虽名义上称为大学，但实际课程设置、教学水平远未及大学，充其量能达到中学水平。金陵大学是一所教会大学，它的成立源于西方国家的政治意图，即通过宗教学校的人才培养重新塑造中国的精英阶层，进而实现"中华归主"的目的，因此它在学科和专业设置上也必然区别于传统的大学和专科教育，自由教育是其教育理念。自由教育意在培养完全的个人，以人文教育为核心。所以，在金陵大学正式成立之初，仅有文科，数理化等均附着于文科，且医科设立不久即被

---

① 张宪文主编：《金陵大学史》，南京大学出版社2002年版，第9页。
② 张宪文主编：《金陵大学史》，南京大学出版社2002年版，第13页。

关闭。1914年在裴义理①的主导下金陵大学虽创设了农科，但究其目的却与19世纪末美国开始兴起一种社会福音神学思想密不可分。在这种思想的影响下，美国基督会逐渐认识到，基督教会不仅是人们宗教生活的管理者和引领者，不仅应该对人们的精神生活产生影响，同时也应该在乡村世俗物质建设中起到更重要的作用②，且近代中国80%以上都是农村人口，通过农业教育传播基督教义成效应该更为明显。

（二）两次民族运动的冲击：神学的式微

金陵大学在经过近10年的发展后，学科设置有了大幅变化，其中文科因理科实力的增强乃改为文理科，农科也因纳入林科而扩张为农林科。20世纪初的金陵大学学科建设呈现欣欣向荣的发展之势，然而，一项不可否认的事实是，金陵大学仍然属于教会大学，教会和外国势力仍然掌控着金陵大学的办学。随着国内民族力量的觉醒与壮大，"五四运动"后呼吁民主、科学的热情不断高涨，部分传统知识分子将反孔批儒逐渐扩大到对基督教等外国教会的排斥，许多专门抨击基督教的文章不断出现。与此同时，世界基督学生同盟决定在清华大学举办年会，并用其机关刊物《学生世界》大肆宣扬基督教，以回应中国社会的反宗教热情。1922年3月，上海学生成立"非基督教学生同盟"，通电其他学校与学生组织反对这个年会在中国召开，并迅速得到北京学者们的大力支持③，"非基督教运动"由此展开。这场运动向具有强烈基督教色彩的金陵大学发起了挑战，其神学教育受到来自社

---

① 裴义理，1860年生于爱尔兰，家中务农，贫而好学，在贝尔法斯特大学获文学士学位，后又赴美研究神学，"对救世拯民，早具宏愿。1890年来到中国，就职于苏州长老会，并兼任京师大学堂英文教习。1910年，被聘为金陵大学数学教授"。

② 赵晓阳：《思想与实战：农业传教士与中国农业现代化——以金陵大学农学院为中心》，《中国农史》2015年第3期。

③ 杰西·格·卢茨：《中国教会大学史》，曾钜生译，浙江教育出版社1987年版，第208页。

会各界谴责与批评，原本每日进行宗教活动被局限在特定日期的凌晨或黑夜，参加礼拜的人数也不及过去的十分之一。随后，1924年爆发的"收回教育权运动"①，更是直接动摇了西方传教士的在校地位，陈裕光②代替包文③成为了校长，专业教育成为了这所学校的主要目的，传播福音只能在政府控制的教学计划所容许的范围内进行。在这两次民族运动的冲击下，金陵大学的宗教性被不断地削弱，其系科设置开始真正面向社会发展。

（三）注册之后："三院一所"的基本格局成型

在陈裕光接手校长之位后，他做的第一件事便是向南京国民政府申请注册，他认为在中国办学理应尊重中国主权。④1928年金陵大学获得南京国民政府批准正式立案，成为众多教会大学中的先锋者。立案时，南京国民政府曾指示不应再设宗教学，陈裕光以教会机构不能接受予以婉拒了，但1930年3月，教育部训令金大停办宗教系，并扬言金大若故意违抗，将严肃处理，经金大董事会商量，最终无奈之下撤销了宗教系。⑤同时，为达到南京国民政府的注册要求，金大将文

---

① "收回教育权运动"是指20世纪20年代，中国人民反对帝国主义文化侵略，迫使教会学校纳入中国教育体制的群众运动。1924年，在非基督教运动基础上，各地反对帝国主义文化侵略的斗争重又兴起，并首次提出收回一切外国人在华教育权的主张。教会学校须向中国政府立案、注册，接受中国政府的领导管理；须按中国政府制定的法规改革。

② 陈裕光，1905年入南京汇文书院附属中学成美馆求学，1911年毕业考入南京金陵大学化学系，于1915年毕业。后因成绩优异，于1916年由金陵大学选送到美国哥伦比亚大学深造，攻读有机化学，1922年获博士学位。本着"教育救国"的理想，1922年夏回国，1923—1925年任北京师范大学教授、理化系主任、教务长、评议会主席，两度担任代理校长。1925年受聘金陵大学化学系有机化学教授，1927年10月被聘为金陵大学校长，直至1950年卸任。是第一位担任教会大学校长的中国人。

③ 包文，美国伊利诺伊州之离盘塞人，毕业于美国讷克司大学文学系，于1897年来华。他是汇文书院最后一位校长，也是金陵大学第一任校长。

④ 陈裕光：《回忆金陵大学》，载金陵大学南京校友会编：《金陵大学建校一百周年纪念册》，南京大学出版社1988年版，第13页。

⑤ 张宪文主编：《金陵大学史》，南京大学出版社2002年版，第58页。

理科改为文、理两学院，农林科改为农学院，基本形成了"三院巍峨，文理与农林"的基本格局。注册后的金大，其系科设置不再以传教为目的，并逐渐规范化、实用化。19世纪30年代，为吸引更多的中国学生，金大新增数门中国文化课程，在文学院中国文学系下设国学研究班，并成立中国文化研究所，加强对中国本土文化的研究。理学院成立后，原于1927年因故停办的化学研究科立刻恢复工作，还新增机电工程科，改组工业化学系，停办医学先修科，另于动物学系增设医学动物组以替代。农学院也不甘示弱，与其他两学院一样也设立了专门的研究机构——农科研究所农业经济学部，开启了研究生教育的新大门，着力培养农业硕士。

截至抗战前，金陵大学共设文、理、农三学院，外加中国文化研究所。其中，文学院设中国文学系、外国文学系、历史学系、政治学系、经济学系、社会学系、教育学系；理学院设化学系、算学系、物理系、动物系，另有医学先修、工业化学两科；农学院设农艺系、森林系、蚕桑系、园艺系、农业经济系。至此，金陵大学的发展基本进入稳定期，各项事业也取得了长足进步。

二、抗战时期金陵大学系科调整之必要性

在日军全面侵华之后，南京国民政府统治的核心地带发生战争，南京受到很大的震动，当时美国在中国享有治外法权，金陵大学的一些西方人士本无意西迁，他们认为即使日本打到南京，金大仍有美国大使馆保护，奈何战况急转直下，金大根本无法正常办学，不得已才与华西大学协商，准备迁往成都。可西迁后的金陵大学，各方都损失惨重，办学条件直线下降，系科发展陷入困境。

（一）基础学科见长不适应战时国情

抗战前的中国是农业国家，以自然经济为主体，民族工业虽有所发展，但与工业发达国家日本相比要远远落后，两国工业水平的差距直接影响战争的态势。在这种背景下，如何保障抗战取得胜利，关键环节在于要为国防领域提供相应的工业技术支持，这就要求我国必须培养大量的理工科实用技术型人才。金陵大学理学院虽成立已久，但其所开设的物理系、化学系、数学系等都是一些基础学科，重视理论的传授与研究，对应用技术的训练关注较少，与当时中国所求的实科人才相差甚远。此外，抗战前金陵大学虽已开始发展工科教育，但规模甚小，仅设有电机科与工业化学科两个专业，且面临重重困难。电机科成立之初，为通过教会审查，只能借以应用物理学系之名，附设于物理系下。成立之后也未立即对外招生，而是以物理系二年级部分学生作为电机科三年级新生。[①] 另一方面，受经费影响，电机科聘请的专长工程类的教师鲜少，长时间以来系内的多门课程都只能由兼职教师杨简初一人担任，因此其发展一直深受限制。工业化学系成立较早，发展较为成熟，但因其原附属于化学系，所以必修课程中大部分皆为化学课程，教师也多为化学系教授兼任，直到抗战前其工科性质都未完全凸显。

（二）教会高校与民国政府博弈后的妥协

除了切实满足战时所需，金陵大学进行系科调整也不排除有寻求庇护的目的掺杂其中。教会大学本就是一个特殊的存在，它既是中国的重要高等教育机构，也是洋人的传教所，虽注册之后其宗教性已被大大削弱，但就其本质而言，总归与国立大学或是华侨所办的私立大学有所不同。而国民政府方面，开始态度暧昧，认为公立大学已经搬

[①] 严一士：《记电机系》，载金陵大学南京校友会编：《金陵大学建校一百周年纪念册》，南京大学出版社1988年版，第109页。

迁，教会大学迁不迁无关紧要，而且说，需要几个大学、中学撑撑场面。①如此一来，金大与国民政府之间的关系变得微妙，它有必要积极响应国民政府的号召，体现自身在抗战建国中的价值，以寻求安身立命之所。且西迁后，因急需新增设备、图书等，金大的支出预算陡然上涨，但自注册以来，美国教会就开始减少对金大的经费支持，西迁以后受战火影响，其受捐助渠道更是锐减，财政赤字空前严重。此时，教育部的补助费成为维持学校正常运营的重要经济保障，而要想获得国民政府的支持，身份尴尬的金大就不得不积极响应其号召。

（三）部分系科统属关系错综复杂，分组设置笼统

系科统属，反映的是上级与下级，管理与被管理的关系。一直以来，金陵大学农学院与理学院在有关生物系的管理上都是混乱的，因为变更太频繁，且从属关系太复杂。生物系原设于农林科下，理学院成立时，分立为动物学系和植物学系，改隶理学院，而植物学在行政上属于农学院管理，所以，理学院虽名为五个系，但实际上只有四个半。②1934年，因学制变动，医学先修科停办，其原有医学动物组改设于动物学系之下，与动物学、普通生物学两组一同开展教学研究事宜。同时，植物学系也在原有植物学组、植物病害学组和细菌组三组的基础上，增加经济昆虫学组，稍后又将细菌学组与植物病害学组合并为植物病理组，植物学系又变回原有的三组设置。③1935年，植物学系又重新划分为农学院所属。如此错综复杂的系科统属关系既是当时金陵大学不断变革自身的结果，同时也是一种系科分类缺乏专业性的表现。除此之外，抗战前金大专业系科布局大致已经成型，但就部分学科而言，其分组设置仍比较笼统，还具有较大发展空间。例如，

---

① 张宪文主编：《金陵大学史》，南京大学出版社2002年版，第79页。
② 张宪文主编：《金陵大学史》，南京大学出版社2002年版，第192页。
③ 张宪文主编：《金陵大学史》，南京大学出版社2002年版，第335页。

农业经济学系成立之初仅有农业经济、农场管理与农村社会三组,而哲学系、政治系与经济系等都未细分发展方向。

(四)顺应战时世界发展趋势

进入20世纪,以美国为代表的大学日益走向社会的中心,大学开始成为社会的服务站和动力源。其实早在本杰明·富兰克林时代,就有很多雄辩的美国人要求新型的高等教育,这种教育能够直接为青年从事各种职业做准备,包括技术领域。① 只是当时纽曼的自由教育理念太过于深入人心,而洪堡的大学模式在世界高等院校中风头止盛,所以其影响就被局部化了。但随着增地运动的发展与杜威主义教育思想的传播,美国高等教育模式不断表现出向实用型改革靠近的趋势,大学不再仅仅关注智力的训练,它洞察了人们渴望了解真实的生活问题的需求,开始将公共服务作为又一目标。查尔斯·艾略特所领导的哈佛与安德鲁·海特所领导的康奈尔分别成为美国东部与中西部大学的变革榜样,实用主义迅速席卷了整个美国乃至世界,大学被迫走出象牙塔而走向社会。就学科而言,从19世纪初到20世纪中叶,因量子论、相对论等相继问世,自然科学领域发生了翻天覆地的变化,理论科学的进步促使了应用科学的发展,技术科学与工程科学中新学科不断产生,并逐步成为大学中心。作为具有教会背景的金陵大学,主动进行系科调整既是为自身发展所需,也是为同步国际,顺应世界发展新趋势的表现。

三、战时金陵大学系科调整之历史考察

西迁后,金陵大学一方面为了满足抗战建国时期对实科人才的切

---

① 劳伦斯·维赛:《美国现代大学的崛起》,北京大学出版社2011年版,第61页。

实需求，另一方面考量到身为教会大学与南京国民政府之间关系的微妙，为体现自身价值，在逆境中求生存，谋发展，开始不断调整系科结构、变革系科设置。

（一）总体性原则和方针

针对抗战时期的人才需求，南京国民政府加大了对公私立大学院系设置的改革力度。1938 年国民参政会第一期集会政府提案《各级教育实施方案》即提出大学各院系关于政治、法律、经济及教育部分，应由国立或省市立大学立之，私立高校以及专科学校不再设置此等院系，转而集中于实用学科的开设，这就明确了金陵大学进行系科调整的总体原则，使其系科设置与整改有了主攻方向和依据。同时也规定"对于全国各地各级学校之迁移与迁建，应有通盘之计划，务与政治经济方针相呼应。每一所学校之设立及每一科系之设置，均应规定其明确的目标与研究对象，务求学以致用，人尽其才，庶几地尽其利，物尽其用，货畅其流之效可见"①。这就基本确立了其服务抗战建国的基本目的。1939 年 1 月国民党五中全会行政院教育工作报告中，直接点名金陵大学，让其着手调整，对于重复之院系，酌量归并或停止招生；不合实际需要，或设备简陋学生太少，酌予裁撤；设立缺乏中心目标者，酌予纠正。② 同年 3 月，《高等教育改进案》再次对各高校的系科设置给出优化建议，"在同一区域内，各校重复及不需要之院系，仍应继续调整"。而此前，金陵大学校长陈裕光一直致力于使金大"本土化"，奉行"教育、科研、推广"三合一的学科发展路径，主动承担社会服务责任，这与国民政府以实用为导向的调整意见不谋而合。总而言之，战时金陵大学的系科调整工作主要有三个出发点：第一，紧紧

---

① 杜元载：《抗战时期教育》，《革命文献》1972 年第 58 辑，第 31—35 页。
② 杜元载：《抗战时期教育》，《革命文献》1972 年第 58 辑，第 140—141 页。

围绕社会需求展开，以服务于抗战和建国为基本目的。在此考量的基础上竭力推动和促进实用学科的建设，调整不适应政治经济和军事需求的人才培养项目。第二，注重资源整合，意在发挥战时有限资源的最大价值。为集约资源，金陵大学撤销了一些与同驻地大学高度重复的专业，在系科设置上保证了与国家需求紧密结合。第三，以政治考量作为推进系科调整的内在逻辑。

（二）整理系科名称，规范各项制度

整理名称是大学院系调整的基础工作。全面抗战前，我国高等教育院系设置的名称不统一，且缺乏相应的学科专业标准问题，这在一定程度上会给大后方高校学科设置和调整带来障碍。1939年，南京国民政府教育部颁布了《大学独立学院各学系名称》，这份文件明确要求民国高校必须整齐划一，不仅对学科名称（如文、理、法、农、工、商、医等）进行了统一，对系也进行了规范。金陵大学依照部令，随即进行调整，将算学更名为数学，将工业化学系改称为化学工程系，动物学系改称为生物学系，乡村教育系改称为农业教育系，植物学系改称为农林生物学系。整理名称的同时，金陵大学还规范了其学位授予制度。民国时期，教会大学多因经费问题，拒绝开办工科教育，但魏学仁院长认为，"我国建设伊始，各方对于应用科学人才之效孔殷，势非兼顾不可"[①]。坚持开设化学工程系与电机工程系。起初，此二系因附设于理学院之下，所以其毕业生与其他系、科一致授予理学学士学位，1939年后乃改授工学学士学位。同样变革的还有主辅系制度，对于国民政府而言，一方面金陵大学实行主辅修制度，无形中降低了人才产出率，与战时国情不符，另一方面，也不利于管理，将学分制与

---

① 魏学仁等：《理学院对国家的贡献》，载金陵大学南京校友会编：《金陵大学建校一百周年纪念册》，南京出版社1988年版，第56页。

主辅系制度相结合,其中的规定过于复杂,计算方式过于烦琐,对于金陵大学的报表时常都是糊涂不解,根本无法确切掌握其人才培养情况。于是经过多方考量后,1939年教育部正式取消辅修系,规定所有高校中只设主修系,再一次规范了系科制度。

(三)扩充教学组织,优化系科结构

金陵大学早期的教学组织以系、科、所为主体,由学校或学院统筹。根据张宪文的定义"凡是研究自然科学的单位称为'系',凡是研究应用科学的单位,则称为'科',二者在行政上完全相同,都属于本科层次",而"'所'则是从事高深学术研究,培养高级专业人才的研究单位"[①],一类隶属于学院,一类则直属学校管辖。后随教学组织的发展,在"系"与"科"中分化出教学组,每一组选聘一主任负责教学相关事宜,部分系下附设有专修科与短期训练班。而各研究所按学科细分为"部",如农科研究所下设有"农业经济学部"。西迁重建时,金陵大学在"三院一所"的基本格局上,根据社会需要扩充教学组织,以新增专修科、教学组、短期训练班为主,并根据教育部规定改组学系,避免重复建设,优化系科结构。

1. 新增专修科

战时中国迫切需要大量人才,但本科四年制的培养模式投入大、见效慢,兴办两年制的专修科成为金陵大学积极回应社会需求的重要路径。电化专修科是金陵大学的特色之一,据孙明经先生所述,早在1922年,金陵大学农学院就开始发展电化教育了,"为了选育、驯化、推广农作物优良品种,先后推广棉种和麦种,曾使用电化教育手段配合推广工作"[②]。随后在魏学仁博士以及理学院一众教授的推动下,电

---

① 张宪文主编:《金陵大学史》,南京大学出版社2002年版,第192页。
② 孙明经:《我国大学中培养电影和电教专业人才的先例》,《电化教育研究》1986年第1期,第100页。

化教育不断发展。而抗战时期，国民政府深感唤醒民众参与抗战的意识之重要，大力提倡电化教育，在此情形下，校长陈裕光向国民政府提出申请"本校因鉴于电影及播音教育之重要暨此项专门人才之极度缺乏，拟自本年度在校理学院增设电化教育专修科，分电影与播音两组"，教育部部长陈立夫亲自应允其由本电影教育委员会会商合办，并附言"查该校历年来办理电化教育著有成绩，应予嘉奖"①。同年，大量高校内迁，使原本交通十分落后的西南地区开始迅速发展，大量汽车出现在成都、重庆、昆明等城市中，汽车工业人才的需求日益增加。金陵大学奉教育部令并根据全国公路局赵祖康局长和西北公路局钮泽全局长的一再请求，决定由理学院开设汽车专修科②，为电机工程系附设教学单位，学制两年。1940 年，文学院鉴于原设图书馆学辅系毕业生就业颇好，入川之后更有供不应求之势，且其图书馆履受外界委托，代为训练人员，特向教育部申请开设图书馆专修科，以促进图书馆专业精神、培养图书馆专门人才为目的。③

2. 增添教学组与研究部

在原有教学组织基础上扩充教学组，也是金陵大学在面对战时社会需求时所做出反应的途径之一。"七七事变"之后，大量高校内迁"大后方"，国民政府也迁都重庆，以前鲜少受人瞩目的偏远边陲地区变为了新的政治经济文化中心，政府与社会都开始关注起边疆开发与边疆建设等问题。而金陵大学社会学向来就有研究边疆之传统，鉴于抗战以来边区问题更为严重之势，遂于民国 29 年即 1940 年将其课程扩充成组，并设边疆之会研究室，增聘卫惠林先生为本组教授兼研究

---

① 《南大百年实录》编辑组编：《南大百年实录·中卷》，南京大学出版社 2002 年版，第 247 页。

② 严一士：《记电机系》，载金陵大学南京校友会编：《金陵大学建校一百周年纪念册》，南京大学出版社 1988 年版，第 111 页。

③ 《增设图书馆学专修科》，《金陵大学文学院通讯》第二、三期合刊，第 11 页。

室主任。① 与之一起增设与社会学系的还有社会福利事业组,其成立之缘起也系社会学系鉴于社会服务人才之需要,社会福利智慧之急需灌输,乃增设社会福利课程,特请陈文仙先生为该组教授,招收学生予以专门训练。② 除此之外,社会学系还依照教育部之规定,就普通社会学原有课程扩充都市社会学组,与原有普通社会学组、乡村社会学组共同致力于构建社会学研究与教学。在农学院,农业经济学系也为适应战时中国发展,将原有农业经济、农场管理及农村社会三个教学组扩充为六个,在保留农场管理的基础上,撤销农业经济与农村社会组,新增农政学组、农业统计物价学组、农业金融与合作组、农产贸易学组、农村社会组织学组和农业历史学组。③ 森林学系由金陵大学的林科变革而来,具有悠久的历史。1937 年随校西迁入川后,分为三个专业组:树木造林学组(后改称造林学组),森林经营学组(后改称森林经理学组)和森林利用学组。④ 为积极响应社会需求,抗战时期农科研究所由一个部扩为三个部:农业经济学部、农艺学部和园艺学部。高校内迁将西南地区逐步带入现代化的世界之中,抗战时期,城市虽有不小的损毁,但其与新建同时进行,这就需要大量的高级园艺与农艺人才。于是,1940 年,农科研究所增设农艺部,紧接着第二年又增设园艺学部,旨在培养园艺方面的高级研究人才。

3. 改组系科

1940 年,文学院"兹以抗战期间,对心智学科,尤须特别注重,借以启蒙学生之思想,使之认识人生及宇宙间各种关系,期以树立广

---

① 《南大百年实录》编辑组编:《南大百年实录·中卷》,南京大学出版社 2002 年版,第 216 页。
② 南京大学高教研究所校史编写组编:《金陵大学史料集》,南京大学出版社 1989 年版,第 164 页。
③ 张宪文主编:《金陵大学史》,南京大学出版社 2002 年版,第 328 页。
④ 张宪文主编:《金陵大学史》,南京大学出版社 2002 年版,第 323 页。

大之间接，庶于国家民族有正确之观念"①，在原有哲学系的基础上纳入原有的心理学、教育学等基础课程，重新改组为哲学心理系，下设哲学组与心理学组，由蔡乐生博士担任系主任，哲学组由倪青原博士负责，心理学组则由蔡乐生兼主任。1942年秋，农林生物系奉命改组，原植物学系中植物病理学组与经济昆虫组分出，成立植物病虫害学系，原植物组改隶于森林学系②，至此植物学系消亡，且其改组原因不明。抗战胜利后，植物学系开始恢复，但在1947年时仍"尚待呈请备案"，并未正式恢复，直到1952年院系调整时，植物学系与动物学系部分合并，成为南京农学院生物教研组③。

为集约资源，金陵大学撤销了一些与同驻地大学高度重复的专业，在系科设置上既保证了与国家需求紧密结合又留有了自我特色。1938年，国民政府下令将金陵大学原政治学系与经济学系合并为一系，改名为政治经济学，下设政治经济系政治组与政治经济系经济组，在名义上二者似乎规模有所缩小，但实际上各自仍为独立的运行状态。且政治经济系政治组因抗战建国之需要，增加市政建设、中国政治思想、国际问题及政治地理等课程。④民国31年，为发挥战时有限资源的最大价值，且鉴于太平洋战争爆发后，各国联系加强，需要大量精通英语的人才，教育部令金陵大学与同筑华西坝的金陵女子文理学院、华西、齐鲁合办英语专修科，目的在于训练英语专门人才，毕业后能胜任文书及其翻译工作。⑤除了改组、新增外，金陵大学也对撤销一些不

---

① 《哲学心理系成立》，《金陵大学文学院通讯》第二、三期合刊，第10页。
② 费旭、周邦任编撰：《南京农业大学史志（1914—1988）》，南京农业大学农业教育信息中心1994年版，第67页。
③ 张宪文主编：《金陵大学史》，南京大学出版社2002年版，第336页。
④ 南京大学高教研究所校史编写组编：《金陵大学史料集》，南京大学出版社1989年版，第215页。
⑤ 南京大学高教研究所校史编写组编：《金陵大学史料集》，南京大学出版社1989年版，第54页。

必要的教学分组，避免人事资源的浪费。1935年农业专修科随着专业发展将教学组细分为农事组和农业经济组，但西迁入川后，由于师资力量的短缺、教学场地设备的限制，随即停止分组办法，教学工作基本按农学院各主系范围进行分工。①

4. 开办短期培训班

短期培训班与专修科不同，它不设有固定的学期周期，短的可为几周，长也不超过一年，它通常与政府或其他社会机构合办，重在技术培训、实践操作。1938年，四川农村合作委员会委托农学院开办暑期合作训练班，且与农产促进委员会合作，开办农业推广人员训练班。②1940年，文学院也与中国工业合作协会合作举办工业合作干部人员培训班与高级干部人员培训班，前者由政治、经济组教授讲授工业合作会计、工业合作审计及财务报告分析等课程，社会学系则讲授工业合作原理、工业合作运动等课程，后者课程也由政治经济与社会学系教授讲授，但训练时间为4个月。③且鉴于四川当时落后的经济文化状况，文学院先后在成都举办警察训练班、劳工教育班、特种训练班，如保育员训练班等，以期改善成都人民的生存环境，提高其生活水平。

四、抗战时期金陵大学系科调整的历史意义

金陵大学根据战时的国情和社会需要调整系科结构，使教学科研与社会需要、生产实践相结合，重视发展应用科学，扩大办学规模，发展专修科和短期训练班，致力于提高办学的社会效益和经济效益，为抗战胜利做出了巨大贡献。

---

① 张宪文主编：《金陵大学史》，南京大学出版社2002年版，第311页。
② 张宪文主编：《金陵大学史》，南京大学出版社2002年版，第344页。
③ 《五年来之金陵大学文学院》，1943年，第21页。

（一）系科调整提升了服务抗战能力

第一，为国家提供大批高素质的国防人才。金陵大学在系科调整中一直注重与抗战的结合，根据抗战要求和学校实际扩充教学组织，对于已有系科则尽可能在必修课之外增加与战争理论且与实践相关的选修课程，从而丰富学生素养结构。例如，哲学心理学成立后为适应抗战需要，在普通心理学的基础上特设"军事心理"、"战争哲学"及"人生通论"等新课程[①]，这使得该系毕业生掌握了部分军事知识，具有良好的心态可以正确认识战争。就参战人数而言，从1944年8月开始，国民政府征召18至35岁知识青年入伍，金大师生皆壮志满怀，跃跃欲试。根据该年12月16日校刊统计，参加远征军已飞印度受训者36名，被录取者34名。知识青年从军报名参加者88名，总数为158名，约占全校学生人数的七分之一，内有助教2人。[②] 第二，为后方农业生产提供了技术保障。金陵大学农学院自成立以来一直十分注重研究工作，此次系科调整扩充农科研究所与农业经济系进一步促进了其研究事业的发展。病害与虫害是农业发展的重要威胁，为了保证后方农业生产高效，金陵大学植物病害组（后于1942年改为植物病虫害系）进行了大量研究，例如1936年至1940年间，与中央农业实验所合作研究小麦秆黑粉病的防治，1937年至1939年双方合作进行的食用蕈栽培研究，1939年至1943年间进行的柑橘病虫害研究，1940年开展的小麦病虫害研究等。[③]

（二）系科调整为建国培养了实用专业人才

首先，保障了战时国家建设的需求。据《私立金陵大学要览

---

① 《五年来之金陵大学文学院》，1943年，第10页。
② 《金陵大学校刊记载的抗战生活》，中国科学院网，http://www.cas.cn/wh/wmtd/200509/t20050919_1724795.shtml，2005年9月19日。
③ 张宪文主编：《金陵大学史》，南京大学出版社2002年版，第367页。

(1947）》统计，汽车专修科办学7年，为抗战期间我国公路交通事业人才培养做出了巨大贡献。自1941年春至1946年春，共有5届毕业生，合计78人，这不到百人的毕业生几乎遍布大后方各地运输线上。同属理学院开办的电焊科职业训练班自1940年开办以来，也为各个工厂培养大量电焊技术生，保障部分工业生产的正常生产运营。农学院更是为国家培养了大量优秀的农学研究生。从1936年到1945年农学院先后招收农业经济作物育种、植物病理、昆虫学、蔬菜学、果树学和农业工程等7个专业50名研究生，占新中国成立前全国农科研究生总数的39%。[①]其次，促进了战后国家发展。战后，着眼长远的战略考量，当时陈裕光校长在进行系科调整时将此作为重要取向，在大力发展专科教育培养实科人才的同时，依旧将哲学、心理学、史学、社会学等学科的人才培养置于重要位置，不断利用其师资拓展短期培训班等新的教学层次，为社会发展构建多元化人才队伍。1989年，著名学者李佩珊对中华人民共和国成立后做出较大贡献的科学家的学习经历进行统计研究，结果表明，有在金陵大学学习经历的人数与中央大学、西南联合大学、浙江大学等同居全国前十。[②]可见，战时的金陵大学确实为战后国家建设储备了不少人才。

（三）系科调整增强了自身办学能力

第一，扩大了办学规模。就系科设置而言，金陵大学此次调整虽兼顾实用与集约资源二原则，但实际上仍以新增为主，撤销停办系、科、教学组的甚少。如抗战时期农学院新增农艺部、园艺部、植物病理学系、农业职业师资科等，一跃超过文理学院成为金陵大学中最大的学院。该学院的人数也从1937年抗战全面爆发时的123名到1944

[①] 董维春：《金陵大学若干农学院史实研究》，《中国农史》2011年第6期，第126页。
[②] 李佩珊：《1949年以后归国留学生在中国科学、技术发展中的地位和作用》，《自然辩证法通讯》1989年第4期，第29—39页。

年抗战胜利前一年的 354 名，增长了三倍。抗战复员南京后，因不再受日寇威胁，大量学生返学，截止 1946 年秋全校注册人数共计 1116 名，其中文学院 247 名，理学院 328 名，农学院 464 名[①]，较 1937 年度全校不过 300 余人的规模，提升巨大。由此可见，西迁后金陵大学系科调整于其办学规模的扩大是有益的。第二，促进了学科的专业发展。学科是大学赖以生存和发展的核心，加强学科建设，促进学科专业化发展是提升大学综合竞争力的基础。在此次调整中，金陵大学将许多原有的系科重新划分为教学组，例如将森林学细分为造林学、经理学和利用三个方向，社会学系分设普通、都市、乡村、边疆与社会福利行政五组。这种细分不仅有利于学生的职业发展，同时也充实了本学科的内部知识结构，有利于拓宽其"专业槽"，促进专业发展。第三，开创了我国电化教育的先河。电化教育专修科是我国高等院校第一个培养专业电化教育人才的系科，其各方面的科研教学方面都是开创性的。虽然它在当时只是专科教育，但其教学水平绝不低于现在大多本科专业，辛显铭先生就曾高度评价金大的电化教育"开展最早、时间最长、人才与软件资源最多、成果最优、应用最多、影响最大、效益最高"[②]。

（四）系科调整推动了大后方社会经济发展

从地区上看，金陵大学西迁为给川渝乃至西南地区带来了人才与技术，且此次系科调整以实用性为原则，开办大量专修科、短期培训班等，更加符合当地社会发展的需求。就经济发展而言，1940 年，文学院有感于落后的传统工艺对成都纺织业发展的限制，特设调查组收集了丰富的实物及资料，并在此基础上提出改进建议，促进了当地传统工业向现代工业转型。且文学院常年与工会组织合作开设短期培训

[①] 《南大百年实录》编辑组编：《南大百年实录·中卷》，南京大学出版社 2002 年版，第 81 页。

[②] 黄小英：《中国早期电化教育专业课程创建实践探索》，《电化教育研究》2012 年第 1 期。

班，不仅提高了工合人员的知识文化水平，也间接促进了工业科学有序地发展。就政治而言，文学院政治组的县政研究也为四川政府改善辖地的民生状况起到了促进作用。例如，政治组受四川省政府之托，考察宜宾、江安、庆符三县政，并于返蓉后编制了详细报告，对民政、治安、保甲、兵役、禁烟、仓储、征工、救济、卫生等皆提出了具体建议。① 就社会生活而言，农业经济学系扩充教学组，增加对川内的农业研究，为其优化改进提供不少有用的资料。例如此次调整下新增的统计物价学组就时常从事成都批发物价及生活费用指数值编制，以其作为战时物价之研究，价格与指数每周发表于《经济通讯》，以供各方参阅。② 社会福利行政组开办的保育院培训班，向慈惠堂人员传授正确的育婴技能，改善保育方法，既降低了收容婴儿的死亡率，也间接向大众普及了科学知识。

---

① 《抗战以来金陵大学》，《金陵大学校刊》，第298、299两期合刊
② 《二十五年来金大农业经济系之概述》，载南京大学高教研究所校史编写组编：《金陵大学史料集》，南京大学出版社1989年版，第198页。

歌以载道：大学校歌与战时大学精神论析

李云梅　吴叶林　崔延强

摘　要：抗日战争期间，高等院校作为国家专门人才培养机构承担着"抗战建国"重要使命，为了达到长期侵占中国之目的，日本针对高等教育和文化机关开始了疯狂摧毁。中国高校财产损失和人员伤亡异常严重，很多高校遭受轰炸甚至无法办学，被迫内迁重建。面对后方艰难的办学条件，我国高校教学、科研和人才培养不仅没有倒退，反而取得了巨大成就，毋庸置疑在这背后是战时大学精神的支撑与推动。战时大学校歌是时代强音，淋漓尽致地彰显着战时大学精神，对战时大学校歌进行整理和分析是我们认识那一特殊年代大学精神和大学之道的重要路径。本文通过对战时大学相关档案史料、回忆性文著、日记与报刊等史料的整理勾勒出了战时大学校歌概况，通过对校歌歌词进行词频分析，管窥战时大学精神的内涵，反观这些大学精神要义对当前我国一流大学和一流学科建设同样具有跨越时空的借鉴价值。

关键词：抗战时期；大学校歌；大学精神；词频分析

抗日战争爆发后，日本军国主义者为了彻底摧毁中国，对我国高校进行了有计划、长时期、大规模的摧残和破坏，使我国高等教育蒙受了巨大损失。为了在这场浩劫中抢救和保存文化教育的命脉，大学内迁、重建办学成为我国高等教育的战时生存之道。然而就在如此恶劣的办学环境下，战时大学在人才培养、科学研究、社会服务等方面都取得了巨大成就，取得这些成就的关键在于大学精神，因此战时大学精神为世人所传颂。大学校歌作为大学精神的载体之一，由大学办学历史和办学风格凝聚而成，在师生中广为传唱，战时大学校歌更可谓是战时强音，淋漓尽致地彰显着战时大学精神，弦歌不辍。

校歌，从字面上看，是"校"与"歌"的组合，在含义上也是学校和歌曲的组合，但组合时有充分的限定条件。关于校歌的概念，各大权威辞典和相关著作都做出界定，认为校歌就是学校规定的、由学校的历史传统和办学风格凝聚而成，代表本校特点、体现本校精神[①]，以学校为主要传播机构，以学校师生为传播主体，不仅在学校的活动仪式上，更在日常被广泛传唱的仪式歌[②]，各级各类学校都会设立校歌来作为校园文化建设的重要部分。"大学精神"这一概念源于西方，古典大学精神是中世纪大学留下的永恒精神遗产。我国首次提出"大学精神"应是北京大学校长蒋梦麟在1923年做的演讲——《北大之精神》。20世纪90年代以来中国学者对大学精神的研究较热，以金耀基、陈平原、徐显明等为代表的学者对"大学精神"都有释义。概而括之，大学精神就是大学经过长期发展积淀形成，体现大学特有的气质和风貌，影响大学生存发展的精神文化状态。

大学精神属于精神层面，而校歌则将看似抽象的大学精神具化为词曲，所以说大学校歌是大学精神的直接体现。根据唯物辩证法理论，大学校歌与大学精神主要存在两大关系。第一，内容和形式的关系。内容和形式是揭示事物内在要素同这些要素的结构和表现方式的关系范畴，没有无内容的空洞形式，也没有无形式的纯粹内容，脱离了大学精神的大学校歌是不存在的，而大学精神通过大学校歌等形式才能

---

① 罗竹风主编：《汉语大词典》（第一卷），上海辞书出版社1986年版，第11页。
② 陆正兰：《歌词学》，中国社会科学出版社2007年版，第183页。

体现;第二,现象和本质的关系。现象和本质是揭示客观事物的外部表现和内部联系相互关系的范畴,现象是事物的外部联系和表面特征,人们可通过感官感知,本质是指事物的内在联系和根本性质,只有靠人的理性思维才能把握,人们可以通过感官感知校歌的旋律与歌词,从而靠理性思维把握大学精神。

正如竺可桢所说,校歌是"一校精神之所附丽"[①],一所学校的精神都表现在校歌之中。马军在《近代中国高校校歌选》中写道:"校歌之与它的学校,就如同国歌之与它的国家,可以说是校园生活的现代图腾。对大学而言,校歌不只是一串音符,一簇象征性的符号,更是一种灵魂,是大学精神的集中体现,并代表各该校的特点。它是由各该校的历史传统和办学风格凝聚而成的,它的旋律萦绕、弥散着每一位学子心中的憧憬和梦想。"[②]校训、校徽、校歌等都是大学精神的载体,相对于校训、校徽偏向视觉传达,校歌更偏向于听觉传达,故一定程度上更具感染力。基于战时的特殊环境下,大学校歌不仅彰显本校的历史传统和办学风格,还被赋予了深刻的时代意义,肩负着激励人心、鼓舞士气、奋勇抗战等希冀[③],所以战时大学校歌,在大学精神的表征方面,比任何时期更有说服力。下文将翻开尘封的历史,解读战时弦歌,体会战时大学精神。

一、抗日战争时期的大学校歌整理

抗日战争简称抗战,指 20 世纪中期第二次世界大战中,中国抵抗日本侵略的一场民族性的全面战争。国际上称作第二次中日战争、

---

① 竺可桢:《竺可桢全集》(第 2 卷),上海科技教育出版社 2004 年版,第 555 页。
② 马军:《近代中国高校校歌选》,上海社会科学院出版社 2006 年版,第 2 页。
③ 司晓雪:《中国大学校歌的文化功能及其实现途径研究》,河南理工大学硕士学位论文,2015 年,第 15—24 页。

日本侵华战争。抗战时间从 1931 年 9 月 18 日"九一八事变"开始算起，至 1945 年结束，历时 14 年。战时大学校歌指 1931 年抗战爆发到 1945 年抗战结束期间作词、谱曲制定的大学校歌。1931 年抗战爆发后，高校受到一定影响，有部分学校开始迁建，但仍然不是主流，到 1937 年 7 月 7 日全面抗战爆发时，北京很多高校仍然在观望，最后被逼无奈才开始迁移。"七七事变"发生以后，"战争残酷的破坏驱使坐落于沿岸都市内的大学，大规模西移、南迁、深入内陆，在穷乡僻壤之内，于荒烟蔓草之中，重建简陋校园，以不屈不挠的精神，维系高等教育并于不辍"①。就校歌而言，战时作词谱曲的校歌主要集中于后方大规模迁建时期，故本研究中战时大学校歌主要集中于全面抗战时期。

陈功江结合时代背景对战时大学进行分类，"抗战时期的大学，按其属性可以分为公立大学和私立大学两类。公立大学中，又可分为国立大学和省立大学两种；私立大学从办学实际主持者的国籍看，又有国人自办的私立大学和外籍人士主办的教会大学之别"②。为了研究方便，本文将教会大学的校歌单列，又由于抗日革命根据地的大学培养了各类专业人才直接服务于抗战，为抗日战争的胜利做出了巨大贡献，是研究战时大学校歌与大学精神的重要部分，故本文将战时大学分为公立大学、私立大学、教会大学、抗日革命根据地大学四类，校歌也按此分为四类。

（一）战时大学校歌的文本获取

战时大学校歌歌词的搜集工作有一定难度，一是战时时局动乱且年代久远，部分相关史料未能保存下来或保存较少；二是史料分散，

---

① 胡国台：《浴火重生——抗战时期的高等教育》，台湾稻乡出版社 2004 年版，第 2—3 页。
② 陈功江：《精神符号与个性彰显——民国时期知名大学校训研究》，华中科技大学出版社 2011 年版，第 23 页。

必须在学校、图书馆、档案馆等广泛搜集史料。本文有关战时大学校歌与大学精神的一手史料主要来自于中国国家图书馆、大学图书馆与档案馆等。史料选择是研究战时高等教育最基础且最重要的工作,应在坚持使用一手史料的原则下,关注多种史料的挖掘与使用。① 战时大学校歌与大学精神的史料来源分为三类:档案史料、回忆性文著、日记与报刊等,其中,以档案史料为主要来源,包括战时教育部编纂的年鉴、权威机构与人士汇编的相关史料等,如 1972 年由杜元载主编,中国国民党"中央委员会"党史史料编纂委员会编辑的《革命文献第十六辑:抗战时期之高等教育》、1936 年教育部编《最近全国高等教育概况》、1941 年黄觉民编《全国专科以上学校最近实况》等。此外,各大学校史是战时大学校歌与大学精神相关史料的最直接、最详细来源,如 1998 年北京大学、清华大学、南开大学、云南师范大学编《国立西南联合大学史料》共 6 卷、1996 年西南联大北京校友会编《国立西南联合大学校史——1937 至 1946 年的北大、清华、南开》、1936 年私立无锡国学专修学校编《私立无锡国学专修学校十五周年纪念册》、1947 年金陵大学总务处编《私立金陵大学要览》等。

（二）战时大学校歌歌词分析

通过在中国国家图书馆、大学图书馆与档案馆等查找战时档案史料、各大学校史,并参考马军的《近代中国高校校歌选》一书,共搜集到 69 首战时大学校歌的歌词。本文认为词作者作为战时大学校歌歌词的创作者,是大学精神的直接传达人,故将 69 首大学校歌词作者统计于表 1,并对词作者身份进行深入剖析,以期加深对战时大学校歌与大学精神关系的理解。

---

① 陈志刚:《历史研究法在教育研究运用中应注意的要求》,《教育科学研究》2013 年第 6 期,第 76—80 页。

表 1　战时大学校歌词作者

	序号	学校	词作者		序号	学校	词作者
公立大学	1	西南联合大学	罗庸	公立大学	27	英士大学	杜佐周
	2	西北联合大学	黎锦熙		28	杭州艺术专科学校	林文铮
	3	浙江大学	马一浮		29	杭州艺术专科学校	滕固
	4	交通大学	唐文治		30	贵州大学	张廷休
	5	中央大学	罗家伦		31	中央政治学校	陈果夫
	6	湖南大学	胡庶华		32	唐山工学院	吴稚晖
	7	广西大学	马君武		33	暨南大学	许杰
	8	云南大学	熊庆来		34	中央航空学校	—
	9	北洋大学	廖辅叔		35	内政部警官高等学校	李士珍
	10	安徽大学	程演生		36	女子师范学院	
	11	河南大学	嵇文甫		37	贵阳医学院	—
	12	同济大学	易韦斋		38	重庆大学	胡庶华
	13	四川大学	萧公权		39	甘肃学院	—
	14	武汉大学	—		40	广西省立医学院	李祖蔚
	15	吴淞商船专科学校	—		41	广东省立勷勤大学	林砺儒
	16	湘雅医学院	龙伯坚		42	川至医学专科学校	—
	17	江苏医学院	胡定安		43	山西省立法学院	
	18	师范学院	廖世承		44	江苏省立教育学院	高阳
	19	西北农学院	周伯敏		45	河北省立法商学院	
	20	上海医学院	黄炎培		46	新疆省立新疆学院	林基路
	21	中山大学	邹鲁		47	广西桂林师范学校	丰子恺
	22	中正大学	王易		48	天津工商学院	
	23	东北大学	刘半农		49	天津工商学院	
	24	西北工学院	厉汝尚		50	焦作工学院	李敏修
	25	戏剧专科学校	余上沅		51	上海女子大学	
	26	中央工业专科职校	—		52	无锡国学专修学校	唐文治

续表

	序号	学校	词作者		序号	学校	词作者
私立大学	53	武昌艺术专科学校	冯涤尘	教会大学	62	之江大学	马叙伦
	54	重辉商业专科学校	叶羲人	抗日革命根据地大学	63	中国人民抗日军事政治大学	凯丰
	55	私立武昌中华大学	陈时		64	华北联合大学	成仿吾
	56	铁路学院	—		65	陕北公学	成仿吾
	57	铭贤学院	贾炎生		66	鲁迅艺术学院	沙可夫
教会大学	58	东吴大学	嵇健鹤		67	中国女子大学	—
	59	之江、东吴联校	段天炯		68	民族学院	—
	60	金陵女子文理学院	—		69	中国医科大学	王斌
	61	金陵大学	胡小石				

由表 1 可知，战时大学校歌的词作者很多都为该校校长，如交通大学校歌《为世界之光》的歌词就是原交通大学校长唐文治所作、中央大学校歌是罗家伦亲自作词，此外，云南大学校长熊庆来、安徽大学校长程演生、江苏医学院院长胡定安、英士大学校长杜佐周等都为本校校歌作词，从中可看出战时大学校长对校歌的重视，校长所作的校歌歌词可在一定程度上反映校长的办学理念。校歌的词作者大家云集，如西南联大校歌歌词是著名古典文学研究专家和国学家罗庸所作，浙江大学校歌歌词是著名国学家马一浮所作，上海医学院院歌歌词作者是我国近现代职业教育的奠基人黄炎培。在所有战时大学校歌歌词作者中，教育家胡庶华、无产阶级革命家及社会科学家成仿吾、国学大师唐文治都分别为两所大学的校歌作词。

大学校歌歌词之形式以文言为主体，白话形式甚少，只有广西大学、同济大学、江苏医学院、师范学院、杭州艺术专科学校、戏剧专科学校、中央政治学校、暨南大学、省立甘肃学院、广西省立医学院、新疆省立新疆学院以及 7 所抗日革命根据地大学共 18 所大学的校歌歌词采用了白话形式。"五四"新文化运动后白话文在全社会普遍应用，可大学校歌大多坚持采用文言形式，一是文言较白话典雅、精湛，词间尽显大学浓厚的人文气息①；二是大学校歌词作者多为国学大家、文学家，抑或拥有深厚的国学积淀，采用文言形式作词是词作者们反复对比与思量后的归属。值得一提的是，在四类战时大学校歌中，7首抗日革命根据地大学校歌的歌词全部采用白话形式，将豪迈激昂的感情发挥得更加淋漓尽致。

二、战时大学校歌的核心词频考察

史学研究必须以可靠和充分的史料为基础，年鉴学派学者拉杜里（Emmanuel Le Roy Ladurie）说："任何历史研究都应当从分析原始资料开始。"② 上文已交代战时大学校歌相关史料来源，本研究的史料挖掘力求做到正确无误。然香港科技大学人文学院李伯重教授认为，"正确的史料并不等同于可靠的史料。要把正确史料变为可靠的史料，就必须采用适当的方法进行处理，这种处理有时甚至会达到加工改造的程度"，且"在这方面，量化方法有其用武之地"。③ 下文就以量化方法对战时大学校歌的核心词频进行考察。

（一）研究方法与选用软件介绍

罗式胜在《文献计量学概论》一书中这样定义词频分析法："作为一门科学的文献计量学，以文献为基本研究对象，采用数学、统计学

---

① 苗菁：《重读建国前著名大学校歌歌词》，《名作欣赏》2009年第16期，第1页。
② 埃马纽埃尔·勒华·拉杜里：《蒙塔尤——1294—1324年奥克西坦尼的一个山村》，许明龙、马胜利译，商务印书馆1997年版，第2页。
③ 李伯重：《史料与量化：量化方法在史学研究中的运用讨论之一》，《清华大学学报（哲学社会科学版）》2015年第4期。

方法，对各类文献的计量特征进行统计分析，进而揭示和研究文献情报规律、文献情报科学管理以及学科发展趋势。"[1]

本文用中文词频分析软件 Rost WordParser 进行分析。Rost WordParser 是武汉大学沈阳博士开发的中文分析软件，是为数不多的中文词频分析软件之一。在获取战时大学校歌歌词后，用 Rost WordParser 对文本进行自动分词、词频统计以及过滤无意义词，结果以词频表形式呈现。此外，还运用 NiucoData，这是一款制作"词云图"的软件。词云图也叫文字云，是对文本中出现频率较高的关键词予以视觉化地展现。

（二）文本选择与准备

进行词频分析的前提是有一定规模的文本库，关于文本的获取在前文已经说明，于是就对战时 69 首大学校歌的歌词进行词频分析。此外，如果对所有战时大学校歌笼统地进行分析，则只能看到当时大学校歌的共性而忽略其个性，故本研究基于大学属性将战时大学校歌分为四类，下文也会分类进行词频分析。

（三）结果呈现

1. 高频词统计分析

首先对战时 69 首大学校歌歌词总体进行词频统计分析，表 2 是分析结果。筛选出频次为 5 及 5 以上的词语进行呈现。

表 2　战时大学校歌高频词

序号	高频词	频次	序号	高频词	频次	序号	高频词	频次
1	我们	51	3	民族	27	5	文化	14
2	努力	27	4	责任	17	6	中华	12

---

[1] 罗式胜：《文献计量学概论》，中山大学出版社 1994 年版，第 9 页。

续表

序号	高频词	频次	序号	高频词	频次	序号	高频词	频次
7	世界	12	19	先锋	7	31	毋忘	6
8	精神	10	20	时代	7	32	可惜	6
9	建设	9	21	服务	7	33	文明	6
10	无疆	9	22	同舟共济	6	34	复兴	5
11	同有	9	23	抗战	6	35	中国	5
12	巍巍学府	8	24	吾侪	6	36	光荣	5
13	发扬	8	25	学习	6	37	创造	5
14	前程	8	26	艺术	6	38	我校	5
15	前进	8	27	河山	6	39	学术	5
16	革命	7	28	东吴	6	40	使命	5
17	教育	7	29	社会	6	41	健康	5
18	青年	7	30	科学	6	42	团结	5

由表2可以看出，战时大学校歌高频词表征的含义主要分为四类：一是团结一心的整体意识，如"我们"、"同有"、"吾侪"、"同舟共济"、"团结"等，其中"我们"一词出现频次为51，远超其他词语，这表示在战争年代国破家亡、人民流离失所之时，大学作为思想高地始终坚信团结的力量；二是对祖国的热爱之情，如"民族"、"文化"、"中华"、"精神"、"河山"、"中国"等，中华民族五千年来历经劫难却生生不息，不断向前发展，这与人民对祖国的热爱分不开，从这些高频词可以看出战时大学校歌意欲通过彰显优秀的中华文化而唤起炎黄子孙炙热的爱国之情；三是勇于担当的责任意识，如"努力"、"责任"、"建设"、"发扬"、"革命"、"服务"、"复兴"等，史料证明，战时大学真正将传承民族精神、复兴中华民族作为己任，这种担当超出了大学的社会服务职能；四是毋忘学习的大学精神，大学最根本的职能还是人才培养，战时大学里教师教书育人、学生勤于学习，离不开战时大学对教育的忠诚，大学校歌里对"巍巍学府"、"教育"、"学习"、"科学"、"学术"等高频词就是体现。

2. 高频词分类统计分析

为突出战时大学校歌的个性，依据大学属性对公立大学、私立大学、教会大学、抗日革命根据地大学之校歌歌词分类进行词频分析，根据词频筛选了出现频次较高的词语呈现于表3中。

表3　战时四类大学校歌高频词

序号	公立大学	频次	私立大学	频次	教会大学	频次	根据地大学	频次
1	我们	18	我校	3	东吴	6	我们	33
2	努力	17	无疆	3	世界	4	努力	9
3	民族	17	中华	3	春华秋实	3	学习	9
4	责任	13	工商	3	人中鸾凤	3	民族	7
5	文化	11	努力	3	之江	3	革命	6
6	精神	10	实事求是	2	山负海涵	3	中国	5
7	中华	9	千秋	2	千秋万岁	2	社会	4
8	同有	9	专长	2	对岸	2	前进	4
9	世界	8	华夏	2	中美	2	抗战	4
10	前程	8	河山	2	学界	2	团结	4
11	建设	7	民族	2	北美	2	艺术	4
12	教育	7	莘莘学子	2	比邻	2	先锋	3
13	发扬	7	人才	2	握手	2	抗日	3
14	巍巍学府	7	芬芳	2	烂漫	2	武器	3
15	时代	7	勉哉	2	兄弟	2	解放	3

表3中的高频词大多与表2相同，但四类大学校歌的高频词表征侧重点不同。公立大学和抗日革命根据地大学的校歌中都以表征团结一心的整体意识和勇于担当的责任意识为主，在一定程度上与大学属性分不开，私立大学和教会大学的校歌中也有相当之词语表征团结和责任意识，不过出现频次远低于公立大学和抗日革命根据地大学。私立大学校歌的高频词除了表征团结和责任之外，对学校的专业教育与

人才培养十分看重,"工商"、"专长"、"莘莘学子"、"人才"等词都为体现,战时私立大学占据高等教育的半壁江山,无数私人学校个性鲜明且办学成就卓著,现在看来与这些学校的办学理念分不开。另外,教会大学校歌则较多的强调合作与对整个世界的包容,如"世界"、"山负海涵"、"中美"、"北美"、"比邻"、"握手"等,在特殊时期教会大学确因宗教背景受到质疑,但其中西兼容的多元化、国际化特色是具有超前性的。由于抗日革命根据地大学主要为培养抗战人才与党的干部,校歌中不乏体现战斗的词语,如"武器"、"解放"、"战斗"等,这在其他三类大学的校歌中很少出现。综上所述,基于高频词分类统计分析,发现战时四类大学校歌表征的大学精神确有不同,这与大学属性及各大学办学宗旨颇为契合。

三、战时大学精神管窥

前文已审视大学校歌与大学精神之关系,认为大学校歌是大学精神的载体,且基于战时的特殊环境下,大学校歌不仅彰显本校的历史传统和办学风格,还被赋予了深刻的时代意义,在大学精神的表征方面,比任何时期更有说服力。通过对战时大学校歌歌词的词频分析结果可窥见些许战时大学精神。

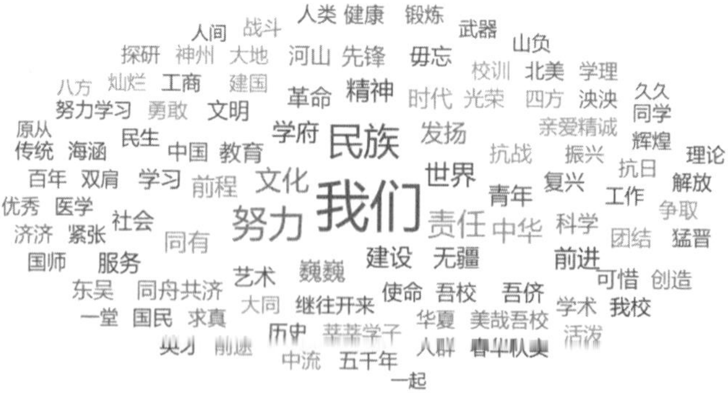

图1 战时大学校歌歌词云图

结合表2、表3及图1，可直观获取战时大学校歌歌词中的高频关键词，进而从校歌歌词的词频角度管窥战时大学精神。

（一）团结一心为社会

根据战时大学校歌高频词表与词云图，可以清楚看到"我们"是战时大学校歌歌词中出现频率最高的词，在69首校歌中共出现了51次，此外，"无疆"、"同有"、"吾侪"、"同舟共济"、"团结"等表征整体意识的词也在校歌中屡次出现。从中我们可以知道，越是困难的时候越要团结，抗日战争时期，山河破碎、百姓流离失所，人们有过恐惧、有过退缩，但大学举起了民族精神的大旗，用行动勇做抗战的精神领袖。"西南联大当时在海内外获得'民主堡垒'的光荣称号"，"龙云在云南主政十多年，他对西南联大的民主运动采取了比较开明的态度"[①]，以西南联大为代表的战时大学通过《告全国同胞书》等振臂呼喊，"请全国工农商学界团结起来"、"为和平、民主、团结而奋斗"等呼吁确实得到了无数同胞的认可。大学校歌通过广泛的传唱可以实现团结师生、凝聚力量之功能，战时大学校歌并不局限于大学校园内，歌声穿越藩篱，鼓舞、激励着中华儿女团结起来。这样看来，战时的大学不再像中世纪"象牙塔"一样旁观社会，而成为抗日战争中引领社会思想的"灯塔"。除精神引领，战时大学也切实服务乡邦，大力推进社会服务，战时高校内迁多选西部和南部边远地区作为校址以暂避战乱、保存教育实力，淳朴乡民给予战时大学宝贵支持，大学则通过传授文化知识、推广农工技术、普及文艺活动、开展医疗服务等途径推动乡村发展，致力于改变当时中国民众贫、愚、弱、私四大弱点，切断中国备受列强欺负的根源。抗战烽火中名噪一时的华西坝五大学

---

① 北京大学等编：《国立西南联合大学史料一：总览卷》，云南教育出版社1998年版，第3页。

（时任四川教育厅厅长郭有守将华西坝五大学比喻为"Big Five"），即汇聚于四川华西坝的华西协合大学、金陵大学、金陵女子文理学院、齐鲁大学、燕京大学，为服务抗战和发展四川经济做出了巨大贡献。《私立金陵大学要览》记录道，"举凡社会服务，科学实用与提倡，及农事改进等项工作，无不积极推广，务期学校与社会打成一片，发扬文化与促进建设兼筹并顾"。[①]

在战争中，大学与社会唇齿相依，大学的社会功能显得格外重要，从西南联大校歌中的"弦诵在山城"到同济大学校歌中三次重复的"同舟共济 同舟共济"，从华北联合大学校歌中"民族的儿女们，联合起来！"到中国女子大学"我们要深入农村工厂，我们要英勇的走上战场"，师生与百姓一起为抗战努力的景象仿佛就在眼前！

（二）热爱国家求报国

正是在"国破山河在，城春草木深"之景象中，人民的爱国之情被无限激发。中国高等教育乃至世界高等教育史上一次罕见的大迁徙就发生在这个时期，大学纷纷内迁，从中国东部沿海地区迁至相对闭塞的西南地区。相比艰险崎岖的迁徙路程，途中的风土人情、壮丽山河抚慰了大学师生们的心灵，从而更加引发师生爱国、爱人民的强烈情感。湖南大学校歌中"麓山巍巍，湘水泱泱"、云南大学校歌中"太华巍巍，拔海千寻；滇池淼淼，万山为襟"通过描绘祖国的秀丽山河而传达了对祖国的热爱之情。战时大学师生热爱的不仅是祖国大好河山，更有传承五千年的优秀中华文明，安徽大学校歌中"夏商肇启，雍容汉唐。文化丕成，民族是昌……缅怀先哲，管仲蒙庄。高文显学，宋清孔彰"，在歌颂中华文明的同时，更点明大学之功效与使命乃在于成就文化、昌盛民族。国立中央大学是中华民国时期中国最高

[①] 金陵大学总务处：《私立金陵大学要览》，金陵大学，1947年，第26页。

学府，时任中央大学校长的罗家伦亲自为校歌作词，首句便是"国学堂堂，名士跄跄"，此处"国学"古代指国家设立的学校，现多指我国固有的文化、学术，此歌词在战时高等教育遭受重创、中华民族文脉岌岌可危之时创作，实为以罗家伦校长为首的中大人保护与传承中国文化命脉的坚定决心。中央大学在重庆沙坪坝"从文从武，学工学农，或为国魂，或为栋梁"，作为战时国立大学中系科设置最齐全、规模最大的大学，在工、农、林、医、教育等诸多方面开展了大量的人才培养、科学研究与社会服务，培养出无数优秀毕业生直接参与到国家建设中，而"力学永毅，教育兴国"的西迁精神更是民族危亡关头的宝贵财富。除此之外，河南大学校歌"济济多士，风雨一堂，继往开来扬辉光"、中央航空学校"报国怀壮志，正好乘风飞去，长空万里复我旧河山"等都表达出报效国家的强烈愿望。

（三）自强不息系国运

抗日战争期间，日本帝国主义对我国高等教育疯狂摧毁，从时间跨度来看，全面抗战时期日军侵略行动持续未断，高校内迁也就成为常态，只是因战事急缓或形势紧松而存在阶段性的集中或分散的内迁行动，自1937年8月至1945年初高校内迁甚至还出现了三次高潮。[①]然而面对日本帝国主义的打击迫害以及后方异常艰难的办学条件，战时大学在教学、科研和人才培养方面不仅没有倒退，反而取得了巨大成就，这离不开中华民族自强不息精神的支撑与推动。作为战时最负盛名的大学，西南联大引领着战时高等教育在夹缝中艰难却蓬勃的发展，"刚毅坚卓"是联大精神的高度概括。"刚毅"一语最早的完整诠释见于《礼记·儒行》，要求做一个无私无畏的人，坚忍不拔、刻苦自励、追求真理，创造丰功伟业，至于"坚卓"一语，源于成语"艰

---

① 付洪:《中国全面抗战时期高校的内迁及其教育史意义》，《教育评论》2017年第6期。

苦卓绝",不仅仅用于形容环境条件的"艰苦",更是精神修养的一种境界,要求人心之坚定、刻苦自励、勤奋学习、卓然成家,但又不慕名利地位,铁骨铮铮。① 由此看来,西南联大"刚毅坚卓"的联大精神,与"自强不息"有着相同的精神内涵。相较于战时高校内迁中最负盛名的西南联大以及内迁最迅速、最完整的中央大学,浙江大学的内迁之路十分曲折,迁校次数最多,自1937年跨越江南六省,辗转初迁浙江建德,继而迁至江西泰和,1938年夏战事紧逼,浙江大学再次被迫迁至广西宜山,1939年底,又迁至贵州的遵义,暂时安放了他们的讲坛和书桌。浙江大学的这次内迁,在中国教育史上被誉为"文军长征"。虽然条件十分艰苦,浙江大学在竺可桢校长的治理下,教学、科研、社会服务等工作开展得有序不紊,英国著名科学家李约瑟曾在战时两次访问浙江大学,震惊于浙江大学在艰苦卓绝条件下取得的教育成就和科研成果,赞誉浙大为"东方剑桥"。浙江大学校歌创作于迁校途中,即便烽火连天,有自强不息的精神支撑便也积极奋进,卓然成家。

虽国民政府秉着"战时须作平时看"的教育方针将大学迁至相对安全的西南地区,以此来保存教育力量,但看到"九州遍洒黎元血"之景象,师生们怎能偏安一隅?正值血气方刚的年纪,对敌寇肆虐的愤怒之情愈加强烈,于是他们拿起武器奋勇抗战。云南师范大学校内树立的"国立西南联合大学纪念碑"记录了西南联大从军学生的名字,西南联大时期从军学生为832人②,长沙临时大学时期从军学生为295人,两者相加共有1100多人,从军人数比例高达14%。虽然生活在较为安定的西部,大学师生们仍在国家危亡时刻投笔从戎。滕固作词的《国立艺术专科学校校歌》中"我们以热血润色河山,不使河

---

① 云南师范大学首页—校园文化—校训, http://www.ynnu.edu.cn/xywh1/xx.htm, 2017年12月9日。

② 西南联大北京校友会编:《国立西南联合大学校史——1937至1946年的北大、清华、南开》,北京大学出版社1996年版,第495—498页。

山遭践踏。我们以热情讴歌民族，不使民族受欺凌"、省立甘肃学院校歌中"仅凭舌尖怎能扫荡那凶焰，挥起铁拳才能还我河山"，以及抗日革命根据地大学校歌中频频出现的"抗日"、"抗战"、"战斗"等词，都能看出战时大学心系国运，用自强不息之精神"挥起铁拳"保护祖国河山！

（四）潜心教育重育人

在战时特殊时期，除了服务社会，大学依然坚守着两大职能——教学与研究。由于战争，大学办学条件与研究环境十分艰苦，甚至连师生的基本生活保障都不能实现，但就是在这么恶劣的情况下，我国高等教育不仅没有倒退，反而获得了蓬勃发展。其中，西南联大是中国教育史上的奇迹，也是世界教育史上的奇迹，牛津大学高度评价道："中邦三十载，西土一千年。"在极端贫困与艰难的情况下，大学忠诚教育，争创一流教学；举贤唯能，成了大家聚集之地，对课程设置也十分重视，坚持紧跟世界潮流。[1]将"国学"作为专科的无锡国学专修学校也并不"迂腐"，唐文治校长聘请不同流派的专家学者讲课，如章太炎、陈衍、钱萼孙、冯振等大师，学校开设课程以书院必读的儒家经典为主，但性理学、看护学、伦理学、教育学、西洋文学史等西方社会科学学科也是必修课程[2]，是时"无锡国专独以学术为重，打破门户之见，故受时人所重，誉之为'无锡国专的蔡元培时期'"[3]。作为大学的核心理念，学术自由自12世纪以来便逐渐成为一流大学孜孜以求且赖以立足的根基。战时大学传承并坚守这一宝贵的大学精神，师生

---

[1] 赵保全：《抗战时期大学共同体精神培育凝练之道——基于西北联大和西南联大的比较》，《重庆高教研究》2018年第4期。

[2] 私立无锡国学专修学校：《私立无锡国学专修学校十五周年纪念册》，民生印书馆1936年版，第13—21页。

[3] 胡子远：《唐文治与无锡国学专修学校——纪念唐文治先生诞生一百四十周年》，《苏州大学学报（哲学社会科学版）》2005年第2期。

们为争取大学自治与学术自由而奔走抗争，清华大学校长梅贻琦、北京大学校长蒋梦麟、南开大学校长张伯苓、浙江大学校长竺可桢、武汉大学校长周鲠生等战时大学校长奋力抵抗国民政府的以党治校方针。学校治理方面，战时大学推行民主管理、教授治校，大学校长举贤任能，校长和教授互相尊敬、合作无间、共同治校，战时大学校园充满自由的治学氛围，各种思想流派、各式学术观点在校园中激情碰撞。

在这样的学研氛围下，战时大学培养出了一批又一批一流学生直接服务于抗战，长远来看，推动了中华人民共和国的成立与发展，这些学生中有很多都成为各领域的专家，推动了中国乃至世界的科学发展。北洋大学校歌"穷学理，振科工，重实验，薄雕虫"、四川大学校歌"勉旃勉旃，吾侪责任非等闲，敏求好问勤探研"、东吴大学校歌"相期努力，敬教劝学，分校遍西东"等都将教学研究明确写进校歌，以激励师生"敏求好问勤探研"。

（五）葆有个性的精神内涵

由于各大学历史传统、地域环境、办学理念、发展方向等差异，孕育出各具特色的大学精神是必然的，这也是对大学长久发展极其有利的。在"双一流"建设热火朝天的今天，不少大学已经意识到大学精神个性的缺失，纷纷寻求特色发展之路。反观战时大学，四类大学都办得有声有色，在这些大学的校歌里我们可以察觉到战时大学精神之个性。战时四类大学之校歌所彰显的大学精神除了以上四点共性之外，每一类大学的校歌都呈现出独特个性。公立大学是国家政府或地方政府资助创立维持的大学，我国的公立大学大部分组建历史悠久、文化底蕴浓厚，大学精神在国家和民族层面有所体现，在表3中可以看出，公立大学校歌中"我们"、"民族"、"中华"等是出现频率最高的一类词。私立大学主要由民间资本维持经营，民国时期是我国私立大学的繁荣期，相比公立大学，私立大学更加注重学校的专业教育与特色发展,以无锡国学专修学校为例,是当时我国进行专门国学教育中最好最好的学校。细品战时私立大学校歌,各校特色尽显,不禁惋惜私立大学的盛景不再。教会大学产生之初主要是为了传教,随着革命的洗礼,中国人民强烈要求收回教育主权,从战时大学校歌可以看出,教会大学已日益与中国的社会融为一体了。从教会大学校歌的高频词来看,教会大学有着更广阔的国际视野、更强烈的国际合作希冀,当然也不乏让中华民族屹立于世界民族之林的愿景。抗日革命根据地大学可以说是为抗战而生,大学校歌多士气高昂,彰显出誓死抗战、奋力建设新中国的强烈情感,以"抗大"为代表的抗日革命根据地大学为抗日战场输送了无数人才与政治军事干部,为抗日战争的胜利做出了巨大贡献。

四、余论

近百年后,山河犹在,而人事已非,抗战时期许多大学随着抗战使命的完成以及 50 年代院系调整而永逝,现存大学的诸多往事也在俯仰之间成为陈迹,为探寻战时大学精神,再翻开这段苦乐参半的历史记忆,感悟战时大学为世人留下的宝贵财富——战时大学精神。从战时大学校歌歌词中窥见战时大学精神,战时大学除坚守教学科研职能"潜心教育重育人"之外,在民族危亡的抗战时期,大学肩负起"救国"、"强国"之重任,"团结一心为社会"、"热爱国家求报国"、"自强不息系国运"是被赋予了深刻时代意义的战时大学精神。在日本军国主义者的摧残和破坏下,大学并未失落,反而百花齐放,孕育出葆有个性的大学精神,为世人所传颂。战时大学校歌超越了一般歌曲的审美意义,而将个体、学校的成长与国家、民族的发展紧密相连,这种独特的校园文化以前所未有的热情,感染了无数学子,并将爱国主义情怀有力地辐射到社会的各个角落。① 笔者通过查找各大学校史及其他史料，了解战时大学的前身后世，进而访问后世大学的官方网站，发现战时 69 首大学校歌中有 29 首得以留存，以西南联合大学校歌（现云南师范大学校歌）、浙江大学校歌为代表的 21 首战时大学校歌被原版沿用，以中山大学校歌、河南大学校歌为代表的 8 首战时大学校歌被改编后沿用。"弦歌中的时代早已离我们远去，弦歌中寄托的理想却将永恒"，校歌在悄然间维系起了大学精神，弦歌不辍！以西南联大精神为代表的战时大学精神，引发国人乃至世界的怀念与追寻，一流大学精神是一流大学的根基②，为实现"双一流"建设的目标，我们有必要观照战时大学精神，对一流大学精神建设进行一番思考。

---

① 《抗战时期湖南地区校歌研究》，湖南师范大学硕士学位论文，2018 年，第 71—72 页。
② 章维慧、殷学东：《以一流大学精神引领"双一流"建设》，《高校教育管理》2018 年第 1 期。

理论与实践争鸣

科学院大学现象研究

——一种新型大学模式的生成逻辑与发展前景

崔延强　段禹

摘　要： 科学院大学是我国近年来新出现的一种大学模式，以中国科学院大学和中国社会科学院大学为代表。这种新型大学无论是在学校的组织形态上还是在人才培养模式中都体现出与传统大学不一样的特征。从生成逻辑上看，科学院大学的成立首先是对当代"科教融合"大潮的顺应，其次是为国家培养领军人才的关键举措，再次是我国科学院系统寻求自身合法性的积极探索，最后也是为了探索中国特色高等教育发展的新模式。作为一种新生事物，科学院大学需在未来的发展中不断完善自身的制度与结构，同时协调好与外界各方的联系，通过多样化的办学创新打造出"科教融合"的国家级试验田，并聚焦于新兴学科的建设与发展，从而力争开辟出我国"双一流"建设的"第二种路径"。

关键词： 科学院大学；大学模式；生成逻辑；发展前景

中国科学院大学前身是成立于1978年的中国科学院研究生院，是经党中央国务院批准创办的新中国第一所研究生院，也是在国内率先建立研究生教育体系的机构。2012年6月，中国科学院研究生院正式更名为中国科学院大学（简称"国科大"），实行"科教融合、育人为本、协同创新、服务国家"的办学方针，与中国科学院所属科研机构在管理体制、师资队伍、培养体系、科研工作等方面高度融合。自2014年起，经教育部批准，国科大开始招收本科生。2017年5月，国家教育部批准，以中国社会科学院研究生院为基础，整合中国青年政治学院本科教育及部分研究生教育资源，成立中国社会科学院大学（简称"中国社科大"），并于当年9月开始招收本科生。自此，我国自然科学研究领域与哲学社会科学研究领域的两大执牛耳者——中国科学院与中国社会科学院，均建立起了覆盖本科、硕士、博士三个阶段的完整高等教育体系。这种在国家科研机构内部设立大学的模式，因其规模庞大、学科完整、地域广泛、组织层次丰富等特点，在世界高等教育发展中独树一帜，成为具有中国特色大学模式的典型案例。

一、科学院大学"新"在何处

（一）学校组织形态"新"

依托全新的办学主体，两校在学校的组织形态方面表现出一些不同于我国传统大学的特点。首先，这种"新"体现在两校特有的"专业—学院—研究所"的结构设计中。国科大基于中国科学院120余个研究院所的高水平科研优势和高层次人才资源，与院属科学研究机构在管理体制、师资队伍、培养体系、科学研究等方面高度融合。国科大每一所学院的设置都依托于中科院对应学科的研究所，并由其他相关学科的研究所、研究中心以及中科院下属的企业协办，学校从政策上要求各研究所的先进科技资源都要为国科大的教育服务，包括优质的师资队伍、世界一流的科研平台（大装置、国家实验室、工程中心）、丰富的实践资源（国际合作交流项目、野外台站）等，这些中科院下属的众多研究所均已建立起国际先进水平的相关实验室，绝大部分国家投资的重大科技基础设施也都在中科院管理下开放运行。与国科大类似，中国社科大的各所学院同样依附于多个中国社科院下属的相应研究机构。毫无疑问，这样豪华的"专业—学院—依托单位—协办单位"的配置在目前的国内高校中是绝无仅有的，也是众高校可望而不可及的，这在顶层设计上保证了国科大落实"科教融合"办学理念的可能性。

其次，两校在组织形态上还表现出"一校多区"的特点。其中尤以国科大为代表，如表1所示，成立之后，国科大便开始依托于中科院分散在各地的研究所，并抓住各地争相引进优质高等教育资源的契机，在全国范围内布局了多个分校区。一个初具规模的科学院大学系统俨然已经成形。

表1 中国科学院大学校区分布情况表

分校区名称	所在城市	学科领域
中国科学院大学深圳校区	深圳	生命健康、智能工程、先进制造、新能源、新材料
中国科学院大学广州学院	广州	园林园艺、能源资源、生态环境
中国科学院大学厦门微电子工程学院	厦门	集成电路产业
中国科学院大学海洋学院	青岛	涉海专业
中国科学院大学福建学院	福州	化学、物理、材料、资源与环境科学
中国科学院大学南京学院	南京	资源与环境、地理科学、现代农业、天文与空间
中国科学院大学（武汉）	武汉	岩土力学、物理与数学、病毒、测量与地球物理
中国科学院大学宁波材料学院	宁波	新材料
中国科学院大学生命科学学院	昆明	普通生物学、生物化学、分子生物学、细胞生物学、遗传学
中国科学院大学药学院	绍兴	生命健康
中国科学院大学重庆校区	重庆	电子信息、新材料、生命医学、智能制造、生态环境
中国科学院大学雄安高等研究院	雄安	

资料来源：根据中国科学院大学官网信息整理

（二）人才培养模式"新"

不仅是学校的外部形态，在具体的办学实践中，两校也进行了多样化的人才培养模式创新，体现出鲜明的"精英化"培养趋向。首先，在招生规模上，国科大招收本科生4年来，年度招生规模稳定在330到390人，中国社科大2017年第一届本科生的数量也仅为392人，两者均保持较小的招生规模。其次，两校均对学生实行本硕博一体化培养，例如国科大在本科阶段实行"基础—专业—科研实践"的"三段式"的培养模式，以便学生在打好基础的同时找准自己的研究方向。此外，依托于中科院与社科院的人才宝库，两校遴选了一批包括中科院院士、社科院学部委员在内的师资队伍，为所有本科生设立了"导师制"。国科大还在此基础上为每个班配备了一名科学家班主任和青年班主任，为学生的学习进行全方位的指导。最后，两校均十分注重培养学生的国际视野，国科大与美国哥伦比亚大学、麻省理工学院、英国牛津大学等世界一流大学建立了良好的交流机制，国科大首批本科生330人中有多达185人在这些一流学府进行了为期半年的访学。而中国社科大在首届本科生入校之前已经与葡萄牙里斯本大学、捷克查理大学、以色列希伯来大学、英国埃克塞特大学等国外著名大学在学生联合培养、科研协作及学术交流方面达成了多项合作协议，2018年春季学期，首批赴外交流的本科生也已踏上了征途。

二、科学院大学的生成逻辑

（一）整合两方力量，顺应"科教融合"的时代大潮

科学研究与高等教育有着不可分割的联系与渊源，以英国皇家学会和法国科学院的成立为代表的科学体制化进程得益于中世纪大学沉淀下来的人力智力资源，而科学体制化进程所带来的科技大发展反过来又助推了高等教育现代化的历程。纵观西方高等教育发展史，其高

等教育现代化的历程就是科学研究进入高等教育系统并体制化的过程，建立现代大学制度就是要建立一套"科学研究和教学不可分割的信念"的组织结构[①]，而科教融合也逐渐成为现代大学的共同特质之一。随着后工业知识经济时代的到来，大学、政府和工业三者彼此靠近，形成了埃兹科维茨和雷德斯多夫笔下的"三重螺旋结构"[②]，任何知识、技术的产生、发展与传播都离不开人类社会各方的共同参与，任何单一的科研机构、教学单位都无法独自应对越来越多样化的社会需求。在国际视域下，科教融合在高等教育和科研机构中分头并进，呈现出不断靠拢的发展趋势，不断迸发出新的价值与能量，逐渐形成了一对命运共同体。

相比于西方发达国家，长期以来我国对于高等教育科研系统与科学院系统在发展指向的定位上不甚明确，经过数十年的发展，我国大学尤其是研究型大学与科学院各自都积累了规模庞大的科研资源和教育资源，两者在功能上出现了趋同的倾向；又由于两者分属教育与科研机关两个系统，两者之间的有形资产与无形资产不能实现充分共享和融汇互通，一方面导致两者产生了大量重复的研究，造成了劳动和科技资源的浪费；另一方面也分散了国家有限的科研力量，使得我国总体的知识生产效率长期偏低。在这样的背景下，依托中国科学院与中国社会科学院雄厚的学科基础与科研实力，科学院大学的成立既是对世界高等教育"科教融合"时代大潮的顺应，也是对我国科学院与大学长期以来"自顾自活"状态的一种整合，更是我国在新时代中对"科教融合"理念所进行的实践创新。

---

① 周光礼、马海泉：《科教融合与大学现代化——西方大学科研体制化的同质性和差异性》，《中国高教研究》2013 年第 1 期。

② 杰德勒·德兰迪：《知识社会中的大学》，黄建如译，北京大学出版社 2010 年版，第 145 页。

(二)云集大师精英,为国家培养急需的领军人才

"钱学森之问"引发了学界对我国教育体制的深刻反思,同时也暴露了我国严重缺乏领军人才的现状,领军人才的培养迅速成为国家重大战略之一。领军人才作为社会的脊梁,是引领社会发展与变革的重要力量,在国际竞争日益激烈以及建设创新型国家的大背景下,无论是在自然科学领域还是社会科学领域,国家对领军人才的需求比历史上任何一个时期都更为强烈。

领军人才不同于一般意义上的创新型人才,未来的领军人才将对国家乃至全人类科技发展的引领产生显著作用,他们不仅需要坚实的专业基础,还需要广阔的国际视野、多元的综合素质、深厚的人文情怀,更需要从年少时就接受系统的科学教育。因而,领军人才的成长注定是一个长期而复杂的过程,从潜人才到显人才再到领军人才,需要有一套培养机制来一以贯之地规划、统筹整个培养过程,更需要最顶端的精英大师们做指路人、引导者。作为中国自然科学领域和社会科学领域的执牛耳者,中国科学院与中国社会科学院所汇集的院士、学部委员以及众多研究员毫无疑问是我国最优秀的科研工作者。因而,成立科学院大学,能够充分借助中科院与社科院几十年积累起来的人才优势与科研资源将国家领军人才的培养阵地前移,打造完整的领军人才培养体系,从而助力我国创新型国家的建设。

(三)蓄力科研体制改革,为我国科学院寻求合法性

西方发达国家的科学院系统是在科学体制化的进程中自发产生的,发展至今,它们多是以一种荣誉性质的民间自治机构的形式而存在。以美国国家科学院(National Academy of Sciences)为例,作为美国科学界最高荣誉性及政府咨询机构,美国国家科学院不是政府部门,而是民间的、非营利的、科学家的荣誉性自治组织,其下不设科学研究机构。同样,在英国起到全国科学院作用的英国皇家协会(Royal

Society）是一个无需对任何政府部门负责的独立社团，其下也不设实体的研究机构。作为科学院的最高决策与治理机构，理事会成员不收取任何报酬，不具有任何行政级别，具有义工性质。

不同于西方，我国科学院是在建国初期学习苏联科研体制的大背景下伴随着国家意志与国家建设实际需求而产生的，属于政府的附属机构。发展至今，中国科学院与中国社会科学院均建立了庞大的组织规模。在特定的历史背景下，其合法性表现为能够起到整合国家科研资源、服务于国家经济社会建设主要战略需求的作用，但随着我国综合国力的不断提高，国家政治经济体制改革步入"深水区"，我国科学院的这种特性所带来的弊端开始不断显现。首先，许多科研人员不得不将沉重的科研任务与烦琐的行政任务"双肩挑"，导致科研效率降低；其次，对如此大规模的科研机构进行统一管理，容易降低机构内部应有的活力，导致机构走向僵化；再次，在学科不断细化的今天，相对于松散性机构，这种大而全的实体机构日益显示出臃肿老态之势；最后，我国研究型大学在近 20 年中也取得了跨越式的发展，压缩了我国科学院的生存空间，其存在的合理性遭到一定程度的削弱，近些年来，学界不乏要求缩小科学院规模乃至裁撤科学院机构的声音。

按照著名管理思想家马奇（James G. March）等人提出的假设："组织规模的扩大或者复杂性的提高或者两者同时发生会增加成文规则的使用。"[①] 著名科学社会学家默顿也指出，科学是一个价值和利益的堡垒，科学家这一体制化的角色使他们拒绝那些对其独立发展有害的东西。[②] 因而，在未来进行体制结构改革，打破为人诟病的行政结构，从而蜕变为一个为探究"纯科学"而服务的机构，成为我国科学院延续

---

① 詹姆斯·马奇等：《规则的动态演变：成文组织规则的变化》，童根兴译，上海人民出版社 2005 年版，第 85 页。
② R. K. 默顿：《社会研究与社会政策》，林聚任等译，生活·读书·新知三联书店 2001 年版，第 249 页。

自身合法性的不二选择。长远来看，随着科学院大学规模的逐渐扩大，科学院的大部分组织架构将最终逐渐溶解于大学之内，从而以为经济社会发展培养人才、促进科技创新的形式继续维持其存在的合理性；这样，国家也得以从以往对科学院的"统、管"模式中解脱出来，成为科学研究的委托者、资助者和服务者。这一举动是科学院主动改革、寻求自身可持续发展途径的有益探索，也是政府转变职能、推进政府简政放权的实践需要。

（四）开展本土实践，探索中国特色的高等教育发展新模式

不同于西方高等教育的自然产生模式，我国高等教育自诞生之日起就面临着如何突破模仿借鉴的跟随模式的问题，可以说，我国高等教育的发展史是一个"西化"的过程，尽管每个时期内借鉴模仿的对象有所不同，但西方各种文化元素都能够在中国高等教育体系中找到。无论是在理论领域还是在实践领域，我国高等教育依然缺乏本土化的理念创新与实践创新，仍未突破西方高等教育的话语体系与实践模式，更遑论对世界高等教育发展潮流的引领。

纵观世界高等教育发展史，一味地借鉴与模仿从来都不是发展高等教育的大道正途，中国高等教育要想脱离拾人牙慧的窠臼，就必须立足于我国实际，在自己的土壤上创生有世界影响力的高等教育新模式。科学院大学诞生的含义恰在于此。这种将大学直接设进国家科研机构内部的新型大学模式代表着一种趋势，即我国高等教育逐渐突破西方模式的桎梏、开始立足于本土、利用自身的优势对高等教育进行结构重组，探索真正具有中国特色的大学模式。如果科学院大学的模式最终取得成功，会激发更多具有中国特色的高等教育模式涌现出来，我国高等教育将有机会在世界高等教育发展史上留下浓墨重彩的一笔。

三、科学院大学发展前景分析

作为中国高等教育领域的两个后起之秀，背靠中科院与社科院两座资源宝库，国科大与中国社科大未来的发展必然指向各自领域的执牛耳者。要达到这一目标，两校需要付出的努力远比我们想象得多，而两校需要担负的使命也绝不仅仅是建成两所新型的国内一流大学这么"简单"。

（一）健全自身组织结构和体制机制，完成从科学院到大学的身份转变

科学院本质上是一种科研机构，在性质、功能和运行逻辑上与大学都存在许多不同，但无论是国科大还是中国社科大，落脚点都在于形成提供高等教育为基本职能的大学，因而两校必须从完善自身的组织结构与体制机制着手，实现科研资源到教育资源的最大化转换，完成从科学院到大学的身份转变。

作为两所初创时期的大学，两校的首要任务在于进一步完善现代大学制度的相关建设。一般说来，现代大学制度主要包括两大方面：一是宏观方面或者高等教育体制方面，主要涉及大学与政府的关系、大学与社会的关系、大学与大学的关系；二是微观方面或者说大学自身层面，主要涉及大学的内部治理结构，其核心是大学内部的学术权力与行政权力的关系。[1] 为此，两校一方面要"让科学走出科学"，充分利用科学院与高等教育两个体系、两种力量，处理好与政府、社会以及其他大学之间的关系，与外界各方建立起一个多方联动的办学机制，真正使自身融入我国乃至世界高等教育发展的序列之中。另一方面，两校还需"让科学复归科学"，以科学的方式开展学校日常工作，

---

[1] 张应强、蒋华林：《关于中国特色现代大学制度的理论认识》，《教育研究》2013年第1期。

在提升学校管理效能的同时避免行政权力的泛化，建立起以知识逻辑和科学规律为导向的内部组织架构和治理结构。最后，大学作为一种社会组织，组织文化的建立也是其发展过程中不可或缺的一个环节。因而，两校应尽快确立起自身办学的核心价值和理念，并在具体的办学实践中加以实践、完善、创新，从而创造出自身独特的文化基因，精心呵护，促其成长，使自身发展成为有血有肉的生命体。

就作为两所新型大学这一特殊性而言，两校的特殊性主要表现在办学主体和办学地域分布两方面。在办学主体方面，正如科研机构与大学是两种不同性质的组织机构，研究者与教育者也是两种不同的角色，因而，两校的办学者们需要从研究者的单一角色过渡到研究者与教育者的双重角色，这一过程既需要研究者们自身的努力，也需要学校建立起相应的教师专业发展机制来予以辅助，更需要学校严格把控教学质量，建立科学的教学监测机制；在两校的办学地域分布方面，两校承办本科教育的各个学院所依托的都是中科院或社科院的某一个研究所，这些研究所在地域上呈现出极大的分散性，这就带来了教学开展的集中性与承办主体的分散性之间的矛盾，这种矛盾既不利于校方整合办学资源，无形之中也增加了学校的办学成本。因而，两校急需建立一套研究所与学院之间、不同研究所之间的联动机制，将原本分散的办学单元整合起来，真正实现研究所与学院之间的资源共享。

（二）协调各方利益，为学校发展创设良好的外部环境

科学院大学作为一种新生事物，其成长之路不仅需要自身的不懈努力，也需要良好的外部环境予以支持，尤其是在以政府为主导的中国高等教育大环境中，这种来自于学校外部的支持至为重要。如果要进一步明确这种"外部支持"，有两者是在科学院的发展规划中无论如何也无法绕开的，即我国政府部门及其麾下的众多大学。

在我国现行的高等教育管理体制中，政府对大学的发展起着举足

轻重的作用，从教育方针的制定、教育经费的划拨到大学专业的设置、招生指标的确定，政府都有相当大的决定权。其中，与大学办学直接相关的政府部门毫无疑问是我国的教育部。目前，教育部直属的75所大学代表着我国大学的最高发展水平，可以说，教育部牢牢掌握着我国高等教育的发展格局。而国科大与中国社科大所隶属的中科院与社科院则是与教育部平级的国家机关，两者在行政上不归教育部管辖，但在具体的办学领域却不得不受教育部的制约；再加上当前两校的成立正冲击着由教育部主导的我国大学发展格局，因而，科学院大学与教育部之间的关系就变得十分微妙。"科学研究与教育的其他明确的和含蓄的职能的共处并不总是和平的"[①]，科学院与教育部之间的矛盾也并非一朝一夕。在我国开始发力研究型大学的建设之后，科学院与教育部麾下的大学在基础研究领域既是合作者也是竞争者，出于本位主义的思想，长期以来教育部对于科学院办学所采取的态度如果不能说是"抑制"，至少也是"消极支持"，政绩主义和利己主义的驱使造成了分割的教育体系，这种你争我夺的状态所导致的苦果最终却由学生买单，因此，需要有人站在更高的角度来解决人才培养的问题。而在目前教育部主导我国高等教育发展格局的背景下，科学院大学要想真正实现其人才培养理念、融入国民高等教育的发展序列，与教育部之间的关系无疑是一个不得不面对的问题。因而，在完善自身组织结构的同时，科学院大学还必须处理好学校与外界，尤其是与教育部之间的利益纠葛，这不仅需要科学院大学的领导者们运用其出类拔萃的智慧，更需要它们拥有远见卓识的胸怀。除了教育部之外，在全国布局多个校区的科学院大学还需处理好与各地方政府部门的关系，在胸怀国家的同时也要立足于各地的实际情况服务于地方，这样不仅有利于各地

---

① 吴家玮：《同创香港科技大学：初创时期的故事和人物志》，商务印书馆2006年版，第67页。

的经济社会发展,也有利于为科学院大学争取到更多社会资源的支持。

同样需要协调的是科学院大学与国内其他高校之间的利益关系。正如前文所说,科学院大学成立之后不免会与国内其他高校,尤其是与其他研究型高校之间在师资人才、优秀生源、科研项目乃至教育理念等方面出现竞争。在此情况下,避免恶性竞争,主动寻求合作,建立科学院大学与其他研究型大学之间在学生、教师、科研等方面的互动交流机制,以竞争促发展,以合作求共赢,毫无疑问应是双方的共同追求。

(三)创新人才培养模式,打造"科教融合"的国家级试验田

进入新时期以来,无论是在政府层面还是高校层面,我国对"科教融合"理念都进行了一系列积极有益的探索,取得了一定成效,但总体而言,仍然存在科教一体化协同水平效率低、主体同质化严重、协同过程碎片化、科研产出归属不明确等问题。"科教融合"理念已经成为我国高等教育界的共识,但在实践中却处于相对游离的状态,沦为科研与教育的"大拼盘"。针对这一问题,作为"离科学最近的大学",国科大与中国社科大要充分利用自身贯穿科研与教育的办学优势,致力于通过多样化的创新人才培养模式打造"科教融合"的国家级试验田。

传统上,"科教融合"这一概念更多是针对教育系统而言的,目的在于使人才培养与社会生产实践相接轨、与最前沿的科学研究相接轨,但人们常常忽视了科学的进步同样需要年轻头脑的冲击,科教融合的实践过程为科技的发展带来了新能量、新思想,为科技成果的传播与传承创造了条件。尤其是对于科学院大学来说,作为科学研究的"国家队",这种融合所带来的深刻影响不应只停留在教育层面,还要为提升国家的整体科技水平带来助益。因而,科学院大学一要立足于自身科教结合的天然办学优势,不仅要以高水平的科学研究引领高质量的

高等教育，还应注重以高质量的高等教育支撑高水平的科学研究，建立起科技与教育双向输出、共生共荣的互利机制；二要探索多元的科教融合人才培养新模式，打破传统上"为融合而融合"的怪圈，为国内其他大学与科研机构的协作提供经验与范本，打造科技与教育相互融合、协同发展的国家级试验田。

（四）聚焦新兴学科建设，发展"不对称战斗力"

大科学时代，为适应不断更新的社会生产，传统的学科内部的矛盾不断涌现、演变，学科之间不断交叉、渗透，从而诞生了一大批新兴学科。20世纪中，一些大学正是抓住了建设新兴学科的机遇实现了自身的大发展，例如美国的卡内基梅隆大学从20世纪60年代起开始建设计算机科学与技术及其相关的新兴学科，最终建成了全美乃至世界顶级的计算机学科群，带动了学校声誉的跨越式提升。我国在《统筹推进世界一流大学和一流学科建设总体方案》中，也明确提出了"创新学科组织模式，打造更多学科高峰"这一新时代的任务。而相比于国内其他高校，两校最大的优势在于背靠中科院与社科院两座国内科研领域的金字塔，在大多数尖端科学、前沿学科都拥有着无可比拟的优势。结合这种优势，两校应将突破这一挑战的关键放到新兴学科的建设上。

新兴学科的出现与培育往往依赖于众多传统学科及其成员之间形成的多层次协同关系，而对于传统高等教育机构而言，一方面大多数高校的学科覆盖范围有限且学科之间发展不均衡；另一方面，建设新兴学科所必备的巨额投资、完备的基础设施、较长的学科转化周期以及较少的成果转化渠道等问题都令其望而却步。作为科研领域的"国家队"，中科院与社科院却完全有能力应对这些问题，其完整的学科覆盖范围、高水平的学科研究能力乃至雄厚的资金支持，完全有条件以科学院大学为基础，通过创新学科发展范式形成学科交叉创新机制，最终形成跨学科的合作发展模式，待其成熟后再加以推广，在事关国家重大战略发展需求的新兴学科领域达到"人无我有"、"人有我优"、"人优我新"的状态。如此一来，科学院大学不仅会在我国建设新兴学科的大潮中成为排头兵，也有利于国家整体科技与学术水平的提高。

（五）充分利用各方资源，开辟我国"双一流"建设的"第二种路径"

自我国开启建设世界一流大学和一流学科的序幕之后，学界关于建设中国特色一流大学与一流学科的路径选择的讨论从未停止，但所有讨论都可以归纳为同一种路径范畴，即以现有的高等教育机构为基础，充分利用内外部资源，通过一定时间的积累与沉淀实现自身的升级。这也与人们通常所持有的"一所大学若无上百年历史积淀，就不可能成为誉满世界的名校"这一观念相符。然而，随着科学院大学的成立，一种全新的"双一流"建设路径逐渐从迷蒙走向明晰，这就是充分利用我国科学院已经建立起的庞大组织系统以及各地引进优质高等教育的战略举措，在较短的时期内"多、快、好"的同时建设多所定位世界一流的研究型大学。事实上，从国科大与社科大正在进行或处于规划中的工作和项目来看，两校已展露了一些往该方向发展的端倪。

纵观世界一流大学的发展史，有两所一流大学的发展历程尤其值得科学院大学学习与借鉴，即以多校区系统而闻名的美国加州大学以及创造了高等教育"历史上的奇迹"[①]的香港科技大学。其中，加州大学是美国乃至世界顶级的公立大学之一，共有伯克利、洛杉矶、旧金山等 10 个分校，其中 7 个分校都是美国公认的顶尖研究型大学。各个分校只有一个大学校长，共有一个学术评议会，实行同样的最低入学

---

① 谢广宽：《加州大学多校区系统的治理特点与改革趋势》，《清华大学教育研究》2013 年第 4 期。

标准，拥有相似的大学政策框架，共享同一个州政府拨款预算，而不同之处则主要表现在地域分布、学科特色、具体的学校政策以及除州政府拨款之外的筹款方式与渠道上。① 这种"一体多元"的组织架构很好地保证了整个学校的良性运转。而成立于1991年的香港科技大学则是当代最具代表性的新锐研究型大学之一，这所成立仅仅20余年的大学，通过坚持"小而精"的目标定位、聘请杰出的师资团队以及建立合理高效的体制机制等措施，在短时间内迅速蹿升为一所为世界瞩目的研究型大学。在2017年度《QS亚洲大学排名》中，香港科技大学名列第3，在《QS世界大学排名》中则名列第36，跻身世界一流行列，将自身的后发优势展现得淋漓尽致。

综合加州大学与香港科技大学的发展经验，可以发现，科学院大学开创我国"双一流"建设的"第二种途径"并非无迹可寻。同样拥有多校区的办学系统，加州大学的组织模式为两校提供了一个可供借鉴的蓝本；而同样作为后发高校，港科大的崛起之路又证明了较短时期内建成一所世界一流大学在实践中是完全可能的，两者良好的发展态势扫清了后发的多校区系统大学在理论层面的发展障碍。而科学院得天独厚的办学资源、各地为引进优质高等教育所投入的大量人力物力财力又为科学院大学破除了现实层面的发展困境。在不远的未来，我们是否可以预见一个个以"科教融合"理念为宗旨，以中科院、社科院分散在各地的下属研究机构为依托，定位于世界一流的小型化、精品化、特色化科学院大学分校区纷纷破茧而出呢？从国内的角度来看，若是这些分校区能够与科学院大学本部维持类似的科研、教学水准，这将有利于各地将区域资源优势转化为科研优势和人才资源，提升各地的高等教育水准，使国家对于领军人才的需求源源不断地得到

---

① 伯顿·克拉克：《高等教育新论——多学科的研究》，王承绪等译，浙江教育出版社1988年版，第217页。

满足，我国的高等教育也将会进入一个全新的发展时期。从国际的角度来看，科学院大学模式也有机会在世界高等教育发展史上留下浓墨重彩的一笔，成为真正具有中国特色的高等教育典型模式。

此外，科学院大学对我国"双一流"建设的意义还不止于此，在科学院大学的成功示范之下，势必会打破人们对"双一流"建设的刻板印象，激发人们对"双一流"建设不一样的思考。无论是国家层面新筹建的中国能源大学，还是民间精英力量兴办的湖畔大学、西湖大学，这些新兴大学的纷至沓来，正不断冲击着我国高等教育的现有格局。"双一流"建设在纵向上的力度不断加强，在横向上的路径也不断拓宽，长此以往，我们也许会目睹"双一流"建设的第三、四条路径的诞生，目睹中国高等教育的一场剧变，立足于这些中国土地上的高等教育实践，"中国大学模式"也不再会仅仅停留于观念之中。

（本文选自《教育发展研究》2018 年第 7 期）

论大学治理模式变革的知识逻辑

李 曼

摘 要：人类历史经历的三次知识转型，不仅反映出知识权力格局的变化，更引发了大学治理模式的变革。前现代社会以理性知识为基础，大学是人们探求真理获得纯粹理性冲动的场所，知识的自由权力属性外在地表现为大学的自治模式；现代社会过于追求科学知识的功利价值，以服务国家和节能增效为宗旨，在大学治理上就更加推崇大学的管制模式；后现代社会以协商知识为表现形式，知识民主权利的凸显造就了大学的共治模式。为提高大学治理绩效，需要以理性知识的追求孕育大学解制型治理的理念，以科学知识的功能凸显大学市场型治理的责任，以协商知识的精神营造大学参与型治理的氛围。

关键词：知识；权力；大学治理模式

大学的本质属性是生产知识、传播知识与应用知识。自中世纪以来，无论外在的社会制度、经济发展模式，还是意识形态的改变，"知识创生"这一根本性的使命始终是大学唯一的不变量。然而，英国学者马尔科姆·泰特在系统梳理和研究学界有关高等教育的研究文献（包括专著和论文）后发现，"知识问题最基本、最富有理论色彩，但相关的研究却最少"①。卡姆鲍特也指出："在高等教育领域很少有聚焦于知识的分析。"② 事实上，对于高等教育来说，知识是其最为本然的生存逻辑，而对于大学这个人类历史上生命力最为持久的社会组织的研究，也应始终以知识为逻辑起点。大学作为一种社会组织，高深知识是其生存的根基，权力是其发展的驱动力，组织内外权力的制约与平衡必然导致大学治理模式的变革。由此，知识、权力与大学治理模式之间就建立了一种内在的联系。基于此，本文借鉴知识社会学中有关知识与社会关系的理论，透过知识的面纱映像出大学组织内部各权力的博弈及其组织变革，寻找大学治理的知识逻辑。

一、大学治理模式变革的知识源起

知识并非是一成不变的，在不同的社会发展阶段有不同的表现类型，知识的认识价值与实践价值驱使着社会不断前进，同时也刺激着社会组织结构与生产关系的重构，知识型塑着社会的同时又被社会所型塑，知识本身蕴涵的是权力的博弈。

（一）知识与权力的关系

知识与权力的关系是知识社会学早已关注的研究领域，特别是法国后现代主义学者福柯对社会微观权力运行机制的分析及其知识观理论，颠覆了传统知识权力观。对于"知识与权力是彼此外在的"这样的传统观点，福柯对其进行了尖锐的批判："哲学家，甚至知识分子们总是努力划一条不可逾越的界限，把象征着真理和自由的知识领域与权力运作的领域分割开来，以此来确定和抬高自己的身份，可我发现

---

① 马尔科姆·泰特:《高等教育研究进展与方法》，北京大学出版社2007年版，第184页。
② Patricia J. Goumport, *Academic Pathfinders: Knowledge Greation and Feminist Scholarship*, Greenwood Press, 2002, p. 3.

在人文学科里,所有门类的知识的发展都与权力密不可分。"①"权力产生知识,权力和知识是互相蕴含的,如果没有相关联的知识领域的建立,就没有权力关系,任何知识都同时预设和构成了权力关系。"②在福柯的权力谱系中,"知识无疑也是一种权力"。知识的权力属性,生产和再生产着社会组织以及大学组织内部各阶级和集团的权力关系结构。而在大学这样一个主要从事知识生产的机构里,其机能正是通过知识与权力的共谋关系而得以淋漓尽致地显现。这正如有学者所形象描述的那样,在大学,知识借助二者的耦合关系获得权力功能,并反哺、强化权力,知识成为权力的"眼睛"与合法性来源。③

以上论及的"知识的权力"是一种内隐的权力,知识一旦运转起来,内隐的权力就会表现为外在的力量。中世纪大学把追求真理作为一种纯粹的理性冲动,把对人类以及完整生活的终极追问作为教育目的时,知识的自由权力属性占据主导地位;现代大学则把知识作为一种可以产生某种效益的资本,如果知识被统治阶级利用作为强化统治阶级意识形态的工具,那么知识凸显的是其政治权力属性,知识作为生产、交换、消费和增殖时,经济权力属性又压倒政治权力属性。

(二)权力对大学治理模式的规训

在知识—权力连带关系中,大学这一规训机构利用知识权力属性的不同产生出各种知识,不同的知识反过来又促进知识权力属性效用的最大化,如理性知识造就了知识的自由权力属性,知识的自由权力属性反过来促进了理性知识的发展。知识权力的规约性,一方面使不

---

① 米歇尔·福柯:《权力的眼睛:福柯访谈录》,严锋译,上海人民出版社1997年版,第31页。
② 阿兰·谢里登:《求真意志——米歇尔·福柯的心历路程》,尚志英、许林译,上海人民出版社1997年版,第181页。
③ 乔正元:《知识与权力的共谋——兼论大学的权力性格》,《福建师范大学学报》2013年第1期。

同的知识得到了最有效的控制；另一方面使知识的权力属性渗透到大学组织的各个机体，从而造就了不同的大学治理模式。知识的权力属性是依靠"规训作用"决定大学治理模式的，"规训"是一种政治技术，不管在什么时代它都是以生产、培养和训练"驯服的身体"为目标的，大学实际上是一种生产性的规训机器，是规训技术的集大成者。在《知识分子与权力》一文中，福柯引入了"纪律"这一概念并赋予新的含义，纪律限制了思想，并决定教育模式和制度形式。当知识的权力属性渗透到大学组织中时，大学通过"知识的纪律化"，即挑选、规范化、等级化等步骤控制知识，并通过知识传播规训知识分子的思想，进而控制了大学的治理模式。

中世纪大学知识的自由权力占据主导地位，大学以追求理性知识为目标，知识分子秉承"非功利性是一切终极价值的条件"这一理念，在知识的自由权力属性规训下的知识分子必将大学自治作为毕生的追求。现代社会前期，知识的政治权力属性被统治者利用，成为灌输统治者意识形态的工具，政府权力开始延伸至高等教育，大学自治随着政府力量和干预程度的递增日渐式微，管制成为这一时期处理政府与大学关系的支配性理念。当代，知识的经济权力属性凸显，竞争、消费、选择、质量、绩效等市场"偏好"主导着大学发展方向，为了迎接市场的机遇与挑战，大学不断要求扩大办学自主权并获得了独立法人地位。一言以蔽之，知识的自由权力成就了大学的自治模式，知识的政治权力成就了大学的管制模式，而知识的经济权力成就了大学的自主模式。

（三）知识—权力—大学治理模式的解析框架

纵观高等教育的发展历程，知识的每次转型都伴随着大学治理模式的变革。后现代主义学者利奥塔把人类社会划分为前现代社会、现代社会和后现代社会。前现代社会是一个以理性与信仰为追求的社会，现代社会是一个以科技为主要动力的变革社会,而后现代社会是一个尊重差异的多中心治理格局的社会。对应的自有大学产生以来,经历了三次知识转型,分别为形而上学知识型、科学知识型和文化知识型。[①]

前现代社会秉承的是理性知识观,追求普遍知识与自由知识,大学超脱了外在功利性,知识的自由权力凸显,大学自治成为这一时期的治理模式。科学知识型社会视知识为创生的资本,知识具有外在性、功利性和事功性的特点,在现代社会的前期表现为政治资本知识观,知识的政治权力属性决定大学管理的类型和方式,大学以管制为特征;现代社会后期市场与高校联系紧密,知识是为了出售、增殖、消费而被生产,大学表现为经济资本知识观,知识的经济权力占主导,治理模式表现为大学自主。后现代社会是文化知识型社会,以协商知识为表现形式,大学呈现出民主权利观,未来大学的治理模式走向是利益相关者共同治理。当然,每一时期的知识观与权力观并没有绝对的界限,事物的性质由某一时期占主导地位的性质所决定的。

二、大学治理模式变革的知识形态

知识转型与大学治理模式变革是以权力为中介相伴而生的,不同知识类型造就了不同的治理模式。形而上学知识型以知识的自由权力为中介造就了大学自治模式,科学知识型分别以知识的政治权力和经济权力为中介造就了大学管制模式和自主模式,文化知识型以民主权力为中介造就了大学共同治理模式。

(一) 形而上学知识型与大学自治

这里所说的"形而上学"是对事物本源进行的一种形而上学的思

---

① 石中英:《知识转型与教育改革》,教育科学出版社2001年版,第47页。

考，因此也可以称本体论思考或本体论知识。① 中世纪，古希腊先哲为"人类最黑暗时代"萌生的"智慧之花"奠定了雄厚的思想基础。苏格拉底主张到"心灵世界"中寻找真理，引导人们以理性为基础寻找知识的确定性，柏拉图把真、善、美与理性合璧，划分出"理念论"、"现象世界"和"理念世界"，亚里士多德把理性为基础的知识的确定性上升到哲学本体论的高度，提出了著名的"三段论"，概念、逻辑和思辨成为这个时期的代名词，这注定了大学诞生之时就富有理性的色彩。

中世纪，罗马教廷对大学全面控制，大学皈依教廷门下的代价就是必须放弃精神自由。大学依旧作为知识与学问探讨的场所，但必须在宗教精神教义允许的范围之内，即便如此，宗教也不能完全遏止新的知识胚芽在大学土壤里的孕育和成长，在理性屈从于信仰的时代里，大学的叛逆之光闪烁，某种程度上维护了知识权威的尊严。

中世纪后期，文艺复兴和启蒙运动鼓励人们对宗教经典和神学教条大胆怀疑，将人从上帝的枷锁中解救出来，并出现了一大批思想先驱，他们主张信仰和自由分离，动摇了争论几千年的经院哲学的根基，使科学、哲学从神学中抽离出来。这些抽离出来的知识在本质上仍是形而上学的知识，不同的是发生了转向，从关注"绝对真理"转向关注"人的价值"，但他们一开始并不被大学所接受，直到16世纪以后才逐步被纳入大学的教学内容中去。纵观中世纪大学的发展史，无论是宗教遮蔽下的普遍知识还是哲学统领下的自由知识，均以培养人的理性为宗旨，是不受功利驱使的纯粹理性冲动。正如怀特海所言："整个中世纪的哲学，同'现代思想'相比，是一种无边无际的理性主义。"②

作为一个高度分权的文明之地，这个时代的欧洲实质上没有一种拥有至高无上且居于核心地位的权力体系，大学就是在这种分权的、

---

① 石中英：《知识转型与教育改革》，教育科学出版社2001年版，第53页。
② 车名洲：《西欧中世纪哲学概论》，天津人民出版社1982年版，第77页。

有社团思想的精神影响下发展起来的。因此，这个时期知识自由权力超越外在的教会和皇权占据主导地位，理性知识的自由权力表现为以下方面。

1. 理性知识的内在自由性

这一时期大学的精神理念就表现为学术自由，而此时的自由实质上是英国思想家柏林所说的"积极的自由"，即确保学术人员在进行学术活动时忠实于自己的探索，而不受外在的政治权力、宗教权力以及经济权力限制，内隐的对真理的热爱与追求必然对外表现为维护自身的独立地位积极与教会和皇权做斗争，学者追求真理不为外在权力折腰的纯粹学术人格使"自治"成为学者普遍奉行的价值理念。

2. 理性知识的外在自由性

这里的外在自由是指外在的社会干预被减少到最低的一种状态，实质上就是柏林所说的"消极的自由"。中世纪的大学在与世俗社会的顽强斗争中取得了一系列的特权，教会和皇权没有权力干预大学的课程设置、学位颁发、教师任命等与学术有关的事情，大学成员可以不履行公民的义务，也可以不纳税，以便全身心投入到对真理的探求上，这为大学自治提供了外在的社会条件。

3. 理性知识的专门性与高深性

理性知识并非世俗知识，来自于对真理的追求与闲逸的好奇，知识是稀缺资源，知识的阶级性意味着学者行会的垄断，学术共同体以外的成员始终无法企及，理性知识保持了它的神秘性，行会内成员有着共同的追求并掌握着高深知识，对知识的特性也更加了解，他们自己制定行规，实行自我管理，为大学自治提供了组织基础。

（二）科学知识型与大学管制

18世纪出现了一批科学先驱，如牛顿、伽利略等，他们对科学知识型的确立具有决定性的意义，天文学、物理学、化学等自然学科替代神学居于统治地位,古典大学的知识根基逐步解构,被奉为圣洁偶像的"自由与自治"步履蹒跚进入黄昏,挣脱中世纪黑暗枷锁的大学对科学知识的探求与应用是对自然的祛魅,科学知识受到前所未有的尊重。正如英国学者迈克尔·马尔凯所说:"自然科学被公认为是一切知识应追求的理想目标,这是因为自然科学,尤其是其定量性的方面,可极大的超越研究者的历史—社会观的影响,这才是真实的知识,故所有那些在于获得定性理解的知识类型,都在方法上被认为具有较低价值。"[①]大学在这次知识转型过程中,获得质的改变,古典大学所尊崇的"象牙塔"精神被解构,越来越多的实用学科在大学中生根发芽,大学的天平越来越趋向于社会的"服务站",知识领域的细分和专业分割的强化更是将这一趋势"发扬光大"。

然而,一切进步都是有代价的,科学知识型将人们的思想从形而上学中解救出来,却又使人们陷入了科学知识型的束缚之中,传统的人文知识、道德知识和社会知识生存空间日益狭窄。大学被实用主义和功利主义左右,社会猛烈抨击大学本科生的课程不能学以致用,在功利主义的指导下,大学更注重专业训练而不是心智训练。当科学知识为国家服务时,知识的政治权力属性占主导地位,更强调知识对国家稳定、传播统治阶级意识形态的作用,当科学知识为市场服务时,知识的经济权力属性占据主导地位,这导致大学趋于两种不同的发展走向,在现代社会的前期是"国家至上主义",在后期则表现为"市场原教旨主义"。借用布鲁贝克的观点,如果说前现代社会遵循认识论哲学,现代社会前期则遵循政治论哲学,那么后期则遵循经济论哲学。

利奥塔指出,在信息时代,知识比过去任何时候都更是统治的问题。[②]知识的政治权力属性为国家对大学管理的合法性提供了理论基础

[①] 迈克尔·马尔凯:《科学与知识社会学》,林聚任译,东方出版社2001年版,第19页。
[②] 让-弗朗索瓦·利奥塔:《后现代状态:关于知识的报告》,车槿山译,生活·读书·新知三联书店1997年版,第14页。

与智力支持，知识的政治权力属性常常能够决定大学管理的类型和方式，因为政治权力天然地与强权和控制相联系，因此，知识的政治权力属性对外表现在国家对高校的管制上。为了加强对大学的管理，政府总是出台各种规章制度以规约大学，并设置众多职能部门分类管理大学事务，大学外的组织管理模式逐步延伸到大学内部，大学也形成了自上而下的科层制度与行政部门对接，从而导致大学在组织结构上与政府部门高度同构。

马克思·韦伯认为，实施科层制对当今复杂的社会组织是绝对必要的。由于科学知识所引发的人们的功利性，以追求实用、效益等问题为目标，导致大学功能的世俗化和学科结构的复杂化，更需要大学实行科层制。科层制强调下级对上级命令的服从，习惯于行政化的组织原则和结构样态，管制模式在大学组织结构中表现得淋漓尽致。知识的政治权力属性对内则表现为对课程知识的准入与控制以及运用分层技术划分学科等级上面，大学的管制模式在处理学术问题时不仅扼杀了学术的本然逻辑，而且也导致了学术人员与行政人员的矛盾，引发管制模式的合法性危机，值得注意的是这种"科层制仪式主义"不仅规训与制约行政人员，更造成学术人员思维模式的僵化，以学术为志业的大学性格更是日渐衰落。

20世纪二三十年代，大学经过"管制革命"的洗礼，知识的政治权力属性式微，经济权力属性日益凸显。随着市场化和商业化的扩展，人们日益把劳动力市场中更具使用价值并能转化为经济资本的知识置于优先考虑的地位。高等教育已经由"社会中的高等教育"转变为"社会的高等教育"，高等教育越来越被看作利用学术而产生的经济投资，此时的大学甚至被称为"学术资本主义的大学"。也正因为如此，德里克·博克呼吁大学由"象牙塔"走向"服务站"，凡勃伦也深深感到"学与商的博弈"，维布伦也发现大学各个方面渗透着商业理念，在这之后虽然有赫钦斯、马利坦等永恒主义者在芝加哥大学、哈佛大学等院校推动经典名著计划,但这些仅仅是理性大学最后的抵抗,终归阻挡不住功利主义的洪流。[①]大学已经由道德推崇者转化为知识操守者,教师的角色定位也发生了变化,其积极将自己融入知识权力谱系当中,通过与政府、企业合作,承担课题等形式将所拥有的知识资本转化为权力。

知识的经济权力属性反映在高等教育的管理模式上,大学开始意识到传统的管制模式弊端并渴望从管制的束缚中挣脱出来,开始呼吁扩大高校办学自主权。大学自主的实质就是政府以增效节源为目的利用市场力量取代政府干预的行为,让院校在面对变迁及竞争时能够及时回应,大学自主只不过是高等教育市场化的一颗"棋子"。[②]概而言之,大学自主的核心价值就是市场化取向。结合中国实际确切地说,高校办学自主权是具有中国特色的、是西方的大学自治理念和我国市场经济管理模式相结合的产物,加拿大学者许美德在她的著作《中国大学1895—1995:一个文化冲突的世纪》中论及中国传统的高等教育机构时肯定地表示,中国既没有学术自由的思想也没有大学自治的根基,这使中国与现代大学无缘。所以说中国的大学自主更大程度上是知识的经济权力属性迫使政府分权造就的。

(三)文化知识型与大学共治

对科学知识型的质疑开始于法国启蒙思想家卢梭,早在18世纪就对科学的进步能否促进道德的进步进行了否定的回答。德国思想家狄尔泰也指出精神科学的独立性,认为自然科学的研究范式不能用于社会学科,但这一切没有阻止人们对科学知识非理性的狂热,大学背负着功利主义的价值取向逐步丧失了其学术本质。后现代社会知识的模

---

① 吴洪富:《理性大学·学术资本大学·民主大学——大学转型的知识社会学阐释》,《高等教育研究》2012年第12期。

② 许杰:《政府分权与大学自主》,广东高等教育出版社2008年版,第108页。

糊性、多元性与不确定性将成为现代大学的理论救赎,石中英在《知识转型与教育改革》中把后现代社会的知识类型称为"文化知识型",我们可以采纳利奥塔的概念称其为"后现代知识型"。"后现代知识型"是一种弘扬开放、崇尚多元、彰显民主的科学观,认为各种类型的知识都应该拥有同样的生存权利。

由此可见,知识的表现形式更加民主,后现代大学本质上属于民主的大学,是以协商知识表现样态的。协商知识并非是对客观事物的揭示,而是人与认识客体之间的彼此交融与相互理解的产物,是各主体之间相互沟通、交流与对话的结果,是人们不同"视域融合"的结晶。[①] 协商知识的权力属性表现为民主。

知识的民主权利属性不仅仅是对知识的自由权力、政治权力和经济权力的修正,更是对其的超越。知识的民主权利的凸显是一次真正意义上的革命,它力图将一幅崭新的知识画面呈现在人们面前,通过对知识世界的重构进而重构后现代社会大学治理模式的认识论基础,因此,民主成为后现代大学治理的核心理念,合作、协调、平衡成为后现代大学治理的价值选择。知识的民主权力的后现代意蕴与治理理论的价值理念不谋而合,预示着未来大学管理模式将走向共同治理,即政府、市场以及各利益相关主体共同参与高校内部决策,政府不再将自己的意志强加给高校,而是在市场竞争的基础上将政府的政治理想和大学本身的价值诉求整合,使各方利益在大学管理中均得到体现,同时最大程度上减少制度摩擦以及利益冲突造成的管理成本的增加。具体来说,未来的大学的共治模式具有以下特征。

1. 合作

合作伙伴关系是世界高等教育管理体制改革的共同走向,后现代

[①] 吴洪富:《理性大学·学术资本大学·民主大学——大学转型的知识社会学阐释》,《高等教育研究》2012年第12期。

大学更多强调社会的参与，致力于建立高校利益相关者共同治理模式，在大学、市场和政府的权力三角中保持适度的张力，在大学内部各利益相关者之间进行权力的平衡。联合国教科文组织在一份关于高等教育的文件中指出，各国政府开始致力于重新厘定与大学的关系，并尝试在政府、社会与大学之间以及大学内部建立多方合作的伙伴关系。《世界高等教育宣言》第17条也明确指出，以共同利益、相互尊重与信任为基础的合作伙伴关系是未来高等教育改革方向。

2. 协调

共同治理的本质不在于政府依靠权威对大学进行控制与命令，而在于尊重学术发展规律基础上的协调，政府与大学之间是一种持续的、互动的关系。在许多情况下，政府与大学都是站在彼此对立的立场看问题，政府通过要求大学承担更多的社会责任，更好地为国家服务，大学要求办学过程中的独立性，共同治理理论为处理政府和学校的关系提供一个新的视角。政府对大学的控制不能以牺牲大学的学术本质属性为代价，而大学在遵循自身运行规则的基础上也不能游离社会与政府的监督。两者之间的协调成为大学共同治理的关键。

3. 平衡

大学治理不再是政府的单边行为，它由治理主体协商并遵循统一的规则来调节。合作赖以存在的基础是利益的平衡，大学是集义化资本、社会资本与符号资本于一体的复杂场域，行动者之间的利益诉求千差万别，这就要求各利益主体以"求同存异"为指导思想，依靠各自的优势与资源，在信任视野下通过对话增进彼此的理解，鼓励共同承担风险，最终建立起相互合作的管理共同体。

三、提升大学治理能力的知识理路

美国学者盖伊·彼得斯在《政府未来的治理模式》中提出的解制

型、市场型与参与型三种理想型治理模式,为大学共同治理模式改革提供了可资借鉴的基础。

(一)以理性知识的坚守孕育大学解制型治理的理念

规制是指政府的强制性行动,即利用政府的强制性和权威性,以法律法规形式使政策目标群体采取应对策略,以达到政府的预期目的。解制则是与规制对应的概念,即解除政府对大学过多的管制,赋予大学更多的办学自主权。由于政府在法制化进程中的权威地位,往往成为"规则制造厂"。文森特·奥斯特罗姆描述的现代政府中的一个"粗俗的事实"就是由于法制化的要求所致,其结果就出现了一种"立法"泛滥的情景:"规则和条例到处可见……法律变成临时性的索钱器,每个人最终都会向每个人行贿。当强制性的匮乏来临时,悲剧就发生了,许多人处于他人的压迫和剥削之中,除了生活所迫切需要的最低限度的必需品,很少有人有积极性地生产更多"[①]。由此可见,过多规制会产生的负面效应,从国际上的改革经验来看,解除对高等教育的规制,已经成为处理大学与政府关系的发展趋势。对理性知识的坚守意味着尊重学术发展规律,培育大学学术逻辑的生存根基。一方面政府不要对大学干预过多,树立从"全能型政府"向"有限型政府"过渡的管理理念,政府的角色定位由"划桨者"向"掌舵者"转变,逐步扩大高校的办学自主权。另一方面也要求大学自身精简行政机构,尊重教学与学科发展逻辑,充分尊重教授的学术权威,发挥"教授治校"的作用,以理性知识的追求孕育大学解制型治理的理念。

(二)以科学知识的追求凸显大学市场型治理的责任

市场型治理模式的基本观点是:提高政府效率的最佳模式是用建

---

① 文森特·奥斯特罗姆:《复合共和制的政治理论》,毛寿龙译,上海三联书店1999年版,第210—221页。

立在市场基础上的自由竞争机制代替等级森严的科层管理制。市场在现代社会治理中发挥极其重要的作用,大学是社会进步的动力站,它很难游离市场而独善其身,"社会和高等教育在旨趣和承担的义务上的重叠正变得日益扩大和彰显,高等教育越来越多地扮演的是社会组织,而不仅仅是一个在社会中的组织"①,高等教育必须满足和适应社会发展的需要,承担社会责任。在当代中国,需要有大批高校特别是地方高校和高职高专院校,积极参与地方发展,推进地方科技转化和文化普及,而大学特别是研究型大学则应当关注与国家发展战略、可持续发展以及核心竞争力相关的研究,在当今和未来的发展中充当"思想库"、"智囊团"以及"技术孵化器"的角色。科学知识功能的凸显并不意味着大学的责任是无边界的,大学的责任应界定在一定的范围,即尊重科学伦理,真正造福人类,大学与社会需要保持一种适度的张力,完全脱离社会的"象牙塔精神"固然不可取,摈弃学术道德的"伪科学精神"亦不可取。

(三)以协商知识的方式营造大学参与型治理的氛围

B. 盖伊·彼得斯认为:"参与型治理主要诊断的是层级节制所造成的弊端,倡导扁平式的治理结构,在进行公共决策时采取协商、谈判的方式以确保公共利益的实现。"②大学作为社会公共部门,同时受到内外部治理环境的制约,在治理理念和治理结构确定的情况下,治理技术手段成为提高治理能力的关键,协商知识所体现出的民主成为提高治理绩效的路径选择。因此,在决策前、决策中和决策后分别采用参与型民主、协商型民主和监督型民主方式贯穿大学治理的过程中。

---

① Ronald Barnett, *The Limits of Competence: Knowledge, Higher Education and Society*, Open University Press, 1994, p. 22.
② B. 盖伊·彼得斯:《政府未来的治理模式》,吴爱明译,中国人民大学出版社2001年版,第23页。

在决策前可吸收利益相关者进入大学董事会，发挥社会人员的决策咨询作用，广泛收集各利益主体的意见和建议，在决策中建立教授委员会、教师代表大会等组织发挥他们在学科建设、科学研究等领域的积极作用，教师和行政人员还可以通过相互参加双方的会议表达自身的政策倾向，决策后的政策执行阶段，可通过公开性的校务公共论坛接受各利益相关主体的监督。大学治理中的公众参与要从表面型参与转向嵌入型参与，以协商知识的精神营造大学参与型治理的氛围。

总之，人类历史上经历的三次知识转型不仅仅反映了知识的权力格局变化，与之相随的是产生了大学治理模式的变革，前现代社会以理性知识为基础，大学是人们探求真理获得纯粹理性冲动的场所，知识的自由权力属性外在的表现为大学自治的治理模式，现代社会过于追求科学知识的功利价值，以服务国家和节能增效为宗旨，在教育治理模式上就更加推崇大学的管制。我们相信，后现代社会的文化知识型不仅仅是一种知识类型，更是一种社会建制，其本身的文化性与境域性决定了未来大学在知识的民主权利的引导下将会走向共治。大学要想提高治理绩效，需要以理性知识的追求孕育大学解制型治理的理念、以科学知识的功能凸显大学市场型治理的责任、以协商知识的精神营造大学参与型治理的氛围。

（本文选自《教育研究》2015 年第 3 期）

异化与制度化：现代大学学术权力审思

崔延强　吴叶林

摘　要：学术权力来源于高深知识与学术自由，是大学组织的原生权力和基础权力。落实学术权力是现代大学制度建设的题中要义。当前我国高校学术权力偏离原始价值追求，存在诸多异化问题，主要表现为高深知识生产功利化、权力关系依附化、权力运行同盟化、学术利益本位化等。为消解学术权力异化困境，有必要从权力行为、权力组织、权力运行规则及权力监督四个方面展开制度化路径探讨，建立学术权力四位一体的运行规范体系。

关键词：现代大学；学术权力；异化；制度化

大学作为知识型社会组织存在了近 800 年，其基业长青的奥秘就在于大学具有独立的自治权，而这种自治权归根到底是来自于大学的高深知识及其真理追求。因此，学术权力是大学的核心权力。当前，我国高校学术权力运行存在诸多异化问题，有所偏离大学"何谓"与大学"何为"的原初精神，削弱了学术权力的合法性及其根基。究其原因，我们认为是学术权力规制不够。非制度化的学术权力一方面难以获得独立、主导地位，另一方面，权力运行过程也容易走向失范和异化。学术权力要得以有效运行与落实，制度化是前提。

一、大学学术权力的来源

厘清学术权力产生的根源是大学学术权力制度化设计的前提。中文"学术权力"概念由"academic power"翻译而来，从词源上考察 power 具有能动性的含义，内蕴着优势地位和强制能力。学界对英文"academic power"有两种理解向度，分别是"学术本身的权力"（power of academic）和"为了学术的权力"（power for academic）。前者建立在高深学问与专业知识基础之上，是"为了学术的权力"之合法性基础，体现了知识与权力的共生关系；后者是为了保证知识真理的正确与准确而产生的派生性学术权力，作为大学内部重要权力单元制衡其他权力类型，为学术及其事业发展提供空间和资源。

从高深知识向度（power of academic）来看，高深知识是学术权力合法性的根本来源，学术权力的形塑依托于大学的高深知识及其真理性。具体而言，高深知识之所以拥有权力，是因为知识表达了对于世界的作用，其权力地位很大程度上得益于在现实中的有效性：高深知识能够更好地促进行动者了解自然、控制自然和改造世界。这是高深知识与权力结合的立足点。正因如此，洪堡强调，"繁荣的大学及发达的科学正是国家的利益所在，所以国家应当为大学创造保障其繁荣所需的条件"①。高深知识的"有用性"及其对国家、社会需求的满足是学术权力被国家承认和赋予的根本，1849 年《法兰克福宪法》在人类法制史上首次将"学术自由"作为人的基本权利纳入国家法律，确认了学术权力的正当性与合法性②。

从学术自由向度（power for academic）来看，大学不仅保存静态的高深知识，同时还是创新知识和发现真理的场域。学术自由是指在

---

① 陈洪捷：《德国古典大学观及其对中国的影响》，北京大学出版社 2002 年版，第 197 页。
② 周丽华：《德国大学与国家的关系》，北京大学出版社 2008 年版，第 62 页。

具有高深学问的高等教育机构中"教学并证明真理"的自由,在认识论哲学指引下,"为了保证知识的正确与准确,学者的活动必须只服从真理的标准,而不受任何外在压力,如教会、国家或经济利益的影响"①。在学术探究实践中,如何确保人类对真理的追求过程具有理性、批判性,进而获得正确、准确的知识真理,这就需要对探索活动提供独立的场域,给予学术研究以自由权力。大学的这种诉求在其诞生之时就有印证,以巴黎大学为例,"12世纪,为了与教会的神权和世俗的王权抗衡,维护自身利益,巴黎大学的教师率先仿效中世纪城市手工业者采用自治管理方式与教会的本尼迪科特修道院制度,成立了以大学教师为主导的'学者行会'"②。在与世俗王权及教会神权的争斗博弈中,夹缝中生存的大学学术权力逐渐获得正视和认可,并以大学宪章的形式予以确认和赋权,学术自治与教授治校滥觞于此。

二、现代大学学术权力异化表现

异化是指事物演进到一定阶段,分裂出自身的对立面,成为限制主体发展的异己力量。学术权力的异化即是权力的性质发生变异,把来自于高深知识与保障知识探究的权力演变为限制和阻碍知识探究和学问追求的力量。当前,高校学术权力异化现象主要表现在高深知识生产功利化、权力关系依附化、权力运作同盟化及学术利益本位化等方面。

(一)知识生产功利化

知识生产功利化削弱了学术权力根基,并最终影响高深知识向度的学术权力的合法性。高深知识以真、善、美为价值追求,逐利化的

---

① 布鲁贝克:《高等教育哲学》,王承绪等译,浙江教育出版社2002年版,第79页。
② 王秀丽:《从教授治校走向共同治理》,《黑龙江高教研究》2012年第1期。

知识探究却是以利益为目标,两者价值取向存在明显偏差。究其原因,笔者认为有三个方面。其一,知识被规训,形成权力性知识。博格斯认为,"现代大学的悲哀在于知识生产为官僚程序所控制",权力性知识是异化的知识,在权力介入下形成的知识系统,服务于权力和利益需求。权力性知识,"一是通过权力支配、控制和利用知识,使知识从属于权力,成为权力的工具;二是利用权力支配人力、物力及相关的知识资源与优先发展某些学科,从中获取权力者所需要的知识,使知识中渗透权力;三是利用权力弄虚作假或制造虚假知识,使知识远离真善美"[1]。其二,市场化的研究导向。学术研究市场化带来了学术研究的功利化。逐利动机驱动下的学问探究,其知识所承载的价值和作用形式发生了变化。与以往崇尚的自由研究不同,市场化的知识探究以面向需求和市场的实用主义价值来全面衡量和评价大学学术研究。其三,缘起于功利性的学术评价体制。现代学者被规训到专门化的体制之内,组织考核和职称晋升均与经济利益密切相关,"学术 GDP"的多寡为学者所追求。正因如此,"大学盲目追求学术产出率和知识的外在价值,导致了诸如学术泡沫、学术腐败等现象泛滥"[2]。当大学学术倾向于以功利作为价值标准时,"大学必须警觉,如果大学失去守望社会的职能,不能给人类以终极关怀,那么就会异化为追求利益最大化的另类机构,从而被边缘化,进而失去独立存在的基本理性"[3]。

(二)权力关系依附化

当前,学术权力与行政约束张力失衡,相互侵入对方的权力领地。行政权超越了"外在保证"的职能范围,进入了学术活动内部;学术权也偏离了真理追求的价值取向,进入了行政权力范围。学术权与行

---

[1] 张之沧:《从知识权力到权力知识》,《学术研究》2005 年第 12 期。
[2] 赵保全、罗承选:《论大学权力的知识特质和伦理意蕴》,《理论导刊》2012 年第 9 期。
[3] 英利:《高等教育的质量与权力》,罗慧芳译,北京师范大学出版社 2008 年版,第 173 页。

政权的相互依附，使得具有行政身份的学者在学术资源的配置上更具有优势，其权力能力大于纯粹学问研究者，从而更易获得学术资源和学术成就。另一方面，在"学而优则仕"的理念下，学术成就突出的学者也更易获得一定的行政权和行政资源，学术系统中这种"马太效应"内在、深刻地影响了基层学者的学术利益和真理追求。学术权力与行政权力依附关系最为集中的反映是大学学术权力组织的科层化。据李海萍教授对我国约100所高校的抽样调查，大学学术委员会、学位评定委员会、教学委员会等三大学术机构成员与处级干部职务的相关系数分别达到0.786、0.910、0.738，与系主任干部职务的相关系数分别达到0.916、0.721、0.721[①]。学术权力组织逐渐演变为"由组织、权力和职责界定出来的被客体化了的产物"，按照学术研究人员所掌握的学术能力及专长，人为地将平面、自由的知识共同体变成一个等级森严的官僚组织。

（三）权力运作同盟化

大学内部分布着不同的、基于学科差异的学术部落，现代大学继承了原型大学的学者行会同盟形式，并在范围上更加扩大。"通过各门学科穿越院校所形成的'庞大而恒久的学术系统矩阵结构'，存在于各种跨校的乃至全国性的专业学术组织中"[②]。学术权力运作同盟的纽带即是基于这种学科联系的关系网络，在以熟人社会与乡土情结为文化背景的中国高校，文化模式和心理特征表现为极强的"关系意识"。"关系"将学术部落内部及不同部落联系起来，"一方面，拥有相同或相似的学术观点、学术人脉、学术地位而结成的老友同盟，控制本学科的学术标准和学术资源，另一方面则是基于学术传承中的门派体系，也

---

① 李海萍：《高校学术权力运行现状的实证研究》，《教育研究》2011年第10期。
② 冯向东：《大学学术权力的实践逻辑》，《高等教育研究》2010年第4期。

就是师徒关系网络，通过学术近亲繁殖而形成的学术联盟"[1]。由于高深知识具有专门性，以及学术生态系统的相对独立自治，学术权力同盟化在事实上容易偏离学术目标和旨趣，阻碍高深知识生产和创新。如在资源配置中，在有关学术评价、学术项目的申请及学术交流等学术活动中，以同盟的形式进行运作，为本位利益最大化提供组织支持。1970年，在美国国会举行的对国家科学基金会（NSF）同行评议制度的听证会上，科兰等人认为学术项目申请上的"同行评议是一个基本上为极少数杰出的'老友'（old boys）谋取利益的精英主导制度。负责国家资助项目的管理者往往依靠他们信赖的老朋友来对研究申请书进行评审，并让这些人再提请他们的朋友作为评审专家，它完全是一个'乱伦的密友体制'（an incestuous buddy system）"[2]。

（四）学术利益本位化

现代大学利益相关者数量庞大、已经超越了单一的师生共同体，大学场域中的权力形态以委托代理为路径，在重大决策上一般由民主代议机构实施。学术权力作为大学的根本权力同样以委托代理为路径，如学术委员会、教授委员会等。以学术委员会为例，学术委员会委员是代理人，接受了某一专业或学科的委托参与学术权力运行。委托代理背景下，信息隐藏与不对称是学术权力运行的主要风险。"委托人不能观测到代理人的行为，只能观测到相关变量，这些变量由代理人的行动和其他外生的随机因素共同决定。"其后果主要表现为学术利益本位化，本位利益最大化等，这里本位利益既可以是个体利益，也包括部门利益，专业、学科团体利益，突出地表现在学术资源的配置上。现代大学对资源的需求和依赖尤为突出，大学每一项功能的实现都需

---

[1] 黄永忠：《高校学术权力的异化与规制》，《现代教育科学》2013年第1期。

[2] Stephen Cole, Leonard Rubin and Jonathan R. Cole, "Peer Review and Support of Science", *Scientific American*, vol. 9, 1997.

要资源的跟进与保障,作为学术权力的拥有者其本身即是学术研究的主体之一,也是资源的需求者。因此,在学术权力制度不健全的背景下容易出现利益本位化和本位利益最大化的可能,正如亚当·斯密认为的,"自私自利是人们从事活动的驱动力,每个人都比他人清楚自己的利益所在。于是,从个人利益出发,实现个人利益的最大化"。

三、现代大学学术权力制度化路径

解决学术权力异化问题,根本办法在于规制,将权力关进制度的牢笼。学术权力的制度化就是通过对学术权力制度要素的固化、规制,形成大学人的"普遍化的理解和假定"[①]。具体而言,大学学术权力制度化可以从行为、组织结构、规则及监督等四个维度展开。

(一)学术权力行为制度化

合法的权力行为基于正确的功能体认和明确的外部关系。因此,学术权力行为制度化的基础是学术权力功能的合理定位以及与其他权力(主要指行政权力)关系边界的厘清。

1. 合理定位学术权力功能

学术权力功能的界定和制度化有益于规范学术权力在大学内部治理实践中的行为,防止学术权力功能放大和泛化。笔者认为,现代大学学术权力在高校内部的行使应集中于对有关学术事项的评价、咨议和指导,参与学术性事务的决策及对与学术发展密切相关的部分校政事务的决策参与。首先,学术权力具有学术质量评价功能。学术权力的主体是以学术为志业的知识分子群体,他们是高深知识的生产者和

---

① 沃尔特·W. 鲍威尔等:《组织分析的新制度主义》,姚伟译,上海人民出版社2008年版,第16页。

传播者，是专业领域内部的权威，对高深知识及其质量标准能够更好地把握，通过同行专家对研究成果的评鉴、甄别和筛选，从而保证学术研究的质量和水平。其次，学术权力具有学术规范导向功能。学术规范是学术研究的规则和范式。当前学术失范问题较为严重，学术不端、学术腐败等问题突出。学术权力要深入学术研究实践，通过对学术研究过程的监督以及学术研究成果的鉴别，发现学术问题，维护学术研究的规范性。第三，学术权力具有决策咨询功能。学术有关事务的开展不能离开学术权力的参与，如，在学科建设、专业设置、职称评定、人才引进上，学术权力的参与具有必要性，能够有效体现教授治学。"行政事务乃至学术事务的执行则交由高度发达的校内科层机构体系负责，以发挥其在办事效率方面的优势"①。

2. 规范学术权与行政权关系

当前我国高校仍然缺乏合理的、科学的内部权力配置模式和规范，行政权与学术权均存在相互依附的现象。对此，我们需要进一步从微观层面审视大学事务中行政权与学术权的边界问题，以制度为依托规范权力关系。从行政权来看，鉴于大学组织的独特属性，在关涉学术事务上，行政权需要有所保留，从而给予学术独立的空间和自由。行政只能"适度"参与学术事务，在学术活动的组织、协调及监督等管理领域上，通过计划和政策手段宏观和间接地参与学术权力的运行过程，避免越位到具体的专业知识决策领域和资源的内部配置上。从学术权来看，学术权力是基于知识的生产、传播、储存、应用而产生的权力能力，其权力范围应与权力功能一致。学术权力的范围主要表现在学术质量的评价、学术规范引导和有关学术发展的大学事务参与上。在发挥学者专业优势的同时，学术权力也要避免干预管理和执行，在

---

① 陈金圣:《大学学术权力的概念厘定与定位分析》,《山西师范大学学报（社科版）》2011年第9期。

涉及具体事务时，要理清管理与评价环节，在学术管理上由行政权主导，而在学术评价上由学术权力主导。以学术资源为例，资源配置不仅是学术专业问题，而且也是行政管理问题。在资源供给的可能性、配置的合理性及其决策方案的有效性上就属于行政范畴，因为这些事项的完成仅靠学术权力是做不到的，行政力量的参与具有必要性。

（二）学术权力组织结构制度化

学术权力组织架构的制度化主要着力于两个方面：其一，根据学术研究的规律和特点，正确定位基层学术组织权力；其次，在学术权力落实过程中，优化权力组织的成员构成。

1. 建立底层主导的宏观架构

大学组织的结构特点决定了大部分学者集中在组织机构的"底层"，即在基层学术组织中从事教学、科研活动，从而形成大学组织蓬勃发展、不断创新的动力源泉。根据学术自由理念，越是接近知识探索场域越应该赋予学术权力，在学术权力组织的宏观架构设计上，权力重心需要下移，增强基层学术组织的学术话语权。大学基层学术组织主要有学系、研究所和研究中心，承担着一线的教学科研任务，权力下移就是赋予学系、研究所和研究中心明确的学术权力。学院本身非学术组织范畴，无学术权力，学院是为了解决学科高度分化带来的学术部落隔离，以及促进学科交叉融合创新而形成的组织。学院的管理权能范围可以包括三个部分：一是学生管理；二是在全院和院校之间协调教学、科研等学术活动；三是与系共同负责教师管理[①]。因此，基于底层主导的理念，大学学术组织体系设计中可以"系"、"研究所"、"研究中心"等为学术权力实体，在学院组织内设置独立运行的学术权力机构，其权力运行不受学院行政的影响，与此同时将管理事

---

① 柏昌利.《试论大学学术组织结构的调整》,《中国电子教育》2004 年第 4 期。

务交给院一级。这样在行政上校院两级共同为基层学术组织服务，减少了院级行政对系等基层学术权力的干预，有利于充分发挥基层学术权力自我控制、自我管理、自我发展的作用。

2. 建立合理的成员遴选制度

学术权力组织成员接受利益相关者群体的委托，参与有关学校发展的重要学术事项，身份的重要性决定了其成员的遴选受多重制度条件的限制。首先，要考查成员的学术水平条件。学术权力组织成员的遴选应坚守学术的标准，深入考察其学术声誉、学术成果和学术道德，包括学者在外部学术组织公共空间中的影响力及其经验，举贤不避"长"，不能因为具有行政身份而忽视其学术成就，凡符合学术标准的学者都具备进入学术权力组织的可能性。其二，要考虑学科条件。学科的限制是指学术权力组织成员的遴选要考虑不同学科的实际情况，既要照顾到优势学科，也要兼顾新建学科以及基础学科等，科学安排不同学科的席位比例。第三，要平衡双肩挑与纯粹学问研究者比例。在坚守学术标准的前提下，要尽量减少行政力量的参与，严格恪守两个三分之一，即"担任学校及相关职能部门行政领导职务的委员，不得超过委员总人数的 1/3；不担任党政领导职务及院系负责人的专任教授，不得少于委员总人数的 1/3"。

（三）学术权力运行规则制度化

规则制度化意味着我们需要制订明确的规程体系确保学术权力运行具有独立性与规范性，消解学术权力运行过程中的异化问题。概而言之，规则制度化包括学术权力组织章程制订、运行机制和工作机制建设三个方面。

1. 制订和完善学术权力组织章程

学术权力组织章程是大学学术权力运行的指导性规范，集中规定了组织成员的权利与义务、人员构成、会议制度、运行机制等。不同层次、类别的学术权力组织均应该配套自身的章程规范,从而规约权力运行。基层和专项学术权力组织在权力运行时除应遵循自身的章程外,同时还要接受校学术委员会章程的规范和指导。加强章程建设一方面要完善制度的内容,如明确决策形式、决策程序,明晰不同层次类别学术权力组织的关系等;另一方面要提升执行效力,加强权力运行的监督,保证学术权力有效、规范运行。

2. 加强学术权力运行机制建设

学术权力运行机制包含两个层面,其一,宏观上大学内部学术权力与其他权力之间权力配置及运行的制度总和;其二,微观上大学学术权力组织内部权力配置及运行的制度化。因此,从宏观来看,学术权力运行机制的设计最为主要的是处理好学术权与行政权的关系,建立行政权与学术权的协调机制。从微观来看,即是要建立和健全以学术委员会为主要形式的学术权力组织的运作机制。具体而言,就是要完善以议事制度和票决制度为核心的运行机制,发挥学术权力组织的审议、咨询、评议等职能。

3. 加强学术权力运行工作机制建设

学术权力的工作机制不同于具体职能部门,目前我国高校学术权力组织仍然是非实体性机构。由于学科差异以及成员的分散,学术委员会的工作开展较为困难,因此,需要在工作机制的安排上积极创新。其一,建立实体化的学术权力组织机构,承载大学内部日常学术权力事务;创新秘书工作制度,以此为纽带沟通大学内部不同级别和类型的学术权力组织,使秘书工作常态化、组织化、制度化。其二,加强学术权力组织成员履职监督,强化权力主体履职考核,从而提高学术权力运行效率,维护学者群体的利益。

(四)学术权力运行监督制度化

在高校建立起相对完善的学术权力制度基础上,运行监督仍然具有必要性，通过监督能够有效发现制度设计存在的深层问题，防止权力寻租与腐败。

1. 加强内部监督

内部监督是学术权力运行规范与否的根本保证，现代大学学术权力的内部监督要从两个方面开展。其一，实行程序公开，规避委托代理信息隐藏风险。在参与学术事项的评价与决策时，学术权力组织要公开其程序，允许非学术权力组织成员（如学生、教师等）参与听证。以程序公开求实效，增强学术权力组织的公信力和权威性。其二，实行申诉和复议，加强学术权力运行内部仲裁。学术权力运行存在客观的异化问题，在权力运行过程中要打通路径，为学术权力弱势群体维权开辟通道。根据大学章程及学术委员会章程对学术权力及其功能边界的规定，对越界行为由学校学术委员会仲裁并给予相应的惩戒。

2. 加强外部监督

良好的学术权力运行需要三方联动，除基于知识分子良知的学术道德自律和有效的校内学术权力制度设计外，一定程度的外部他律是必要的。首先，加强国家权力的监督。国家是大学办学的委托人，是当然的权力运行监督者，国家通过建立权力监督机制来规范学术权力运行，如制订有关学术权力运行的法律法规，建立专门的学术权力运行管理机构等。其次，加强高校内部行政权、政治权以及民主权对学术权力的制衡和监督，这是现代大学制度建设的核心要义。第三，加强社会权力的监督。当前，我国高等教育外部认证与评估体系尚不健全，学术权力运行的第三方社会评价基本欠缺，学术权力运行难以社会问责。因此，此类评估监督机制亟待建立，通过社会评价加强高校学术权力运行质量外部诊断。

（本文选自《大学教育科学》2015年第1期）

重构传统文化的符号空间：书院人文教育的现代性困境与突围路径

尹建锋　吴叶林

摘　要：书院的人文教育精神成为当前传统文化热的一个焦点，却遇到传统文化断层与中西方文化冲突的现代性困境。本文运用文化符号学理论观照书院人文教育中的文化现象，发现书院人文教育的现代性困境实际上是传统文化符号空间的断层与破碎的问题。缘于此，基于普遍人性解构书院人文教育的传统文化符号空间成为突围这种困境的一种可能性。拓扑变形成为全息式文化符号空间创生的基本途径，成为重构现代书院人文教育的传统文化符号空间的一种理论可能，并存在三种路径："求同存异"、"异而化之"与"生生不息"。

关键词：书院人文教育；现代性困境；传统文化符号空间；拓扑变形

中国教育人文精神缺失自身存在着一个问题域：人文精神缺失是源于西方科学主义学校教育的弊病，还是西式人文教育在中国的水土不服或者是中国传统人文教育的断裂。鉴于近代以前的中国传统教育以书院教育为重要形式，其人文精神或特质的重要性为学界所公认，因此，复兴书院人文教育自然成为这一问题域的解答之一。然而，由于当代文化的时代断裂和与西方现代文明的空间隔离,使书院能否承载起中国现代人文教育的使命,面临着颇具挑战性的现代性困境:人文主义教育与科学主义教育之间、民族传统人文教育与西方现代人文教育之间的双重冲突。

面对这种现代性困境,"书院"热潮出现徒有符号形式的虚空化倾向,缺乏实质性的精神内容和现实生存的生命力。书院作为诸多文化符号的意义集合,其人文教育的古代意蕴在符号意义上的现代创生成为文化复兴问题的关键。为此,本文运用文化符号学理论来探究书院人文教育面临的现代性困境及其化解方案,寻求理论上的可能性。这种理论假设,以书院教育是有中国特色人文的文化符号系统为前提的,原有的文化符号的系统不论受到多大的破坏和损耗,总会以现代人的人文精神需求为动力,可以获得一定程度的修复和重生。

一、书院人文教育的现代性困境:传统文化符号空间的断层与破碎

书院人文教育的现代性困境本来不应是一个能够成立的命题,但是由于以人文教育为要旨的书院教育在近代以来的断裂与当前中国学校教育的人文精神缺失之间存在一定的逻辑可能性,才得以形成一个需要探究的命题。核心问题是:书院与现代人文教育之间存在什么关联呢?一方面,书院是以人文精神为主要本色的教育形式;另一方面,任何人文教育都需要一定历史传统性的、民族性的文化环境,书院人文及其教育便是这种历史传统性和民族性的集中体现。从这个意义链接上可以获得一个洞见:现代学校教育的人义精神滑坡和文化品位下降,是由于缺乏像书院这样一种适当的人文教育环境。因此,复兴书院及其人文教育可以视为现代教育革新的新思路或有益的尝试,其要旨是要复活"书院"及其教育的人文精神。然而,自清朝末年,书院

便被偏重科学主义的西方学校所代替而废止，直至当代已经出现了几代人的人文历史断层，当代的人们对历史上的书院人文，多已无从感知。随着中国封建制度的覆灭和西方高等教育体制在近代中国的逐步建立，书院制度遂被废止，这种经过千余载发展历程所积淀的宝贵文化精华，并未成为中国大学文化的组成部分。就此而言，书院这种历史上的人文教育样式能否在现代生活世界里得以生存发展，依然是个疑问。对此，从最近几年兴办现代书院的现象中就可以看出。比如民间私人兴办的书院效仿古代书院而多远离都市，偏居山野之中，我国古代著名的五大书院都设在依山傍水之地，除了开始的热闹外，便少有人来问津；某些知名大学在校内兴办的书院，让学生仅感到一时的新鲜之后，仍然将更多的精力投入到现代大学的生活方式中；有的复兴活动只是局限于重新修复书院，或让学生身着古装举行孔子祭奠仪式，或者刻意恢复某些会讲、答问等古代书院教育形式，或者开设"读经"教育课程，等等。这些复兴活动要么简单僵硬地复原古代书院教育形式的某些片段，要么只是仿效古代书院建筑特色形、选址特点及其治学或教育的一般形式。虽然在某种意义上其根本的精神追求是值得肯定的，同时也取得了一定的积极效果，但与中国书院的真正教育理想和人文精神是差之甚远的。表面看来，书院作为"古董"般的传统文化已经不合时宜，我们也无法回到过去的历史现实中，以此来恢复曾经辉煌的书院文化，而实际上，这只是表面现象的一般看法，而不是问题的实质。因为我国近代以来的文化断层才是书院人文复兴面临现代性困境的根本实质，进一步来说，这一实质体现在（文化）符号上的断层，成为现代性困境的根源。这种（文化）符号上的断层是如何导致书院人文及其教育复兴的现代性困境呢？具体来说，我们可以从两个层次上来逐层认识：符号空间的断层和符号价值及其审美的断层。

正如尤里·洛特曼所言："没有一个符号机制能孤立地在真空中起

作用……符号的空间是其运行的必要条件。"①因此，符号必然融入特定时空的人类现实生活中，才得以运行产生符号意义的机制。符号属于特定空间的符号，是一种机制性的有机存在。"符号形成文本，文本形成文化，文化形成符号圈。"②根据这种符号理论，书院人文就是以符号空间为表达方式的文化空间，成为当时社会文化的符号圈的子符号圈，其文本可以表现为自然环境、建筑式样、文字书籍、仪式、举止行为、图像等符号系统，虽然它们相对比较独立，但是在共时上相互关联、相互作用，比如书院的仪式会影响人们日常举止行为的风格，书院的建筑风格会影响人们的感知观念等等。在纵向上，符号系统各有自身的记忆，尤其体现在文本的历史感上，比如古代文物的出土，可以通过与现时代的符号体系相"碰撞"产生新的符号意义，当然也可能由于符号系统的独立性而无法解码；一座建筑经过悠久岁月的积淀，会产生新的符号意义，并进入到符号空间进行交流，影响其他的符号系统，千年积淀的岳麓书院已经成为文化标志就是例证；古代典籍直到千年之后依然发挥着符号意义的作用，特别是书院的经学教育体现了这一点。可见，单一的文本必须进入到特定的符号空间，并且和这个符号空间相互作用才能产生意义。在此意义上，符号空间或符号圈，在时空的延展中，具有一定的连贯性。然而，近代中国的传统文化是在救亡与革命中被强行拖进现代进程的，而且是照搬存在诸多科学主义弊端的西方现代性，没能实现"传统的现代转化"。这使得传统文化的符号空间的连贯性受到了冲击，出现了符号空间的断层。作为传统文化一部分的书院人文自然难逃这种冲击后的断层，甚至被直接废除了，失去了符号空间的连贯性，其符号、文本、文化都失去了符号空间的载体，而且符号空间是符号、文本、文化运作的前提和必

---

① 尤里·洛特曼：《符号圈》，俄罗斯艺术出版社2000年版，第642页。
② 尤里·洛特曼：《俄罗斯文化的历史和类型学》，俄罗斯艺术出版社2002年版，第20页。

要条件。① 因此产生了巨大的符号空间断层，具体表现在书院人文教育与现代学校人文教育、西方科学教育之间的符号（意义上的）交流障碍和冲突上。面对书院的各种文化符号，无法用今天的规范语言和科学语言去解读的感觉，比如今天的白话语言无法解读到《易经》类文言文的完整意义，西医无法完全解读中医，实验心理学无法解读心性之学等，这就是书院人文教育现代性困境的最基本事实和根源。

　　以书院人文为特征的传统文化符号空间与现代文化符号空间之间存在断层，这种断层在解读上不可通约。基于这种认识，我们可以看到：从现代符号空间的环境中成长起来的青少年学生，在缺乏传统文化连贯性发展的社会文化教育环境里，深受西方文化影响，这种西方文化的影响只是局限在肤浅的外在形式上，特别是西式的金钱主义、技术主义、物质主义和感官刺激至上等不良影响。中国的青少年学生不可能像西方的青少年接受完整的西方人文教育，但同时更没有接受中国传统文化的系统人文教育，比如具有良好效果和影响力的书院人文教育，仅仅通过思想政治教育更多的是获得了政治教育，而不是完善的人文教育。陈平原先生提到："这其实正是本世纪中国大学教育的问题所在：成功地移植了西洋的教育制度，却谈不上很好地承继中国人古老的'大学之道'。"② 在这种架构下，青少年学生对人文符号的认知是残缺不全的，更谈不上形成一个完整的符号空间。而价值是符号在符号空间中取得特定意义的基础上才会有可能存在的，才可能获得价值认同或价值选择，直至对某种符号及其价值的审美，如对"忠""义""孝"等文字符号的意义或价值认知，就要放在中国传统文化背景中才有意义。简单来说，符号本身就是空间性的、系统性的、整体性的，符号本身意味着意义认知、价值认同、审美追求，那么意

---

① 尤里·洛特曼：《文化及其生存与发展的空间：洛特曼文化符号学理论研究》，康澄译，河南大学出版社2006年版，第254页。
② 陈平原：《北大校史：怎样溯源？》，《北京大学学报（哲学社会科学版）》1998年第2期。

义、价值、审美必然具有同样的空间性、系统性与整体性。因此，青少年学生在这种不完整的符号空间里，凭着一些来自不同文化国度的碎片化符号的混乱集合，是无法产生完善的意义认知、价值认同和审美追求。在这种情况下，他们对待书院人文这种传统文化的价值认同就显得比较模糊，在文化心理上有隔离感和陌生感，更谈不上有精神上的欣赏。很多青少年学生痴迷于"哈日""哈韩"的时尚风格，乐于圣诞节等国外节日，崇尚消费主义的物质生活，迷恋科技产品带来的各种欲望满足，很少关心内心深处的人性关怀等道德伦理问题；他们的一些价值认同观念也开始趋于西化，缺乏基于民族道德文化上的价值认同感、自豪感和审美感。

总之，传统的文化符号空间受到现代西方文明巨大冲击，在混乱中失落了许多文化要素。这种文化断层导致了现代书院文化只能机械地选取支离破碎的文化符号，因此而处于"支离破碎"与"意蕴失真"的境地。书院人文教育面对现代文化，缺乏空间上的存在感，价值上的认同感，审美上的情景感，没有形成文化符号的完整空间，无法与现实世界的文化力量相抗衡和沟通，继而没有足够的竞争力和吸引力。

二、书院人文教育的传统文化符号空间解构：一种困境突围的可能性

虽然书院人文教育已经脱离时代百余年，在文化断层的历史隔阂中趋于消逝，但是，书院人文教育所具有的特色和优势，仍然不失为优秀民族文化的精华所在，具有潜在的强劲生命力。我们只有张扬其文化个性，才能挖掘书院人文教育的这种生命力。那么，能否创新发展、如何创新发展成为问题的关键所在，这是我们将要探究的一个重点问题。

（一）书院人文教育跨时代的符号可通约性：普遍人性

首先，"普遍人性"是书院人文教育符号可通约性的伦理基础。古希腊和古罗马文明因宗教势力的强盛几乎失传，一定程度上出现了文化断层，但是后来经过文艺复兴的人性复归，古希腊和古罗马文明开始成就了西方的现代文明。其中，这种现代进程之所以发端于文艺复兴，是因为文艺复兴中的艺术创新，比如雕塑、建筑、油画和文学作品等符号体系在表现形式上，不同时代的符号相组合而形成新形式，即由原来服务于宗教专制的压抑人性的文艺作品形式，转变为关怀人性、张扬生命力的文艺作品的创作形式。这种形式是对古希腊和古罗马时期艺术表现符号的复兴，比如油画作品人物、雕塑作品人物同古代作品一样具备表情生动、形体张扬等特征，而这些都是符合普遍人性的最基本形式与内容。从这个历史经验中可以发现，古代文明与现代文明之间存在文化断层的困境，但是某些文化符号能够超越所指、能指，在"意指"上都趋同于一致的方向，这个"意指"的指向就是"普遍人性"。以此类比，中国传统文化、书院人文教育，是否也具备像欧洲古代文明的那种能够复归的"普遍人性"呢？这个命题的成立成为书院教育具备"文艺复兴"般复兴可能性的前提，也成为化解其现代性困境可能性的伦理基础。一般来说，我们认为书院人文教育浸染于中国传统文化，特别是儒家文化，它当然具备我们民族文化语境中的"普遍人性"。因此，在符号学意义上，文化断层导致书院人文教育与现代学校人文教育、科学教育之间存在意义表达和理解上的不能直接转译的不可通约性，但是这种"普通人性"的趋同性质成为符号可通约性的前提预设，更成为化解书院人文教育现代性困境的理论基础。

其次，"文化解码"能够成为书院人文教育符号可通约性的实现途径。古代文化表达"普遍人性"的符号机制与现代文化是不一样的，比如古希腊的公民意识不包括当时奴隶的权利和地位，显然与今天的公民意识不同。然而，现代公民意识的政治思想，很明显渊源于古希腊,"公民意识"作为一种政治文化的符号机制如何在古今文化的断层之间做到演化和转变,在现实中体现在对古希腊公民意识的文化解码上。文化解码实质上就是以现代作为时空参照系来抽取古代文化符号的某种精神内涵并予以应用,是一个理性过程,也是人类的本性追求。古希腊公民意识虽然存在对奴隶的不公平,但对城邦的市民意味着公平:公民拥有每人一票的民主投票权。现代文明就是抽取了古希腊公民意识中的公平精神、民主精神,"公民"作为符号,其所指和能指都发生了变化,只有"意指"没有变化,即尊重每一个人的公平价值没有变。从这个文化解码的例证来看,书院人文教育亦可以做这种"文化解码",比如"因材施教"的教育文化,在古代以道德为本体的文化环境中,体现在不同德性的人需要不同的教育方式,那么,到了现代肯定具有不同的含义,可以体现在不同人的外在特性上。那么,是否能够从中抽取某种精神内涵而得以文化解码呢?我们可以把"普遍人性"作为伦理依据进行抽取,那就是尊重人与人之间的差异性和平等性。如此,我们可以通过这种文化解码,抽取人文精神内涵(符号的意指),使书院人文教育能够走入现代人文教育的符号空间中,实现符号跨时代的可通约性。

(二)全息式的传统文化符号空间创生:拓扑变形

以上论述的这种可通约性,可以证明:虽然文化符号的断层导致了书院人文教育的现代性困境,但是书院人文教育的现代塑造是完全有可能的。那么,创设现代书院人文教育成为我们化解困境的现实需要,并以文化符号作为解决问题的方法论。洛特曼于1984年提出"符号域"概念,是指符号存在和运行的空间。因此就文化而言,符号域可以表示文化符号空间,实际上是一种文化环境、文化背景等。"它是民族文化符号系统产生、活动、发展的空间,是文化的载体、民族思想意识结构以及思维方式的表现形式和手段。"[①] 同时，因为符号域概念受拓扑学影响，因此文化符号空间存在各异功能与结构上的空间构造。在时间和空间两个维度上，符号域可以衡量文化的共相与恒量。"我们认为，不同类型文化之间在思想精神上的相同点，就是整体文化的衡量，而文化语言及系统的特性，就是拓扑变形的结果。"[②] 如在传统与现代的时间跨度上，东西方的空间跨度上，文化符号均可以在"拓扑变形"中保持文化统一和文化平衡。因此，文化可以因时因地发生变化，但是可以"透过语言和文化的表象洞察其中不变的共相和实质"[③]。

缘于拓扑学"变换下的不变"观念，文化符号空间具有动态性、平衡性与开放性，需要不同文化符号空间的交叉碰撞，以产生新的符号意义。交叉的核心是普遍通约的人性（即文化的共相与恒量），不同文化符号空间的交叉不是机械性的，而是有机的、生长型的创生；要利用不同文化符号空间的不可通约性产生的异质资源，通过"第一语言"对不可通约的"第二语言"（异质符号）进行诠释性贯通，产生新的"第二语言"，以此类推实现动态的滚动发展。举个例子，用现代科学这种"第一语言"对类似风水、中医这种"第二语言"进行诠释，风水与中医既存在科学技术上的理性，又有伦理上的信念归依，如此产生新的"第二语言"，可能产生人文性的科学语言，实现人文与科学的贯通，即新的符号空间的创生。那么，现代书院人文教育的创生就类似这种新的"第二语言"的产生过程。从这种理论推演过程中，我们可以看到现代书院人文教育在理论上应当是个什么样的人文教育：现代书院人文教育是符合人性需求的，并超越所谓的"现代性"的人性需求，对传统文化符号进行意义再造；具有书院人文个性特征的现代完整符号空间，应是立体而全面的符号空间体系。

---

① 王铭玉：《语言文化研究的符号学观照》，《中国社会科学》2011年第3期。
② 郑文东：《文化符号域理论研究》，武汉大学出版社2007年版，第60页。
③ 王铭玉：《语言文化研究的符号学观照》，《中国社会科学》2011年第3期。

在此，借用成像技术的"全息"概念，来诠释书院人文符号空间的立体性。从不同的侧面，会看到不同的立体成像效果，比如可以是第一语言的或第二语言的；可以是传统文化的，也可以是现代时尚文化的；等等。可见，符合人性需求的全息式符号空间，是现代书院人文教育的核心内容。

三、现代书院人文教育的建构路径：重构传统文化符号空间

综上所述，符合人性需求的全息式创生是一个系统性的文化再造工程，其复杂性与困难性是显而易见的，并且，其时间跨度往往比较漫长，需要日积月累的沉淀过程。因此，就书院教育而言，出于能动的愿望采取若干教育改革措施或许能够一定程度上出现文化上的变革迹象，但不足以触动文化符号空间的主体，往往在形式上能够获得表现，却无法改变文化上的内涵。这种现象主要体现在学生对传统文化内涵所持有的心理与态度上，往往表现出不求甚解及一种陌生感。有研究者对某东部大学的大学生对传统文化的认知现状进行调查，发现"48%的学生对传统文化不感兴趣；关于是否应该继承传统文化，22%的同学认为应该继续并发扬；77%持中间态度"，分析造成这种状况的原因，除了社会大环境和外来文化的影响等因素，传统文化在学校教育中的不足及学生对传统文化的认识有偏差、功利思想过重等也是比较重要的因素。[①] 可见，以传统文化为重要载体的人文教育存在新引力不够、教育资源不足等根本问题。就学校教育而言，一方面需要学校教育提供更加充足的传统文化资源，另一方面要增强传统文化对学生的吸引力，这是更加重要的方面。从教与学关系的视角，以满足

---

① 周塘沂、李馨、魏营：《当代大学生对传统文化的认知现状调查与思考》，《中国电力教育》2014年第20期。

学生基于人性的根本需求为出发点，创生全息式的传统文化符号空间，充实人文教育的场域。那么，书院教育以其特有的传统性与人文性成为比较合适的选择。结合当代学生基于传统文化上的人文精神缺失，建构现代书院教育的人文符号空间成为亟待解决的问题。根据传统与现代、东方与西方的矛盾关系，这一文化建构实际上是符号域的拓扑呈现，表现为文化的"动态平衡"。据此符号学原理，现代书院人文教育的文化空间创生存在三个路径：求同存异、异而化之与生生不息。求同存异意味着文化符号的传承与吸收、开放包容、多元融合；异而化之意味着文化符号的裂变与组合、独特的创新，及其不确定性；生生不息意味着文化符号的创新要满足基于人性的生命需求而不断成长。建构现代书院人文教育就是要这种符合人性需求的全息式符号空间创生，其具体思路便体现在这些内容中。

（一）求同存异

求同存异中的"同"，就是符号的可通约性（普遍人性），这是书院人文教育能够与现代学校的人文教育、科学教育"求同"的依据。当然，"存异"是对书院人文教育的一种包容态度，并且也需要对书院人文教育中相对今天来说是"异质"的符号要素进行文化解码，加以适用。我们可以利用现代人文学科研究的方法，将书院人文教育的诸多文化符号系统整理出来，这包括物质文化、制度文化与精神文化构成的书院文化生态系统，比如书院的教学内容、教育制度，礼节仪式、自然环境和建筑风格等，从中提炼与现代学校教育共有的人文教育精神。并且，要在整理的过程中，发现书院的人文符号系统如何发生道德的、情感的、信仰的象征作用，从而塑造了相应的人文精神。比如书院教育中关于"礼"的规定，实际上既包含着相关的知识学习，又包含着情感、意志的塑造，特别是良好行为习惯的培养。这与现代学校教育中的关于行为举止的行为规范，同样起到相应的教育作用，甚至更高一筹。再比如书院的儒家教育是讲究"三不朽"的，立德、立功、立言，如同我们现在的思想道德教育课程所要达到的教育目的。我们完全可以通过对书院人文教育的一些格言、德性旨趣进行现代的解码及适用，并增加这些精神内容在形式上的可审美性，以达到道德情感、信念能够内化的教育目的，比如将古代文言文类的格言名句融入现代文化要素中来。在这种文化要素的沟通基础上，尝试建立比较宽泛和完整的书院人文氛围，即一种能够发挥符号意义的符号空间体系，具体就是在文化解码的过程中，进行"全息式"的构建。以书院礼节系统为例，不但要对此系统进行解码、提炼，与现代文化要素相沟通，以重构出现代书院的礼节系统，而且要对其他系统，如制度、情感模式、教学内容、教材、格言样式、建筑风格等，进行同构性的解码、提炼，直至最后的共时、同步的现代重构。这就是现代书院人文教育的全息式构建过程，核心精神就是"求同存异"。比如，香港中文大学书院制便追求中国古代传统教育与西方现代教育的共同性，实施包括"博雅茶叙""聚会及高桌晚宴"等带有书院自身精神及传统的通识教育。

（二）异而化之

异而化之，从字面意思来说，就是承接"求同存异"中的"异"，对其化而治之；从符号学意义来说，就是某种符号空间的"异质"，成为创新的资源。在对书院人文教育的文化符号整理中，发现了"存异"中的"异"后，对此进行解码分析，"去其糟粕，取其精华"，结合现代文化要素进行创新。比如书院的祭祀活动，是对师生的一种重要教育措施。祭奠儒家的"先圣""先师""先贤"，以在师生心目中树立模范人物，尤其在道德修养的意义上，如此来培养"知礼义、明廉耻"的道德品性。祭祀先祖，特别是对古代的教育家、思想家、道德家等圣贤的祭祀，是比较独特的道德文化教育。在现代学校教育中，这甚至被认为是"封建"的一些东西,但实际上,祭祀也是格物致知的一种方式,包含着尊师重道、崇尚圣贤、尚气节、讲风格等方面的知识学习和精神陶冶。对此,我们要客观对待。书院祭祀这种人文教育内容,相对于现代学校是"异质"的教育资源,有可能存在封建糟粕、道德附庸、权威崇拜、滥竽充数、刻板烦琐等弊病,但是,被祭祀的人物及其人格都是师生的人生榜样、理想追求,教育的价值目标可以实现形象化、象征化、模范化,使人既仰慕、怀念前贤,又能激励后人,确实是一种具有丰富内涵的文化传统教育和思想道德教育的资源,是既生动活泼又庄重严肃的教学形式和组织形式。这些比较形象生动的教育符号象征的人文精神意蕴,是现代学校教育所缺乏的。这种"异质"资源如何能够"化"而新生地创造出现代学校人文教育的新形式、新内涵,考验着我们的创新勇气和智慧。因此,实现传统文化资源的现代转化,是我们创建现代书院人文教育的基本认识。然而,这种现代转化的独特创新过程中,存在着诸多不确定性。因为传统文化符号的诸多裂变与组合,产生的可能性后果是多样的,有可能是优良的,能够适应现代社会发展,也有可能是错误的,阻碍社会的发展。一方面,我们要警惕完全复古的符号形式主义、保守的符号暴力主义倾向,如流于形式的文化复古,武断式的文化评断;另一方面,在传统文化领域,要发挥教育家、思想大师的人文符号魅力,以增强书院人文教育的生命力、创造力和国际影响力。

(三)生生不息

做到求同存异与异而化之之后,并不能很好解决文化创生和文化自觉的根本问题,只是解决了传统文化符号如何进入现代文化圈的途径。至于是否能在符号的意指上获得文化心理上的审美感与归属感,还存在一定的不确定性。而审美感与归属感是实现书院人文教育文化传承功能的根本前提。不论是现代文化符号圈还是传统文化符号圈都是个体生命的一种生存环境，沟通二者的桥梁从根本上说是现实存在的生命。因此，以中国人的生命观作为文化创生与自觉的根源，符合民族文化发展的规律。"生生不息"出自《易经》，对"道法自然"这种中国式生命观是一种形象性的诠释，对当代中国人的生活与生存依然有深刻的解释性。比如，中医建立在身体阴阳调和的生命哲学基础上，以"元气"意指生命力；人伦道德建立在长幼有别的生命规律上；教育的修心养德与格物致知建立在人与自然同为一个整体性生命体系的基础上；等等。以上命题本身蕴含现代性及其科学性的文化意义，只是在符号的所指与能指上二者存在不可通约性，而在更高的层次意指上总能获得某种新意义上的共鸣，比如中医科学研究的新发现（中药中青蒿素的现代药理机制），只是话语方式不同而已。然而，在以"人性为本"的人文所表达的意识而言，生命的"生生不息"在身体健康与精神文化上均要求人们在生活中表现出自觉的、自洽的、自足的、自证的文化样式，逐渐生成文化的新符号及新符号域。比如，古典服装设计潮流的出现，"以新造旧"人文建筑群的流行，以及诗书琴画的现代性创作等，逐渐以新的"价值意指"与"审美意指"重新表达传统文化资源，丰富人们的人文精神，找到精神的家园。这种社会文化的新时尚，一定程度上表现出对学校教育的新需求，因此，书院教育在人文上的文化传承理应受到重视，并以生命的"生生不息"为哲学基础，创生出应有的文化意义与形式，成为学校教育在文化自觉上的一种体现。具体而言，挖掘传统文化的教育资源，结合学生在身心健康上的根本需求，使传统书院所特有的人文教育发扬光大，深入人心。

（本文选自《高教探索》2017 年第 6 期）

中国近现代教育变革中学派师承的特征、变迁及价值

崔延强　周森

摘　要：中国尊师重教的文化传统十分久远和深厚，但清末民初废除科举和现代西方教育体制的引入对传统教育产生了重大冲击，几乎重构了师生传承关系和同门之谊的价值。这并非一夜之间的猝然变化，传统的师门传承反过来同样对教育变革有深远影响。北京大学文科"三大学派"的交替胜出，可视为传统师承关系在现代教育体制中的某种延续和转化。"章门"三代师徒的几次谢师公案，更折射出了学问的代代传承与不断演进的价值关涉。在公开出版的教育史著作之外，近代教育转型中的门派传承研究作为潜藏的另一种更为真实的教育史书写，可以帮助我们细致地考察近代以来中国教育变革的基本特点及其得失，进而从中汲取教育智慧，促进今天教育事业的繁荣和发展。

关键词：师门传承；学人日记；谢本师；学派

师门传承是中国教育中一种最为高效和稳妥的教育方式，师生间代代相传，关系十分亲密和牢固，逐渐发展出一种重要的教育文化。分析师门传承是总结传统教育规律的重要途径。在我国现代教育体制转型中，蔡元培先生以德国洪堡大学为模板在北京大学着力构建了分

科教学体系，使得现代大学制度在中国真正形成。但这并非是一蹴而就的，富有中国特色的学派师承之风仍有巨大的影响，并对形成中的新式教育体系有着显著的反作用。但是在概念化的教育史研究中，这种精微的个性特征常被忽略或悬置，这一空白需要弥补。

现有的教育学史过于追求边界清晰、简洁明快、规整易读的叙事模式，而对教育变迁的丰富性关注不足。正如陈寅恪所言："言论愈有条理统系，则去古人学说之真相愈远。"① 因而，唯有进入历史中那些互动的不同"面相"（如传统师承到分科教学），解开教育史的发辫，在"披头散发"的史实中展现出一种多面化研究②，才能接近真实的历史本然。

近代以来，西方文化和教育理论对中国传统的强烈冲击，促使中华民族的"道统"和"学统"意识更加强烈。曾国藩效仿朱熹建立道统的努力而作《圣哲画像记》，梳理中华文脉并厘清师承关系，从周文王、周武王、孔子、孟子等 32 位代表人物到他自身，并将自我定位为学问大统的传人。曾国藩的确称得上是一位承前启后的关键人物，他与龚自珍、魏源开创了中国文化和教育的近代化变革之路，并后继有人。俞樾承其学术衣钵，传至章太炎而发扬光大，"章门"弟子如黄侃、钱玄同、鲁迅等皆无愧于时代赋予的特定的文化变革使命。近现代的师承关系十分清晰明确，每一代学人都积极有为、承前启后，教育中的代代相递与中国近现代文化的革故鼎新有着相同的节奏，这不能不说是一个奇迹，因而这种师承关系背后的教育规律极富魅力。

鉴于这一问题的深刻性和复杂性，我们选取对近现代教育变革影响最大的"三个学派"的传承关系作为标本：主线是章太炎及其门人（大多留日，故被学界称为东洋派），这一个学派几乎直接塑造了民国

---

① 陈寅恪：《冯友兰〈中国哲学史〉上册审查报告》，《金明馆丛稿二编：陈寅恪文集之三》，上海古籍出版社 1980 年版，第 247 页。
② 罗志田：《经典淡出之后的读书人》，《读书》2009 年第 2 期。

时期的北京大学，而北京大学又对全国的教育发展起到了引领作用；副线是胡适及其弟子，也即"欧美派"：以吴宓等为代表的"学衡"派教育群体是这两派的重要补充。

一、学派师承研究的难点及其克服方法

师承与学派体现了学问的流变和诸多真切可感的教育规律，但是它有着某种私密性和非正式性，难以见诸过于"正式"而略显呆板的教育史教科书。规整的文本在刻意抽离富有温度的生活，对充满灵气的学人交往避而不谈，因而不够深入细致，这不能不说是一个重大缺憾。

概而言之，学派师承研究被遮蔽大致有纵向的自身传统和横向的学术冲击两方面原因。

毋庸置疑，20 世纪中国人文学科的大宗大流是史学和哲学，教育学作为一个不起眼的、独立性极为微弱的小学科被分散在历史学、哲学、政治学、社会学和文化学之间，在对其他学科的依附中成为一种"影子学科"。[1] 在历史研究者看来，教育中的师承关系属于文人生活的细枝末节，因而对这一具有重大教育学意义的历史史实并不在意。研究对象因而被虚化，价值被遮蔽，或消解在历史学和哲学研究之中。这让教育学理论分散在各种局部之中，造成视野的"支离和局限"[2]。从而影响对教育现象的解释力。今天对教育学学科意识的呼唤，实际上也是呼唤教育学扩大视野，加强理论研究的深度与广度，不要在历史与哲学的步步紧逼中一味退缩和自我局限。

横向来看，西方教育体制的引进和教育理论的译介几乎遮蔽了中国教育学自身的存在，人们甚至以为教育学是舶来品，中国没有教育

---

[1] 石中英：《教育学的文化性格》，山西教育出版社1999年版，第312页。
[2] 项贤明：《教育学的学科反思与重建》，《教育研究》2003年第10期。

学。清末民初，我国对西方教育典籍的翻译、出版、评述十分丰富。近些年来，对欧美教育学（如赫尔巴特、皮亚杰、杜威和认知主义、实用主义等）的尊崇逐渐形成了一种"引进情结"[①]，教育学言必称欧美，并随西方的发展而发展，也随着西方的失误而失误。对引进的强调无意中让我们轻视对自身传统的发掘与梳理，这几乎遮蔽了中国教育学自身的存在，同时也遮蔽了中国教育自身传统的流变。中国教育学离根离土，漂泊在西方学术的海洋上。学术引进是不可或缺的发展捷径，但大国的学术发展却不得不根植于本土。中国特色的教育学存在于一代又一代的师门学派的传承之中，对学派的研究不能只是对教育史的侧面补充或者边边角角的些微修补，更需要正面的必要的深化。以近现代学人群体的教育经历为样本深入挖掘师门传承中的教育智慧，从而增强教育史的丰富性、完整性与真实性。

由于学派师承内容的私密性，它的流变发展多散布于私密性极强（因而也更加真实、复杂和深刻）的学人日记与书信往来中，对此的细致解读可以帮助我们把握近代以降中国教育转型的基本特点。在诸多规整化的、教科书式的教育史之外，学派传承的研究作为潜藏的另一种更为隐秘的近现代教育史书写反而更贴切历史真实，让研究得以深入。根据马克思的"日常生活批判"理论精神，加州大学加芬克尔教授（Harold Garfinkel）提出了日常生活方法学（Ethnomethodology），这种学术方法认为日常生活是一切智力活动的真实基础，因而任何学术研究都可还原为日常生活的实践。因此，教育研究也应该关注师生及同门之间的日常交往。作为交往记录的日记信札等资料因而极具学术研究价值，如钱玄同日记、吴宓日记、胡适日记等，里面所记载的诸多老师的教诲、同门劝诫内容常常成为他们学术思想和教育

---

① 靖国平：《从"学科立场"到"学派立场"——论中国教育学的学派意识及其实践路向》，《高等教育研究》2006 年第 1 期。

理念改变的重要契机。可见,在研究方法突破了形式化和规律化的限制之后,学人丰富的日常生活可以为各种历史现象提供更具解释力的说明,从而在抽象化和概念化的教育史之外,揭示出另一种更为真实的历史进程。

二、中国近现代学派传承的基本特点

(一)纵向的古今对比:从一门深入变为转益多师

传统的中国教育十分讲究"师出名门",并根据学术传承关系而建立了学统与道统。这种明确的师生之间代代相传的关系是中国血缘伦理和家族本位的一种延展,也是文化守成主义的某种体现,虽然有压抑个性与创造力之虞,却培育了"尊师重教"的优良学风。历史上的"程门立雪"等佳话不必赘述,即便是近代,关于师生之谊的典范也不胜枚举。如,刘节在中华人民共和国成立后已在中山大学升任历史系主任,但是每年春节必去给老师陈寅恪行叩头大礼,"文革"中更是将个人生命置之度外而代替老师承受红卫兵的批斗,并以此为荣。无独有偶,蒋天枢在"文革"中也多次甘愿牺牲自己的政治前途,南下广州去看望老师陈寅恪,晚年更是丢下了自己的研究,坚持优先整理和出版乃师文集,担得起陈氏"学术托命者"之誉。熊十力与牟宗三师徒也是如此,老师熊十力对学生光大新儒学寄予厚望,使得牟宗三临终之际还为此感念悲泣。[①] 因此,传统的师生关系十分深厚,一般都会持续一生,在学术上传递薪火的同时也会以性命相托。

但在20世纪初,上千年来未曾动摇过的师生关系首次发生了重大转变,原因可以分为新旧两个方面。首先,科举的废除,使得师承和同门关系对书生们在谋求生活出路方面变得几无价值,从而让师承门

---

① 蔡仁厚:《牟宗三先生学思年谱》,台湾学生书局1996年版,第85页。

派大为淡化。科举在选拔人才的同时，更是一台极为庞大的生产社会关系的机器，它以"座师""同年""门生"等名词为标志编织成了立体化的社会网络，但随着科举制度的终结，这张网络越来越稀疏。其次，正在形成中的西化教育体制以年级和科目来分配教师，每个教师只负责一个阶段的某一部分教学，"老师"的人数大为增加，虽然有名师和庸师之别，但现代化的标准化和通用化的知识传授模式让这些差异变得微乎其微。翻检俞樾曾孙俞平伯的日记，发现记录在案的与其有师生之谊的老师就有十多人。即便是早年的钱玄同，拜师也不再专一——不但拜在章太炎名下，又拜"章门"学术"宿敌"崔适为师。章氏为古文经学泰斗，崔氏是今文经学大师，二人治学路径大相径庭。但这让钱玄同视野更为开阔，以致其在新文化运动中建树颇多。

总体而言，虽然永远不乏师生关系的感人佳话，但从教育整体风貌来看，相对于古代十分固定和明确的师承关系，近代以来的学人往往转益多师，师生关系趋向淡薄是不争的事实。

(二) 横向的东西对比：传统敬重与西式平等

近代教育转折的一大亮点就是"东西交融"。青年们第一次大规模出国留学，洋师也来华讲学传道。但中国学生对洋师和本土教师的态度并不一致。在学术方面，基于寻求国家与社会振兴之路的迫切心理，青年学子对洋师洋说更为推崇。"五四"前后，青年对西洋学术的热衷堪称空前绝后，许多西方学者成为他们的精神导师，如杜威对胡适、白璧德对"学衡派"（梅光迪、吴宓等）等。其他西方学者如泰戈尔、罗素、萧伯纳、罗曼·罗兰也受到热烈追捧。如，曹聚仁坦言，他的学问一半受于章太炎，一半则来自罗素。① 虽重其学，但青年们对洋教师的评价却含有西方民主平等的味道，如胡适论及杜威、吴宓论及白

---

① 陶人观主编：《曹聚仁先生纪念集》，上海文史资料编辑部2000年版，第96页。

璧德时基本上是以平等的姿态来谈论的,没有传统意义上的师生间的仰视与自谦克制的意味。吴宓在日记中不仅盛赞白璧德、穆尔等学者的学术思想,对他们高尚的人格也做了客观公允的评价。[①] 而胡适的留学日记也多次论及杜威对自己的影响,认为在学术之外,更学到了一种饱满的人文关怀以及对公共事务的热心[②],学会思考大学对一个国家的意义。[③] 这直接影响到他执掌北京大学期间的教育改革思路。但学生对洋师的尽情评论在东方传统中却是不多见的,传统师道中的老师如家长一般,甚至需要避其名讳,遑论做客观平等的评价。如钱玄同和周氏兄弟对章太炎都极尽谦恭,彰显东方传统。对比鲜明的实例是,在1927年王国维追悼会上,学生们在肃穆中安静而呆板地行西化的三鞠躬礼,但后到的陈寅恪竟然行三跪九叩之礼,使学生们顿时泪飞如雨,也跟着三跪九叩。这两种礼节折射的是西式平等民主的师生关系和中国传统的师生深情,传统大礼承载了对千年师道传统的追思。

（三）时代真理与敬重吾师

清末民初乃古老中国"四千年大梦"惊醒之际,时代的剧烈变动让每一代学人都不再对师说因循守旧,在学术上开始另辟蹊径,政治上也与老一辈划清界限,凸显出"吾爱真理"的精神气质。但是具体到师生私人情义,则又"吾爱吾师"——学生对老师个人人格上的敬重始终不渝。这以"章门"三代学人的三场谢师公案最具代表性:章太炎对俞樾、周氏兄弟对章太炎以及钱玄同对章太炎。

章太炎早年在朴学大师俞樾门下精研学问,深得俞樾器重,但后来渐渐不满乃师保守的文化立场,在1901发表《谢本师》一文,随后

---

① 吴宓:《吴宓日记》第2册,生活·读书·新知三联书店1998年版,第78、91、196、212页。
② 胡适:《胡适留学日记》第11卷,海南出版社1994年版,第173页。
③ 胡适:《胡适留学日记》第11卷,海南出版社1994年版,第2—3页。

投入孙诒让门下。章太炎虽在学术立场上与俞樾决绝,但情感上却一直对本师保持足够的敬重,师徒并不至于落入"冰炭"关系。俞樾逝世后,章太炎挥泪作《俞先生传》,丝毫不提谢师一事,晚年更是亲自前去凭吊俞樾故居,行三跪九叩大礼。可见章太炎谢本师,只是师生的学术和政治立场不同所致。章氏出走师门,实质上是与一个旧时代告别,但对于先师个人的学行与人格则永远敬重。

25年后,周作人在《语丝》发表《谢本师》,与其师章太炎公开决裂,这是因为章太炎支持了孙传芳,就任"修订礼制会"的会长,为北洋军阀做政治背书。同为章门弟子的鲁迅对此也十分痛心,惋惜老师"原是拉车前进的好身手",但是现在却"拉车屁股向后"。[①] 然而,即便政见对立,周氏兄弟在私下还是非常敬重老师。据许广平回忆,生活中的鲁迅总是称章太炎为"太炎先生",态度甚为恭敬。1936年6月中旬,章太炎溘然长逝,当时已病危的鲁迅抱病连写两篇纪念性的文章来感念称谢老师,并以"智者千虑,必有一失"为由说明小节不当并不伤害章太炎的"日月之明",称赞其革命之志"世亦无第二人"。[②] 在给曹聚仁的信件中,鲁迅系统地回顾了这份师生之情:首先感谢太炎先生在日本所教的小学知识,但后来因为自己主张白话,所以"不敢再去见他了",这是第一次师生分歧。第二次分歧是因为章太炎参与孙传芳的"投壶",这让鲁迅非常不满。但是后来的政府要没收章太炎的房产之时,鲁迅又站在了老师一边,并称"以后如相见,仍当执礼甚恭"。[③]

和周氏兄弟类似,钱玄同也是在日本拜章太炎为师,逐渐成长为古文字大家,尤精声韵训诂。但在新文化运动的关键时期,他又转向

[①] 鲁迅:《趋时和复古》,《鲁迅全集》第五卷,人民文学出版社2005年版,第565页。
[②] 参见鲁迅:《关于太炎先生二三事》,《鲁迅全集》第六卷,人民文学出版社2005年版,第565—567页。
[③] 鲁迅:《致曹聚仁》,《鲁迅全集》第十二卷,人民文学出版社2005年版,第405页。

康有为、崔适等人的今文经学，大力提倡"白话文学"，为此，不惜以"选学妖孽"来批判其师章太炎的文学观。由于钱玄同与章太炎的这一重师生关系，他的立场改换格外受人重视。黎锦熙和陈独秀都曾高度赞扬钱氏贵为"旧文学大师，章太炎先生的高足"，因而"学有本源，语多行话，振臂一呼，影响更大"。但耐人寻味的是，章太炎对钱玄同的学术"反叛"行径并没有表现出多少不满，后来还把钱玄同戏封为"翼王"，戏谑其如当年翼王石达开率兵远走四川一样不忠于师门。

概而言之，周氏兄弟和钱玄同与乃师的决裂主要在于学术取径或政治立场不同，但他们对章太炎的人格一直是非常尊敬的。1932年，章太炎赴京讲学，周作人几乎全程陪同，且与钱玄同等北京大学同仁和诸多章门弟子多次宴请乃师。而章太炎似乎对被"谢"一事并不在意，即便提及也作笑言，其磊落胸襟令人敬佩。这几次谢师事件，都仅仅是围绕学问本身的，体现出时代之变革引起的学术之超越，师生间的私人关系则光明磊落，肝胆可鉴。

（四）同门关系

师承学派中的同门关系在近代发生了重大改变，这是反映教育风貌的重要侧面。

传统的明确的师门传承的同门关系大致有学术思想和世俗生活两个层面。学术上讲求同声相应、同气相求，这与其学术思想的精微之处有关，有助于思想的互相呼应，最终茁壮成长。这无疑是积极的。世俗层面则有着直接的利益诉求，甚至是一种隐性的社会契约。尤其以科举产生的同年、同门关系为甚，官场需要相互维护，最终形成的盘根错节的门生关系是官僚网络的一个组成部分。

现代教育体系的一大特点是产生了新型的同学关系。在这个过渡时期，按照关系的亲疏远近，同门关系大体可分为三种。①

首先，是亲密友爱型或"亦师亦友"型。前者地位相近、互帮互助，如章门的周氏兄弟、沈尹默三兄弟，康门的麦孟华兄弟等，既是同门又是亲属，自然亲上更亲。后一种"亦师亦友"型的同学关系则根据进入师门的先后次序，或年龄大小、学养高低、性格强弱等因素而自愿以师兄、师弟为"师"，虽然在名义上为平辈，但实际上则长幼有序，甚至以师相待。这类范例可以参照许寿裳与鲁迅的关系，他们同为章门弟子，本是平辈，但前者对后者十分恭谨和悌顺，鲁迅对此也非常满意："季茀他们对于我的行动，尽管未必一起去做，但总是无条件地承认我所做的都对。"②

关系亲密的同门之间的活动十分频繁。《钱玄同日记》常常记载钱氏拜访章门的"三沈二马二周"（沈士远、沈尹默、沈兼士三昆仲；马幼渔、马衡；周氏兄弟），交流思想和学问，并动员他们支持新文学运动，对鲁迅更是反复登门游说。③尤其在 1917 年到 1926 年间，二人交往甚密，《鲁迅日记》印证了这一事实。其记载：钱玄同几乎每隔三五天就来拜访，一谈就是半夜。最终，鲁迅在钱氏的鼓励下写出了中国第一篇白话小说《狂人日记》。而对朱希祖，钱玄同的说服就更为成功，1919 年 1 月 24 日的日记记载："四时顷逷先（朱希祖）来……逷先问我究竟怎样的态度（关于新文学）……今日即以此志愿告逷先。"④不久，朱即以北京大学中国文学系主任的名义在《新青年》发表《白话文的价值》，以支持新文学。又如，同是留美归来，早期的梅光迪与胡

---

① 刘克敌：《文人门派传承与中国近现代文学变革》，《中国社会科学》2011 年第 5 期。
② 许广平：《亡友鲁迅印象记·读后记》，载许寿裳：《亡友鲁迅印象记》，人民文学出版社 1953 年版。
③ 杨天石主编：《钱玄同日记》（整理本），北京大学出版社 2014 年版，第 279、322、488、628、1224 页。
④ 北京鲁迅博物馆编：《钱玄同日记》第 4 卷，1919 年 1 月 24 日日记，福建教育出版社 2002 年版，第 1739—1740 页。

适十分默契,他帮助胡适打开思路并承袭其师杜威的实用主义,提出了《文学改良刍议》。不难发现,同门之间的思想多有呼应,可以互相学习和借鉴,并在日常讨论中印证和发展自己的思想,是一条重要的教育方式。

其次,同门之间也不乏因学术理念的不同而决裂甚至互为仇敌的。如后期的梅光迪因受新人文主义的影响而更加认可"学衡派",与吴宓一起对胡适倡导的"新文学运动"激烈批评①,最终导致二者分道扬镳。再如章门弟子的分裂,钱玄同在学术上极为激进,大力鼓吹白话文学;但大师兄黄侃则在学术上极为保守,对新文学和白话文嗤之以鼻,以至于在 50 分钟的上课时间拿出 30 分钟来批评胡适、钱玄同和沈尹默等人。②

再次,是平淡客气型,双方能遵循世俗礼仪,因同门关系而给予更多的维护和照顾,但没有深入的思想交流和日常交往,因而也并无冲突。此类占比最大,而且随着时间的推移,越来越普遍。

三、学派师承对近现代中国教育变革的深刻影响及其反思

教育史对"五四"前后的描述长于宏大叙事,都是概念化甚至政治化总结,使得线条过于粗疏。学派师承的细致研究恰好可以揭示学人之间的教育纽带,以鲜活的师生、同门之间的关系为我们提供一个更为真切的视角,在看似平常的日常交往中来观察中国近现代教育变革的细节。

---

① 吴宓:《吴宓日记》第2册,生活·读书·新知三联书店1998年版,第59、90—91、105、114—115、129、144页。

② 杨亮功:《早期三十年的教学生活》,《杨亮功先生丛著》,商务印书馆1988年版,第664页。

(一)组织架构上的影响

1917年,随着姚永朴的离开,"桐城派"在北京大学永远地成为了历史。时任文科学长的夏锡祺出于对章太炎的尊崇,新聘的教师多是章门弟子,如马裕藻、朱希祖、黄侃、周作人、刘师培、钱玄同等。他们秉承了章太炎的"国学"精神,并不遗余力地为新文化运动推波助澜,激励国人在内忧外患中奋发图强,写下了20世纪中国教育史上最为精彩的篇章。

章门弟子以一个门派几乎成就了一所北京大学。从当时中国文学系每周的课程安排来看,黄侃、刘师培教授中国文学,钱玄同负责文字学,周作人则讲授欧洲文学史,鲁迅则于1920年受聘北京大学,讲授中国小说史。仅有刘师培不是章门弟子,但其学术理念也近于章氏。而章门弟子多是浙江人士,据1923年《北大教职员名录》的统计,全校教师286名,其中67人(约23%)是浙江籍,居各省之首位。文科方面,浙江籍教师比例高达80%。日本学者吉川幸次郎曾于1928年在北京大学进修,他在《我的留学日记》中对此表示十分惊讶。①

但在章门之后,胡适领衔的"英美派"逐渐掌握了教育资源,对钱玄同、朱希祖等开启的文化风气大加推进,并最终取代了章门。诚如蔡元培所述,旧教员中的钱玄同、沈尹默等人率先开启了新文学革命的端绪,及至陈独秀君担任北京大学文科学长,又联合胡适之、周启明、刘半农、周作人等树立起了文学革命、思想自由的风气。②

概言之,北京大学文科大致经历"桐城派"——"法日派"(章门)——"英美派"三代改革而终有所成。这三大学派的交替胜出,可以视为传统师承在现代教育体制中的延续、转化与过渡。

---

① 吉川幸次郎:《我的留学日记》,钱婉约译,光明日报出版社1999年版,第49页。
② 蔡元培:《我在教育界的经验》,载高平叔主编:《蔡元培全集》第7卷,中华书局1989年版,第198页。

（二）学术思想和教育理念上的师生接力

师门学派的一大优点就是能够保证学术思想的代际深化与演进。还以章门师徒为例，在学术主张上，章太炎表面遵守家法、尊崇"古文"，实则锐意改革，不移其革命家的本色，以学术服务民族革命。他早年为宣传革命推动过白话文的发展，已经流露出一些新文学的端倪，因为时代所限，没有如弟子们那样深入参与新文学运动，但是他的进步思想却被弟子发扬光大。钱玄同在回顾其白话文主张时，坦言自己的思想是源于老师章太炎在《新方言》中提出的观点：中国各地正在使用的方言其实与古语多是一致的，而古文并不真的是原汁原味的"古"，因此，以古语代替古文反倒能够打通古今，并令言文一致。钱玄同自此开始转变观念，不再轻视白话文。1912 年 1 月，章氏又在演讲中提到，将来的小学教科书用白话来编写是符合历史潮流的。这对钱玄同的影响又增进一层："我对白话文的主张，实在植根于那个时候，大部分是受了章先生的影响。"① 钱玄同据此"以传统反传统"，利用章太炎的学说鼓吹白话文学，他对章门古文经学治学路径的"背叛"其实是对乃师思想的另一个侧面的发展和深化，章太炎的默许态度或可视为一种认可。

此外，章太炎十分推崇魏晋风度，尊重学生个性，鼓励独立思考，并提出中国之改变要"依自不依他"，仿照尼采的超人精神，"旁若无人""径行独往"，自信自主地开启改革，中国才有美好的前途。② 这种开放性的态度和对个性的尊崇直接影响了章门的两位高足——周氏兄弟。鲁迅对教育中"个体精神"的推崇就源于乃师，他尤其重视自法国大革命以来的西方教育思想，意识到欧洲人将"平等自由"置于万事之首，"继而普通教育及国民教育，无不基是以遍施"，在这种文

---

① 梦飞：《记钱玄同先生语文问题的讲话》，《文化与教育》1934 年第 27 期。
② 章太炎：《答铁铮》，《章太炎全集》第 4 卷，上海人民出版社 1985 年版，第 374—375 页。

化氛围下，人们逐渐知道自我的尊严，"顿识个性之价值"①，从而在社会建设方面自觉地承担起相应的责任。鲁迅认为，西方教育中的"个人"的发现与解放最值得中国学习："任个人而排众数，人既发扬踔厉矣，则邦国亦以兴起。"②所以，周氏兄弟提出了"人的文学"，这在中国教育思想的解放与开拓方面同样居功至伟，当然这一切并非横空而来，他们原初思想的发端离不开老师章太炎的启发。

最后一点体现在教育风格上的师生延续。作为革命家的章太炎是一位"怒目金刚"，但为人师长的章氏却绝无傲态，待学生"蔼若朋友然"，这种作风直接传递给了鲁迅，他也被冯雪峰等学生认为"蔼若朋友然"。

（三）对师承学派的反思

师承门派的助力能够促成文化与教育的深度变革，但是其中的弊端也是显而易见的——耽于某些小团体的利益而妨害学术的整体发展，甚至会养成学阀或遏制健康的学术争鸣。学术史上，为维护本门派的利益而党同伐异的例子并不鲜见。如新文化运动后期，章门弟子迫使声望日高的陈独秀辞去北京大学教职而离京赴沪，《新青年》同人也因此四分五裂。③诸如此类的学派争斗此起彼伏，详读吴宓日记，不难发现"学衡派"的发展史就是一部门派斗争史，早期与胡适，后来对手又换成了"京派"。这些争夺最终让"学衡派"元气大伤，名存实亡。可见，门派间的学问之争如果沦落为利益或者意气之争，就会伤害学派和教育的繁荣与自由发展。

但是，我们又要防止对门派之争的夸大和泛化。胡适主持北京

---

① 鲁迅：《文化偏至论》，《鲁迅全集》第一卷，人民文学出版社2005年版，第47页。
② 鲁迅：《文化偏至论》，《鲁迅全集》第一卷，人民文学出版社2005年版，第46页。
③ 陈以爱：《中国现代学术研究机构的兴起——以北大研究所国学门为中心的探讨》，江西教育出版社2002年版，第28页。

大学期间，受杜威之实用主义思想的影响，在具体的研究方法上推重考据，而对文学感受、创作有所忽视，导致科学实证有余而灵性和深度不足。同时，"欧美派"过于认同白话之通俗和实用，最终淡化了诗性，导致语言的粗鄙化及冗余，反而有害于效率的提升。陈寅恪和"学衡派"诸子早在"五四"时期对此就有敏锐的洞察和深刻的批判，但殊为可惜的是，这些先见之明被简单地归为门派间的意气之争，没有受到应有的重视。

四、学派师承的现实困境及其重建价值

高等教育领域的学派和学缘文化中，一直存在一个吊诡："近亲繁殖"将导致学术停滞和衰落，但历史上开一代风气之先的学派与团体又需要同门之间的呼应和代际之间的接力。

过于打压门派师承，学术将失去稳定的发展土壤，难以生长出参天大树。如，耶鲁大学政治学系，在 15 年内如走马灯般地换了 4 位系主任，没有形成学派，学术研究因而忽东忽西、支离破碎，没有输出能够影响社会的思想。① 而正面来看，"一个学派成就一所大学"的案例屡见不鲜，如本文所述的章门，西方的芝加哥学派、法兰克福学派等，都为师门学派传承在教育与学术发展上的巨大价值做了生动的现实注解。尤其在学科建设上，师承学派的作用为历代学者与教育家公认。学派的形成，往往意味着一个学科的稳定、成熟和繁荣。

更为本质地来看，学术发展的核心在于"人"的培养，名师的传承和同门间的讨论是专业人才成长的沃土，尤其在极为精细和高深的学术发展前沿。在"双一流"高校的建设中，我国在学术成果的产出

---

① 卢凌宇：《美国政治学学派繁荣之共性研究——以芝加哥、罗切斯特和耶鲁学派为例》，《中国社会科学报》，2010 年 8 月 12 日。

上制定了许多激励措施,但在最为本质的人才培养方面,还需要深入思考人才成长的规律。很多高校的人才政策简单粗暴,甚至以高薪互相挖人,没有沉下心来组织起一支拥有共同学术旨趣的科研队伍。由于共同体的缺失,深入的学术对话和争鸣不能有效开展,每位学者只好孤军奋战,以求点的突破,流于零敲碎打,学科整体的学术纵深难以得到拓展。

因而,学术与教育的繁荣离不开师承门派的支持,离不开师生在历时层面上的代代相传与演进,离不开同门或共同体在共时层面上的交融与碰撞。这其中,最为关键的就是要处理好继承与创新之间的关系,二者一体两面,是学术繁荣和教育发展的两大课题。今天对创新的强调非常充分,但师承却被日益淡漠,导致在学术研究上无学派,难以代代相递地向纵深挺进;教学实践上则无流派,因而教育经验难以积累和传递。

我们当然要警惕学术互助关系的异化,防止为争夺学术制高点和话语权而明争暗斗。但是,过于担心门户之争的负面效应,无异于因噎废食。陈寅恪在与吴宓的谈话中曾高度评价朱、陆王之争"非仅门户之见,实关系重要"①,极富远见地指出门派之争利大于弊。从促进学术与教育事业繁荣的角度讲,百花齐放与百家争鸣必然需要涌现更多具有鲜明风格的教育流派和科研学派。因此,赓续近代以来中国教育变革进程中的学脉薪火,加强和发展真正健康的师承和学派关系,是极有价值的。

遗憾的是,今天的通讯十分便捷,但是文化和教育共同体却没有因此变得更为紧密,反倒随着知识商品化和教育产业化,师生关系日益世俗化、功利化。总体来讲,近代的中国教育改革几乎言必称欧美,对自身传统则弃之如敝屣,师承与同门关系日趋淡漠,转型之决绝令

---

① 吴宓:《吴宓日记》第2册,生活·读书·新知三联书店1998年版,第104页。

人大为感慨。钱穆在《现代中国学术论衡》中高度概括了这种变化：中国教育重在师传之道，教师必须为有德性的通才，教育之成败几乎全在于师长之优劣。而西方教育则重在知识，以学科为本位，但对所教之师并不如中国这般重视。新式学校的兴起将教育对德性的重视转移到知识的传授，且由于分科而教，教师数量大为增加，师不亲，则不尊，学生所尊的也仅在知识而不在人。① 在这前后两个截然不同的阶段中，近代的学派与师承，可以视为古老教育传统到现代学科化教学的某种过渡。

师承关系的淡漠也与个性独立、学术自由的现代意识不无关系。文人的自我意识在"五四"期间开始觉醒，学术创新的理念不断强化。这也导致了对一味承继他人思想的轻视。中国长期以来过于看重继承而压制创新与自由，这种反动可以看作是对传统的一种批判。这就使得学派文化在大学构建之初最为鼎盛，起点亦为辉煌顶点，其后一路下降几至于无，而学问师承竟成迷踪。

中国教育传统的有效，在于从师而游中的濡染观摩让学生不求而至、不为而成。师长以一种不可言喻的教育方式传递知识，更在学生心里点燃了希望与梦想的火苗。寻求和守护这种根植于深厚传统的耳提面命、以心印心、代代相传的教育精神与教学方法，需要以学派师承为桥梁。今天高校通识教育中的导师制和书院制无疑是对师承学派精神的一种汲取、借鉴和发展。

习近平总书记在 2014 年教师节与北京师范大学师生座谈时曾引用《荀子·大略》中的话："国将兴，必贵师而重傅。"尊师重道不仅是中华民族重要的文化资源，更是振兴中国教育和文化的需要。学脉传承意识的苏醒与自觉有着巨大的应用价值，在"双一流"高校的创建中，我们不妨汲取中国最本土化的师门学派的传承文化，加强学术思想

---

① 钱穆：《现代中国学术论衡》，九州出版社 2011 年版，第 127 页。

在纵向上的代际传承和横向上的团队协作，构筑学术上的内聚性"群落"，以师生和同门之间的紧密协作和思想上的深入呼应培植出中国学术发展的沃土，代代接力，推进学术长久的进步与演化，为一流学科和大学的发展奠定深厚的底蕴。

（本文选自《社会科学战线》2019 年第 2 期）

现代社会科学的现代性问题
——从现代社会科学的起源看

崔延强　卫苗苗

摘　要：现代意义上的社会科学自其诞生即裹挟着相应的现代性风险，启蒙运动、科技革命、法国大革命的发生以及牛顿新物理学的建立将理性主义推到了众人崇拜的地位，现代社会科学中多数学科的建构、研究方法乃至研究范围也都深受自然科学的影响。崇尚理性主义、欧洲中心主义以及实证主义，历时态看现代社会科学的这些特征是在批判传统或古典学术范式基础上建立起来的，其进步价值毋庸置疑。然而审视当前，全球化语境下社会科学的现代性症结日渐凸显，成为约束现代社会科学发展的深层力量。今日社会科学的发展必须超越自身的现代性困境，消解由工具理性与实证主义等带来的偏狭性，摆脱民族性与国家性的"挟持"，改变长期以来社会科学研究中所谓"西方世界"与"非西方世界"的"对立"立场。

关键词：现代社会科学；理性主义原则；民族国家；实证主义；现代性

从起源来看，现代社会科学奠基于现代西方国家的建立，与西方世界的历史、国情以及知识背景有着密切的相关性。现代社会科学的起源与工具理性、欧洲中心主义、国家主义、民族主义等现代性问题交融共生。事实上，我们在承认现代社会科学客观价值的同时，也难逃对其"偏狭性"的诘难。社会科学在真理追求上要打破有形或无形的疆界、文化或心理的束缚，建立以"人类知识共同体"为基础的社会科学体系，消解现代社会科学自身的现代性风险。从现代社会科学的起源出发了解其现代性问题是最有效、最直接的研究进路，也是探寻中国社会科学超越其现代性困境的重要基础。

一、社会科学概念之起源

"社会科学"（social science）有时与"人的科学""人文科学"等交替使用。在现代社会科学起源初期，"文科"（arts）、"人文科学"（humanities）、"文学或美文学"（belles-lettres）、"哲学"（philosophy）、"道德科学""道德与政治科学""行为科学""文化"等许多称谓都曾是社会科学的名称和不同叫法。[①] 在 20 世纪之前的德国，"社会科学"一直被翻译为"精神科学"（Geisteswissenschaften），根据德语直译为"关于精神或心灵问题的知识"，"Geist"可以译为英语的精神（spirit）或思想（mind），"Wissenschaft"一词则是表示系统知识的一般性术语。

而"社会科学"这一概念通常被认为是 18 世纪 90 年代由以孔多塞（Condorcet）为主的学术圈创造的，随后传播到英格兰、苏格兰和德语国家。[②] 事实上，"社会科学"（social science）起源于法语"la science sociale"，最早出现在法国西哀耶斯（Emmanuel Abbe Sieyes）

---

① 华勒斯坦等：《开放社会科学——重建社会科学报告书》，刘锋译，生活·读书·新知三联书店1997年版，第7页；西奥多·M. 波特、多萝西·罗斯：《剑桥科学史：现代社会科学》，第七卷翻译委员会译，大象出版社2008年版，导论，第1页。

② Johan Heilbron, Lars Magnusson, Björn Wittrorock, *The Rise of the Social Sciences and the Formation of Modernity*, Kluwer Academic Publishers, 1998, p. 3.

1789 年 1 月所发表的一本名为"第三等级是什么"的小册子中。① 此后现代社会科学的名称不断被更换，直到"法国大革命"之后的 1795 年，法国设立了国家科学与艺术学院。该学院设立了包括 6 个组的"道德与政治科学部"，其中第 3 组称作"社会科学与立法"，"社会科学"这个术语至此才获得一种保持至今的新的意义，亦即演变为可以预估和干预社会变革的现代社会学科系统。

"社会科学"术语的变化是一种双重过程：一方面社会科学从早期的"自然法"与"道德哲学"等一般性研究框架转向更具体、更"科学"的框架（如经济学、人类学、社会数学等等），体现了一种智识化的进程；另一方面，"道德和政治科学""社会科学""人的科学"等作为新的术语出现并作为那些具体学科的共同名称存在，体现的是制度化的进程。这种双重过程标志着社会科学已经作为一种独立的、制度化的智识场域存在并区别于一般化的社会学知识。一方面，社会科学从普遍性的智识工作开始转向更专业的、制度化的学科构建；另一方面社会科学更具共性的学科名称表明了其有别于一般智识场域的学科独立性。②

二、新权威下的理性主义原则

现代"社会科学"从一个简单术语到一个具有完整学术体系与话语体系的学科系统，经历了艰难的蜕变。特殊的时间、空间以及历史、政治背景使现代社会科学自滥觞伊始就隐含许多现代性问题。"理性主义原则"就是极具代表性的问题之一，也是其现代性其他问题的根源

---

① 马克·戈尔迪 罗伯特·汪克勒：《剑桥十八世纪政治思想史》，刘北成等译，商务印书馆 2017 年版，第 656 页。
② Johan Heilbron, Lars Magnusson, Björn Wittrorock, *The Rise of the Social Sciences and the Formation of Modernity*, Kluwer Academic Publishers, 1998, p. 3.

所在。

(一) 知识世界权威的转移

在 19 世纪初的欧洲，知识世界的权威发生了一次重大转移，它摆脱了传统宗教信仰的桎梏，完成了从教会掌控到自然科学管理的过程。现代社会科学与自然科学之间近乎两个世纪的对抗最终以现代自然科学占据完全优势而终止。至此之后，"科学"一词等同于"自然科学"，"实验"与"理性"成了科学的代名词，而"社会科学"也开始了模仿"自然科学"的理性之路。

牛顿力学的出现，打破了知识世界原有的权威结构，对经院哲学以及教会对知识的绝对掌控造成了威胁。起先，中世纪的知识权力掌握在教会手中，知识阶层基本上是教士阶层，知识具有强烈的宗教性。由于宗教的特殊影响，直到 15 世纪，才有学者开始对经院哲学发起批判。对于 17 世纪的哲学家与自然科学家来说，最迫切的任务就是废黜经院的亚里士多德主义，即神学。而此时，牛顿物理学说的出现对传统神学以及教会执掌下的知识世界来说是致命的。"由于牛顿证明了地上的力学也能应用于天上的星球，从而昭示了一种简单而统一的自然规律的存在，整个思想界不禁为之亢奋。人们由此发现，原来整个错综复杂、扑朔迷离的自然界，不过是一个按照某种法则运转的巨大的机械装置，而其中并没有上帝的地盘。于是传统的宗教信仰被动摇了。"[①] 牛顿的物理学理论成功地使理性代替上帝接管了自然世界，新的自然科学取代了传统守旧的、宗教性的知识权威。社会科学因此获得了对生活世界变革的预报与干预的可能性。"他们宣称，自然科学的任何内容，和那些在 18 世纪将成为'人的科学'研究的内容，仅能基于直接经验来理解。对这些事情，无论上帝或是神学家们，都没有发言

---

① 马克垚：《世界文明史》（上册），北京大学出版社 2004 年版，第 528 页。

权。"意大利法学家阿尔贝里克·贞体利（Alberico Gentili）甚至说："神学家，别多管闲事。"①

在罗伯特·沃克勒（Robert Wokler）看来，在法国大革命时期这个较短的时间跨度内存在一个认识断裂（epistemic break），这个断裂正是形成现代社会科学的契机，使新的话语模式最终取代了旧的话语模式。②正如齐格蒙特·鲍曼所说，在启蒙运动之后，理性与自然知识就已经开始替代旧神，启蒙运动让大自然（the Nature）作为新神登临神坛，科学的合法化也成为启蒙运动唯一的正统信仰，科学家则成为它的先知与神父。原则上，一切事物都可以纳入客观研究，而且一切都是可知的，且这种可知是真实可靠的。真善美，是和应是，都已成为系统和精确观察的合理目标。③

（二）现代社会科学的两种前进路径

当自然科学成为知识权威之后，社会科学的合法性便来源于它在多大程度上与自然科学相关，即包含了多少自然科学的特征、概念、定律以及理论。新的社会科学在自然科学中寻求到两种前进路径：一种是牛顿式的物理机制，一种是哈维式的有机机制。人们认为，在牛顿与哈维所倡导的物理科学与生物科学中一定存在着一种共通的方法可以将社会科学向前推进。

1. 牛顿式的物理机制：新物理学与社会物理学

牛顿的新物理学理论开启了自然科学接管知识权威的开端，是科学性、客观性与权威性的代表。现代社会科学的研究者开始效仿牛顿

---

① 安东尼·帕戈登：《启蒙运动为什么依然重要》，王丽惠、郑念、杨蕴真译，上海交通大学出版社2017年版，第32页。
② Johan Heilbron, Lars Magnusson, Björn Wittrock, *The Rise of the Social Sciences and the Formation of Modernity*, Kluwer Academic Publishers, 1998, p. 12.
③ Zygmunt Bauman, *Modernity and the Holocaust*, Polity Press, 1989, p. 69；齐格蒙特·鲍曼：《现代性与大屠杀》，杨渝东、史建华译，译林出版社2011年版，第92页。

物理学，试图在新物理学中寻求科学性的庇护。现代社会科学的主要任务之一就是对社会变革进行有效的预报以及合理的组织。因此，为了得出精确结论，现代社会科学必须具有牢固的理论基础。在这样的宗旨下，社会科学的奠基者以牛顿物理学为效仿的楷模。最具代表性的是作为社会学前身的"社会物理学"（social physics）。为了终结法国自大革命之后陷入的无政府主义的混乱状态，孔德选择重提曾经一度放弃的概念——"社会物理学"，从而在新的权威力量下解决整个社会所面临的"系统性败坏"的局面。直到1955年美国仍在使用这一术语。当时的美国国家科学基金会为了在不损害自身"科学性"的前提下为社会科学提供发展的必要资助，委婉地以"社会—物理学"（socio-physical sciences）这个中性名称在物理学分支下设置了一个实质为社会科学的小组。① 除此之外，经济学家瓦尔拉为了让自己的经济学得到认可，提出了在形式上类似于理论力学的方程，借此表明他的学说是"科学的""精准的"。而杰文斯（William Stanley Jevons）则尝试将微积分引入经济学，暗示它们运用同一种数学原理处理研究问题，他甚至将经济学中的"效用"概念与物理学中的"能量"概念等同起来。② 社会学家凯里（Henry C. Carry）所提出的一般社会引力原则的推论"人必然倾向于受其同胞的吸引"便是同源于牛顿力学定律。贝克莱同样断言人的精神或心灵存在一种吸引力原则，并将社会看作是牛顿物质宇宙的类比物。这一切都是社会科学家在利用自然科学为自己的学科寻求庇护。

2. 哈维式的有机机制：新生理学与政治解剖学

现代社会科学对生理学以及生物学的模仿是社会有机论的主要来

---

① 伯纳德·科恩：《自然科学与社会科学的互动》，张卜天译，商务印书馆2016年版，第15页。
② 伯纳德·科恩：《自然科学与社会科学的互动》，张卜天译，商务印书馆2016年版，第3—4页。

源。如果说对牛顿物理学的模仿来自于对科学理论、理性主义的认同与利用，那么对生理学与生物学的模仿就是对直接经验客观性的肯定与崇拜。对生理学与生物学的模仿是将社会学乃至社会科学推向实证科学的基础。正如利林菲尔德（Paulvon Lilienfeld）所认为的，人类社会像自然有机体一样是一个真实的存在，只有把人类社会构想成一个活的、像自然界中的个体生物那样由细胞组成的有机体，社会学才具有成为一门实证科学的基础。① 在有机论的理论下，人类社会作为自然世界的另一种"物种"存在，才能够符合"科学性"的基础，才能够适用于一切自然科学的研究方法。

例如，哈林顿模仿哈维解剖学建立了政治解剖学。哈林顿从解剖学与血液循环理论中看到了自然世界秩序的力量，其著作《大洋国》不但表现出对直接经验的认可，而且将政治学与解剖学进行结合与类比，他强调"自己的工作是一种'政治解剖学'"②。在他看来，一个好的政治学家也必定如同一个好的解剖学家一般了解政治机构的内部构造并能合理安排这些职能"器官"。他认为，政府就应当像一个完整的人体一般包含有肌肉、神经、动脉以及骨骼等等，"这些东西对于一个秩序井然的共和国的任何功能来说都是必不可少的"③。在哈林顿看来，阐明一种政治学说就像是一场学术解剖，健康的政治所应该具有的"器官"与"组织"都将通过学术解剖展现在人们的眼前。这场学术解剖虽然与生物解剖的对象不同，但二者皆是建立在"自然原理"之上进行的。换句话说，哈林顿认为一个国家或社会不但有自己的运行原理，且这种原理是一种"自然的原理"。在此意义上，社会科学开始选

---

① 伯纳德·科恩：《自然科学与社会科学的互动》，张卜天译，商务印书馆2016年版，第91—92页。

② 伯纳德·科恩：《自然科学与社会科学的互动》，张卜天译，商务印书馆2016年版，第175页。

③ 伯纳德·科恩：《自然科学与社会科学的互动》，张卜天译，商务印书馆2016年版，第176页。

择接近科学的研究方法与研究思路。

不只是哈林顿，阿尔伯特·舍夫勒（Albert E. Schaffle）也将人体和社会体进行了广泛类比。例如，把核心家庭比做基本细胞，把警察局比做表皮防护组织。[①] 一些社会学家从菲尔绍（Rudolf Virchow）的"细胞病理学"中获得灵感，将社会理论与细胞学说结合起来。"基于当时的生物学发展（比如细胞学说、劳动分工的生物学概念、正常与病态的医学概念、'内环境'的生理学等），这些社会学家尤其是利林菲尔德、舍夫勒、斯宾塞（Herbert Spencer）和沃尔姆斯（Rene Worms）等，利用这种联系构建了一种社会学。他们甚至还做了一点生物学讲解，以表明他们的观念与当时顶尖的生物学家是一致的。"[②] 可见社会科学对自然科学的模仿并不只是一时的心血来潮或者盲目崇拜，而是对"理性"与"经验"及其方法的信任。这种模仿本质上来源于理念的相似与融合，是各学科对自然原理的合理寻求。因此，这种模仿仅仅是为了对陈旧权威的否定，不屈于"古人的权威"，但并不能说明自然科学在知识世界中具有绝对地位，只能证明在人们眼中"自然"才是永恒至上的权威与法则。正如哈维所说："自然的行为……不在乎任何意见或任何古代"，"没有任何东西比自然更古老或具有更大的权威性"。

（三）"技术统治理性"下的现代社会科学

现代社会科学对现代自然科学的模仿并未给社会科学带来期望中的科学性与恒久性，反倒是体现了来源于自然科学的技术统治理性（technocratic rationality）。19 世纪以来的科学史展现了一个不可忽视

[①] 西奥多·M. 波特、多萝西·罗斯：《剑桥科学史：现代社会科学》，第七卷翻译委员会译，大象出版社 2008 年版，第 288 页。
[②] 伯纳德·科恩：《自然科学与社会科学的互动》，张卜天译，商务印书馆 2016 年版，第 4 页。

的悖论——社会科学所模仿的自然科学对其发展而言并无过多影响：曾经看起来十分具有科学性、精准性的有机论社会学在今日看来并不是所有的内容都仍具有效性与可信性，也不乏荒谬可笑之处；边际主义经济学家也曾因不理解自己所模仿的科学而备受批评，但他们的部分思想还是留存下来并仍然对今天的相关学科产生着影响；同时，今日相对论与量子力学理论已经重构了物理学，却对倚靠经典物理学的经济学没有产生颠覆性影响；与此相比较，如今的生物学更好地继承了19世纪的理论，无须重大修正与改动，然而与之相关的部分社会学却没有因此而受益。因此，可以得出这样一个结论：被模仿科学的正确性与由此产生的社会科学的恒久价值之间似乎并无内在关联。① 对科学的盲目模仿本质上是现代社会科学中技术统治理性的表现。技术统治理性是近代理性主义的最高级形态，其许多方面都是社会达尔文主义的具体表现。社会达尔文主义认为，"进步是社会斗争的结果，而社会斗争要遵循优胜劣败的规律；因此，干扰社会斗争便是在干扰社会进步"②。所以，任何不适用于"手段—目的"的合理性模式的概念都被取消，任何不具备直接功利性的制度都失去了合法性。③ 社会科学对自然科学的引入以及对精准性、科学性的强调，更像是技艺的引入和展现，是对源自于外界对其合法性质疑的一种有效回应。但是，从根本上社会科学究竟有没有必要这样做？萨缪尔森（Paul Samuelson）在回应有关"他将数学热力学的技巧引入经济学是为了夸大经济学的科学有效性"的质疑时，这样说道："这种数学偏离影响了声誉，而不是

---

① 伯纳德·科恩：《自然科学与社会科学的互动》，张卜天译，商务印书馆2016年版，第5页。

② 华勒斯坦等：《开放社会科学——重建社会科学报告书》，刘锋译，生活·读书·新知三联书店1997年版，第93页。

③ 华勒斯坦等：《开放社会科学——重建社会科学报告书》，刘锋译，生活·读书·新知三联书店1997年版，第93页。

提高了声誉"。① 由此看来，社会科学学者的如此做法更多的是需要得到学科共同体的认同，即不违反既定的技术标准。

因此，社会科学对自然科学的模仿以及概念类比、隐喻，实际上是一种"概念转移"。随着某特定概念从一个领域转移到另一个领域，新的概念在转移的过程中以"重组"的方式创生。这种过程本质上并不是简单的语词借用而是技术统治理性转移，新的概念借由原有概念的"理性"获得重组的生命。

三、民族国家语境下的欧洲中心主义

现代社会科学自建立初始就因其研究范围与对象而具有鲜明的国家性与民族性。虽然其研究的主要问题是关于社会现象以及社会本身的，但从根本上是关于"国家"，即"现代民族国家"的问题。英国社会学家安东尼·吉登斯认为，我们所说的社会其实就是民族国家。② 因此，从现代社会科学的起源来看，其国家性与民族性是与生俱来的，这一点可以从早期各学科的命名看出。例如国民经济学、财政学（Kameralwissenschaften）、政治经济学（political economy）（其字面意义表示国家一级的宏观经济学）、政治学（politics）、国家学（Staatswissenschaften）以及统计学（Statistik）。其中"财政学"就字面意思可解释为"有关宫廷的学科"。直到19世纪，"经济学"（economics）一词才完全取代"财政学"与"政治经济学"。德国学者约翰·布伦奇利认为"政治学"就是"国家科学"，与此同时"政治学"（politics）的含义可以追溯至亚里士多德时期的希腊语"polis"（国家、城邦）。"统计学"（Statistik）一词产生于18世纪的德国，又

---

① 伯纳德·科恩：《自然科学与社会科学的互动》，张卜天译，商务印书馆2016年版，第21页。
② 吉登斯：《现代性的后果》，田禾译，译林出版社2000年版，第11页。

被称为"政治算术",用来指国家的描述性科学,其主要任务是对人口和经济进行量化研究。①

(一)建基于民族国家的社会科学框架

社会科学的民族性和国家性体现于它将民族和国家作为分析的框架依据。在社会科学的学科系统中,民族国家是各学科研究的背景起点,社会科学所要研究分析的任何问题皆处于这个框架之下,这是现代社会科学的基本特征之一,当然这也与其起源时的历史背景和民族国家的性质密切相关。

首先,面对当时的历史环境要求,现代社会科学必须确定一个确切的研究范围。早期的现代社会科学将研究对象圈定在生活世界的表象世界,但过于宽泛的世界范围会让它陷入当时饱受诟病的思辨哲学的范畴中。因此,它所面对的生活世界或表象世界亦需要一个圈定范围。新的社会科学"既不注重研究普遍规律,也不一味强调个别性,而是去探寻制约着具有历史特殊性的社会系统的种种规则"②。日耳曼地区在这种意义上还建立了"国家学",主要包括经济史、法理学、社会学以及经济学的混合知识,强调不同国家的历史特殊性。同时,由于现代国家亟需精确的知识来作为制定决策的基础,需要通过对社会改革进行合理的组织,将其限制在一定范围之内。这为现代社会科学提供了一个证明自身合法性的良好机会。因此,18世纪晚期形成的现代民族国家自然成为现代社会科学研究的基本框架。

其次,就现代民族国家自身特殊的界域意义而言,它具有作为现代社会科学研究分析依据的必然性。现代民族国家为现代社会科学的

---

① 西奥多·M. 波特、多萝西·罗斯:《剑桥科学史·现代社会科学》,第七卷翻译委员会译,大象出版社2008年版,第205页。
② 华勒斯坦等:《开放社会科学——重建社会科学报告书》,刘锋译,生活·读书·新知三联书店1997年版,第19页。

研究圈定了空间界限，使民族国家具有了实在的界域。在此之前，地理的边界并不对部族或者以狩猎、农耕为合作的群体造成真正的影响。吉登斯认为，"实际上没有一个前现代社会像现代民族国家这样，有如此明确的界域。农业文明曾经有过'边界'(frontiers)——这是地理学家们所使用的术语，而在通常情况下，较小的农林社区和狩猎及采集的社会逐渐地渗透和进入周围的其他群体，它们不具有以国家为基础的社会那种意义上的边界"①。

最后，在社会进化论的影响下，国家权力成为社会改革和进步的主要力量。现代社会科学家给予人们这样一种认识：只要提供足够的具有确定性的社会科学知识，社会就会在不断的改造与改革中获得进步。并且人们相信这个"进步"过程确实需要"颁授权力的"民族国家在其中扮演重要角色；民族国家是"进步"信念的实际操办者，其强力是推动整个"进步"过程的有力推手。因此，民族国家边界被看成是构成追求这种进步的自然骨架。②

(二) 欧洲中心主义原则形成

现代社会科学的许多论断乃至学科本身都是以欧洲为中心的。其强调所谓"普遍规律研究"的同时，嵌入了实则带有"偏狭性"的论断以及学科理念。这些论断与学科理念以欧洲为中心，强调西方与非西方地区之间的区别。这种带有"偏狭性"以及"欧洲中心主义"的判断绝不是学者由于审视角度不同而造成的误解，事实上它奠基于民族国家的社会科学框架。包括"人类学""地理学""考古学""历史学"等学科在内的现代社会科学的早期任务主要是协助欧洲民族国家开展殖民活动。19 世纪的社会科学研究主要集中在英国、法国、日耳

---

① 吉登斯：《现代性的后果》，田禾译，译林出版社 2000 年版，第 12 页。
② 华勒斯坦等：《开放社会科学——重建社会科学报告书》，刘锋译，生活·读书·新知三联书店 1997 年版，第 88 页。

曼、意大利半岛诸国以及美国这五个地区。[1] 众多的"研究主题"和"学科"名称也是在此时提出的，其中，人类学、东方学、地理学以及考古学等学科都与近现代欧洲针对其他民族的侵略殖民活动不可分割。

首先，这些学科最初的主要任务是为殖民的宗主国提供大量的殖民地资料。现代世界体系的建立牵涉到欧洲人与世界其他民族的相遇，随之而来的是对这些民族的征服与殖民。由于许多民族都是以小群体形式存在的，军事力量薄弱，没有书写系统甚至没用共通的语言与宗教，作为殖民者的欧洲国家为了方便了解与统治他们，开始建立人类学（anthrothology），并以肤色定义或以其他偏狭的基因理论划分人种。例如，布丰的《动物博物学》（Histoire naturelle des animaux）提出一种激进的人类学学说。他在赞同人类是单一的基因起源的基础上，强调人类起源于地中海东部地区，其他种族则是在离开起源地之后随着时间和环境的变化而发生了不同程度的退化。[2] 欧洲征服者将殖民地当成各种研究的场所以及数据来源地。[3] 在欧洲探险家以及人类学家相继"发现"新的大陆以及陌生的民族之时，对人体测量的研究、对社会的民族志调查以及对江河湖海、山川、矿脉的了解与测绘也快速发展起来。这些工作是与确立整治区域、绘制地图以及对殖民地臣民人口进行的研究紧密联系的。[4] 考古学、地理学乃至语言学在这个过程中迅速发展起来，为欧洲的殖民活动顺利进行提供了极人的便利。

其次，部分学科在宗教文化与殖民政策的传播中担任重要角色。除了初步的人种分类与信息搜集，人类学与东方学还在殖民活动中担

---

[1] 华勒斯坦等：《开放社会科学——重建社会科学报告书》，刘锋译，生活·读书·新知三联书店 1997 年版，第 15 页。

[2] 罗伊·波特：《剑桥科学史：18 世纪科学》，方在庆译，大象出版社 2010 年版，第 392 页。

[3] 西奥多·M. 波特、多萝西·罗斯：《剑桥科学史：现代社会科学》，第七卷翻译委员会译，大象出版社 2008 年版，第 410 页。

[4] 西奥多·M. 波特、多萝西·罗斯：《剑桥科学史：现代社会科学》，第七卷翻译委员会译，人象出版社 2008 年版，第 410 页。

任了传播宗教与政策的重要角色。东方学最早发端于教会，初衷是传道福音，在宗教方面对殖民地民族进行精神的征服与统一。在文化输出与政策输出方面，人类学家也适时地扮演了传道士的角色。同时，人类学早期研究对象多以欧洲殖民地的民族为主，这要求研究者必须围绕实地调查开展研究工作并且以介入式的观察方法参与到这些民族的生活当中。但是这种方法往往会背离科学要求的中立原则，因为研究者总是不自觉地担当起欧洲征服者与这些民族之间的调解人，这无形中对殖民政策的传播起到了很大作用。[1]

最后，地理学为国家疆域调查与殖民地扩展提供了理论基础。地理学虽然试图依其研究对象成为真正的世界性的学科，但仍然受到欧洲中心主义的影响。"尽管它十分强调环境的影响，但它在某些地方所做的实际上是与人类学家相似的工作。"[2] 地理学不但在提高国家领土价值及其帝国的重要地位方面具有关键作用，而且也关乎着国境内领土的完整以及对殖民地的划分。因此，"在某些1870年之后的分析中，法国人得出结论说，他们之所以在普法战争中失败，是因为他们忽略了地理学，而且西班牙人在1989年失去他们的最后一块美洲殖民地之后，也以同样痛苦的评价做出反应"[3]。正是地理学展现了"空间"在社会科学研究中的重要性，这不仅促进了民族国家的形成，也创造了社会科学所特有的空间观念。在此意义上，社会科学即使不是国家的造物，也是以国家为疆界来作为最重要的社会容器。[4]

---

[1] 华勒斯坦等：《开放社会科学——重建社会科学报告书》，刘锋译，生活·读书·新知三联书店1997年版，第23页。
[2] 华勒斯坦等：《开放社会科学——重建社会科学报告书》，刘锋译，生活·读书·新知三联书店1997年版，第27页。
[3] 西奥多·M.波特、多萝西·罗斯：《剑桥科学史：现代社会科学》，第七卷翻译委员会译，大象出版社2008年版，第333页。
[4] 华勒斯坦等：《开放社会科学——重建社会科学报告书》，刘锋译，生活·读书·新知三联书店1997年版，第28页。

四、"客观主义"色彩的实证主义

实证是现代社会科学研究方法的一个重要部分，这是从19世纪形成并沿袭至今的学术传统。在自然科学的影响下，社会科学家开始倡导实证主义，将实证研究与客观性、科学性相联系甚至画等号。他们尝试将自然科学的实验成分引入社会科学，以经验观察以及数据作为主要证据支持，并尽可能地避免研究者在研究过程中加入个人"主观的"见解。但事实上，即使排除研究者自身的知识背景与个人偏见所造成的主观影响，这种实证主义也很难使现代社会科学达到理论上的客观性。

首先，从理念来讲，由于受人类自身对表象世界认知的有限性的影响，实证主义所期望的"客观性"从根本上难以达成。为了无限接近、达到"客观"，现代社会科学家将"一手的"经验材料视为重要的保障基础。他们热衷于收集未经前人涉及的原始的经验材料，并尽可能地收集最大数量的测量数据与定性材料，认为这在一定程度上可以消除主观性的嫌疑。但是这种客观性是具有自身的局限性的，因为"一切数据都是从现实中挑选出来的，这种选择要以某一时代的世界观或理论模式为基础，要受到特定群体所持立场的过滤"[①]。正如福柯所言，社会科学的研究是人的实证性所是与存在所是之间的一种延伸，研究者只能在表象空间中开展一种具有有限性分析的科学活动。换句话说，研究者可以以探究客观性为初衷开展研究，却难以摆脱社会科学在人类自身认识下的表象空间的结构有限性。[②] 在此意义上，研究对象和数据的选择都是历史地建构起来的，是随着人类世界的改变而改

[①] 华勒斯坦等：《开放社会科学——重建社会科学报告书》，刘锋译，生活·读书·新知三联书店1997年版，第98页。
[②] 米歇尔·福柯：《词与物：人文科学的考古学》，莫伟民译，上海三联书店2016年版，第357—369页。

变的。

其次，从历史起源来讲，无论是实证主义还是与实证主义密切相关的"社会调查"与"数据统计"的客观性都是值得商榷的。因为来源于社会学的实证主义（positivist）在很大程度上是孔德为了撇清社会学与其前身的渊源关系而提出的。19世纪下半叶，社会学在成为一门学科之前，是以社会改革协会的形式存在的。其为了迎合民族国家的政府管理，通过将社会改革者的工作转移到校园从而让他们放弃针对立法进行的游说活动。但是为了确保社会学成为一门严肃、科学的学科就必须割断这种渊源关系。于是，孔德开始培养社会学家的实证主义信仰，让他们相信自己所做的工作是具有普遍、科学的意义的。实证主义的提出正是为了将社会学从普通的社会组织推入研究普遍规律的学科阵营，其自身早期仅仅是作为一种信仰而存在的。[1]

另外，早期的工业化所导致的社会问题也迫使英国的政府机构和专业机构所支持的统计学与社会调查兴盛起来。一时间，社会学家的著作几乎都是由数字组成，统计学的价值也受到前所未有的重视。此时，有关社会与人口的数据统计开始成为主流且许多复杂的分析方法也得以创建。布莱恩（Eric Brian）在《18世纪的政府管理者和测量员（1994年）》著作中的有关章节《国家的测量》对统计学何以兴盛进行了深刻的剖析。他追溯了两方面的相互关系：一是概率分析理论、微积分学说的发展，二是有关人口和经济活动的数据统计的政治需求的增长。他从中得出结论，过往几十年的政府改革工作与如今社会科学对数据统计的崇尚有很大关系，与社会科学从旧时的"道德政治哲学"至今日的转变也密切相关。只有在法国18世纪70年代到18世纪80年代期间智识演变、制度变化以及宏观社会事件之间的特殊联系下才

---

[1] 华勒斯坦等：《开放社会科学——重建社会科学报告书》，刘锋译，生活·读书·新知三联书店1997年版，第20页。

能理解这种发展变化。①

事实上,统计学的建立最初可以追溯到 1328 年法国的人口普查工作,这项工作后来受到 18 世纪晚期统计新方法的发现、国家统计局的建立以及法国革命后"公开统计数据"的决定的影响发展为现代统计学。在法国的旧制度下,公务员需要参与到实证调查之中,为的是提供社会各方面的基本情况以指导有关国家事务的决策。这种实证调查对政府制定有关征兵、税率、关税等事务有着重要的意义。除了将这些数据大量引入政府报告,他们还将特殊问题的数据进行精细的二次分析,并将结果发表在统计或大众期刊上。正如瓦格纳(Peter Wagner)所说:"社会科学因此成为一种经验性的政治哲学,它超越并取代了旧的政治哲学与道德科学,以及早期政治秩序下被自由主义者和马克思都将其视为'悲惨的财政科学'的财政行政管理科学。"②虽然在 19 世纪 50 年代,还是有许多社会科学家热衷于使用统计资料,但是这种单纯的定量的实证数据是不被完全接受的。因此,定量社会科学家通常会在进行实证的定量研究的同时兼用传统的理论分析,这种研究模式在德国尤为明显。③

社会科学作为现代性的话语而产生,而现代性本身是具有自由与纪律、偶然与恒定、实然与秩序的二元性的。这就注定任何社会科学的研究终将绕不开偶然与必然、客观与主观所构成的认知陷阱。现代社会科学早期所推崇的实证主义原则所带来的研究结果是客观主义的,而非纯粹客观性的。"客观主义是一个贬义词,其意思是:这一社会学把社会活动视为无活动能力的物体,因此,它与人类行为的'原因'相

---

① Johan Heilbron, Lars Magnusson, Björn Wittrorock, *The Rise of the Social Sciences and the Formation of Modernity*, Kluwer Academic Publishers, 1998, p. 18.

② Johan Heilbron, Lars Magnusson, Björn Wittrorock, *The Rise of the Social Sciences and the Formation of Modernity*, Kluwer Academic Publishers, 1998, p. 19.

③ Terry Nichols Clark, *Prophets and Patrons: The French University and the Emergence of the Social Sciences*, Harvard University Press, 1973, p. 131.

关,但更与人类行为的'方式'相关;与改良相关,更与控制相关。"①

五、超越与创新

现代社会科学自身的现代性问题具有历史必然性,其理性主义、民族国家性、实证主义等现代性问题深刻地影响了自身的结构与演化。现代社会科学在过去的 100 多年中不可避免地受到当时的历史背景以及社会、政治环境的影响。如今这些因素已慢慢消退,全球化时代的社会科学不应再妥协于旧时的学科权威或局限于过往学科共同体的已有认知。库恩曾在《科学革命的结构》中认为,学科系统的发展是在不断肯定与否定、改革与重建的过程中进行的。也正如蒯因(W. V. Quine)所说,任何知识都是人造织物,其外围不停地与经验相互作用。整个科学就是一个"力场",其边界条件就是经验。当"力场"的外围与经验发生冲突的时候,就会引起内部的再调整。②

(一)"本土化"背后的"超越"尝试

近年来,随着全球化的推进以及各国学术研究水平的快速提高,现代社会科学的现代性问题愈演愈烈并阻碍了社会科学的健康发展,因此超越现代性已成燃眉之急。为了应对这一状况,在非西方世界中"本土化理论"与"本土化研究"逐渐成为其社会科学研究主流方向,但本土化研究进展时常受阻——许多社会科学现有理论与本土研究问题不兼容的情况层出不穷。这种情况的出现正是现代社会科学的现代性在不同的社会环境与学术体系中所产生的弊端。这种弊端是由于现代社会科学起源的特殊性与当今社会快速发展步调的不能耦合性所

---

① 西奥多·M. 波特、多萝西·罗斯:《剑桥科学史:现代社会科学》,第七卷翻译委员会译,大象出版社 2008 年版,第 291 页。
② Willard Van Orman Quine, *From a Logical Point of View*, Harvard University Press, 1961, p. 42.

引发的。众所周知，一种理论之所以受到推崇是由于它适合当时的历史、社会背景，19世纪初的社会科学理论亦是如此。以中国社会科学为例，由于19世纪甲午战争的失败证明了西方在技术和政治上的优越性，中国为了振兴民族、富强国家，便开始引进"西学"，接受西方社会科学的研究方法及其理论标准。但是，简单地借用理论，只能解决早期的、初级的、一般的问题，如今这一理论框架的现代性问题逐日凸显且并不能契合当今复杂多变的研究环境与问题。更重要的是，现代社会科学自身所具有的"理性主义""欧洲中心主义"等现代性问题本身就制约着非西方国家的社会科学的建构与发展，这直接导致了现代西方世界与非西方世界在知识创造与生产上存在着理论基础的不平衡。因此，与其说如今各国是专注于适合本国的"本土化的理论"，倒不如说这些理论研究本身就是为了对抗现代社会科学中所表现的"欧洲中心主义"与"科学主义"等问题。但归根结底，本土化研究只是一种针对社会科学现代性问题的妥协性、被动性解决方法，并不能一劳永逸地解决问题。因此，为了促使社会科学的健康发展，超越现代性已成为一项亟待完成的任务。

如何消除现代社会科学中"西方"与"非西方"之间的对立关系，如何消除双方之间的不平衡关系，如何抹平百年来形成的学术鸿沟，是今日社会科学必须面对和解决的问题。从理论上看，只要能消解现代社会科学中的现代性，这些问题即可迎刃而解。实际上，在超越现代社会科学现代性这方面，中国已有进展。其中最具代表性的就是"国学热"与传统文化的提倡与复兴。须知，在19世纪近代中国引进"西学"之前，中国社会科学体系有别于今日并与当今备受关注的国学研究、传统文化息息相关。因此，无论是"国学热"还是传统文化的复兴，都是一种对抗现代社会科学现代性的极具代表性的表现。但这并未完全进入现代社会科学的学科话语体系与专业知识领域，而是一种以"传统弘扬"与"文化返潮"为基调的国家内部的民族运动，并不能替代学科内专业性的结构调整与纠错指正。因此，必须以"人类知识共同体"的包容视野为逻辑起点，将中国文化之精髓以普遍知识的形式有机融入现代社会科学知识体系之中。

所以，与其寄希望于单纯地强调以国学或传统文化超越现代社会科学的现代性，不如站在"人类知识共同体"的角度，以中国作为非西方世界国家的立场出发，在原有的基础上对现代社会科学加以修正。正如伽达默尔的阐释学所启示的，社会科学总是难以幸免于历史的相对性与文化的差异性。由于受知识背景以及文化传统的影响，任何国家的任何学者都很难完全摆脱主观主义以及民族主义的限制。由此，原则上任何从"人类知识共同体"的角度出发，以构建健康平衡的社会科学为初衷的学科结构调整都可以被认为是有利于超越现代社会科学的现代性的。因此，中国社会科学接下来的发展道路必然是以"非西方国家"的身份承接"超越现代社会科学的现代性"的任务，构建与发展适应当今全球时代的现代社会科学。一方面，这样的社会科学将为部分非西方国家的"本土化研究"提供出路，不仅可以适时地解决中国当前国情下的社会问题，同时也可以为其他情况相似的国家和地区提供有效的研究范式；另一方面，这样的社会科学将彻底解决现代社会科学的现代性问题，为其提供长远、健康发展的理论基础。

现代社会科学既不能是强调"欧洲中心主义"的，也不能是强调"非欧洲中心主义"的。各国社会科学研究必须要从"欧洲中心主义"的框架中脱离出来，在现代社会科学中由"他者"角色转换为参与构建的"主体"角色，既要尊重各国社会科学研究之间的"主体间性"，又要倡导以"人类知识共同体"为基础的社会科学健全发展。

（二）中国社会科学的创新之路

处在由现代社会科学的现代性所造成的"西方世界"与"非西方世界"的"学术裂缝"中的中国社会科学，作为"非西方世界"的一员参与构建全球时代的社会科学,不仅是本土研究的需求,也是超越现代社会科学现代性的一种有效途径。突破民族国家的分析框架,确立全球、多边的研究框架。不再将国家作为分析社会问题时的理所当然的分析单位,必须提倡一种"多元普遍主义"的新的客观性观念。这是确立全球、多边研究框架的基本条件。200多年间,现代社会科学的发展都极力关注各个学科内部的发展与健康,因此当今时代更应清楚地认识到现代社会科学整体所具有的国家性与民族性问题。这就要求无论是自然科学还是社会科学都应从以国家、地区为框架的"学科共同体"的角度,转向以全人类、全球为框架的"人类知识共同体"的角度来看待今日知识世界。而解决这一问题最直接有效的办法就是扬弃以往带有历史色彩的分析框架,加入非西方的研究视野、研究对象乃至研究方法。尽快接纳、吸收多边的、全球性的研究方式,并建立以维护全人类的基本利益与保护并延续人类共同知识宝库为初衷的"研究问题"与"研究主题"。

第二,克服"学科保护主义",鼓励学科边界作业,推进跨学科、超学科与学科间融合,促进学科间互动。当前在社会科学领域的研究活动多根据现有的、具有主导地位的学科划分来限定学科活动范围,然而这种始于19世纪的学科划分主张将人类学、社会学、政治学、经济学以及历史学等相互分割,且这种划分所依据的标准暗含着一些对历史当权者有政治倾斜的理论前提和意识形态。这不但有可能造成学科间的不平等发展,也有可能造成不同民族、国家之间的学科不平等发展。因此,新时代的社会科学要求重建学科划分标准,鼓励、促进不同学科共同体之间的交流与协作,协同推进跨学科、超学科以及学科间性融合。打破学科间的藩篱,改变已往陈旧的以"本学科"为主体,"他学科"为客体的学科交往模式,以"自然学科—社会科学"学科间交往,自然科学、社会科学内部各学科共融互动为学科发展的基础。

第三，克服单一数理分析方法，主张多元研究方法共存互补。现代社会科学想要突破现代性带来的局限，更好地建设与发展学科，就必须率先克服现代社会科学研究过度崇尚"实证主义"的弊端，向兼容并蓄的方向发展，主张多元研究方法共存互补。在现代社会科学肇始之初，国家政权力量鼓励并引导学科知识以实用为主，并将自然科学的客观性标准引入各学科的理论模型，使"实用性"和"客观性"成为度量知识可靠与否的标尺。但就社会科学而言，由研究者自身力量以完全客观的知识形式再现外在于个体的生活世界是很难达成的事，换句话说，"绝对的客观性"是不可求的，我们还必须理解"客观性"的另一层含义即"客观性可以被看成是人类学习的结果，它代表着学术研究的意图，并且证明了学术研究的可能性"①。从这种意义上来说，"实证主义"以及"数理分析"至上的学科态度值得商榷，为了避免过度迷信实证主义，现代社会科学不需要刻意强调或主张某种研究方法，摒弃侧重单一方法的研究理念。

第四，实现"中国问题的国际表达"和"国际理论的中国表达"。为避免社会科学的发展由"西方中心主义"到"中国中心主义"，中国社会科学需要以客观的态度平衡本土化与西方中心，寻求一种基于普遍真理同时兼具服务本土的特色化发展之路。泰戈尔曾谈到，即便科学是具有全球性表达的知识，但任何有关人性的东西一旦从产生它的土壤剥离就面临着消亡的结果。②因此，我们不能忽略每个民族国家、地区对生活在其中的人们具有根深蒂固的影响。在当前全球化的学术语境下，中国现代社会科学肩负着如何建设兼顾全球化与本土问题解决的重任。中国现代社会科学即将迎来的不止是一种责任的要求，更是一种果敢的尝试，其初衷绝不是单方面简单地在中国话语体系下研

---

① 华勒斯坦等：《开放社会科学——重建社会科学报告书》，刘锋译，生活·读书·新知三联书店1997年版，第98页。

② 泰戈尔：《民族主义》，刘涵译，中译出版社2014年版，第21页。

究国际理论。一方面，中国社会科学体系面临着如何将研究问题以国际接受的方式方法合理表达，将中国问题纳入国际社会科学的研究体系以及话语体系之中；另一方面，根据中国国情以及社会科学发展的现状，如何将国际理论所表达的研究核心依据中国国情转化为适合我国社会科学话语体系的表达方式——即抽象问题具体化、国际理论本土化，排除遏制本土研究体系以及研究方法的根本因素，从而使国内学者快速了解并进入该研究领域，而不是一味地以西方的标准限制我国社会科学的成长与表达。

六、结语

现代社会科学的现代性大多源于对理性主义的崇尚，这种崇尚旨在说服——从已经得到公认的科学中寻求权威性与科学性，从而获得科学共同体的认可与支持，似乎只要模仿自然科学就可以获得科学性与权威性。然而事实上，社会科学研究成果的可靠性并不由被模仿对象所决定，也不能根据模仿的相似性来衡量权威性，而是完全取决于它在多大程度上可以服务于自己的学科或者解决某个实际问题。而社会科学本身的权威性更是取决于学科体系自身的完整性、系统性以及逻辑架构的严密性，而非与他学科的"血缘关系"，因此，"像"科学已经不再是今日社会科学对自身提出的要求和目的。

同时，现代社会科学的进一步发展要求我们排除一切欧洲中心主义，去除现代社会科学起源所裹挟的特定制度化形态与各种权力关系。譬如针对权力与身份这样关键的概念，在非西方世界的话语中是具有不同逻辑和定义的。"例如，大乘佛教将'虚妄'（maya）这一概念用于国家、权势阶层和统治氏族，目的是要证明盛行于一神教话语的权力逻辑并非无所不在。道家提出合法的'道'的概念，认为合法性是与超越儒家的官僚合法性的混沌现实的一种存在性关联。"[①] 这并不是一种强调非西方世界的特殊主义,而是试图修正现代社会科学原本具有的偏狭性的"普遍主义"。借用华勒斯坦的一句:"如果社会科学是一种寻求普遍知识的活动,那么,'他者'在逻辑上便不可能存在,因为'他者'是'我们'的一部分,而'我们'既是研究的对象,又是研究的主体。"[②]

[本文选自《陕西师范大学学报(哲学社会科学版)》2019年第3期]

[①] 华勒斯坦等:《开放社会科学——重建社会科学报告书》,刘锋译,生活·读书·新知三联书店1997年版,第60页。

[②] 华勒斯坦等:《开放社会科学——重建社会科学报告书》,刘锋译,生活·读书·新知三联书店1997年版,第61页。